U0462924

# 谚语大全

篆書大全

【美绘国学书系·泼墨山河】

# 谚语大全

丛云 编

北京燕山出版社
BEIJING YANSHAN PRESS
YSP

图书在版编目（CIP）数据

谚语大全 / 丛云编 . -- 北京 : 北京燕山出版社，
2020.12

ISBN 978-7-5402-6065-1

Ⅰ. ①谚… Ⅱ. ①丛… Ⅲ. ①汉语－谚语－汇编
Ⅳ. ① H136.3

中国版本图书馆 CIP 数据核字（2021）第 031592 号

## 谚语大全

| | | |
|---|---|---|
| 编　　者 | 丛　云 | |
| 责任编辑 | 金贝伦 | |
| 装帧设计 | 余　微 | |
| 出版发行 | 北京燕山出版社有限公司 | |
| 社　　址 | 北京市丰台区东铁匠营苇子坑 138 号 | |
| 电　　话 | 010-65240430 | |
| 邮　　编 | 100079 | |
| 印　　刷 | 德富泰（唐山）印务有限公司 | |
| 开　　本 | 710mm×1000mm　1/16 | |
| 字　　数 | 720 千字 | |
| 印　　张 | 18 | |
| 版　　次 | 2020 年 12 月第 1 版 | |
| 印　　次 | 2020 年 12 月第 1 次印刷 | |
| 定　　价 | 76.00 元 | |

# 前　言

　　中国谚语的产生、发展，历经了两千多年的历史，只要有人们聚集说话的场合，就会有谚语的传播。谚语是劳动人民在改造世界的过程中，通过不断观察事物，了解现象，并结合生产、生活实际归纳出来的一种语言形式，如"吃一堑，长一智""远水不解近渴""吹什么风，落什么雨""忙中易出错""笨鸟儿先飞"等。谚语以言简意赅，通俗易懂、生动活泼的短句形式在广大民众口中流传。

　　谚语在语言文学宝库中占有重要地位。它哲理丰富，质朴明快，以含蓄隽永的艺术语言向人们揭示真理、传授经验，使人们从中获得智慧、受到启迪。千百年来，谚语一直受到人们的喜爱，成为代代相传的精神财富。许多谚语在传承发展的过程中，经过不断加工、锤炼，内容越来越丰富多彩，语言越来越生动活泼，形式越来越简洁整齐。因此，谚语常常被称为"哲理小诗""智慧的海洋""生活中的百科全书"。

　　谚语内容丰富，涉及面广，大致可分为如下几类：

　　一、生产谚语。此类谚语是人们在总结生产经验时得出的智慧，包括天象、时令耕作、家畜饲养、手工作业等内容，如"清明前后，栽瓜种豆""早霞不出门，晚霞行千里""春雨贵如油""马无夜草不肥"等。

　　二、社会谚语。此类谚语反映世间百态的内容，如"千人所指，无病而死""一正压百邪""有钱能使鬼推磨""挂羊头，卖狗肉"等。

三、生活谚语。此类谚语反映人们的世界观以及生活中的各种经验，如"有志者，事竟成""人穷志不短""若要精，人前听""饭后百步走，活到九十九"等。

从谚语的内容可以看出，谚语来自民间，创作者就是人民群众。优秀的谚语在群众中广泛流传，并一代代地传给后人。许多流传千百年的谚语，至今仍留存在人们心中。不同的时代会产生不同的谚语，随着社会的发展，谚语从内容到形式都在不断地发生变化。

《谚语大全》一书在编写的过程中，本着科学、规范、实用的原则，从收集的数万条谚语中选取其中的精华部分。收录的谚语哲理丰富，涉及范围广，从婚姻家庭到社会百态，从军事历史到处世哲学，从天文地理到农、工、商、建，从养生保健到琴棋书画……大千世界，千姿百态均有涉及。为了便于读者阅读和掌握，每句谚语下面标注了简单的释义。

本书所收谚语按类别编排，每类中的词条按拼音排序，以便读者检索。

本书若有疏漏之处，还望广大读者以及有关专家学者给予批评指正，以便修订时更正。

# 目 录

## 卷一 社会 军事 政治

## 卷二 礼节 修养 志向

谚语大全

## 卷三　节气　天象　时令

## 卷四　劳动　经济　生产

谚语大全

## 卷五　家庭　人际　交往

## 卷六　经验　事理　规律

## 卷七　生活　饮食　起居

谚语大全

## 卷八　教育　文化　常识

## 卷九　辩证　对立　统一

谚语大全

## 卷十　精神　心态　感情

## 卷十一　境遇　贫富　得失

谚语大全

# 卷十二 生理 保健 健康

谚语大全

## A

哀兵必胜，骄兵必败

说明受压抑而反抗的部队，必然能打败敌人；骄傲的部队必定失败。比喻两者力量相当时，胜负常取决于双方各自的心态，要戒骄戒躁。

矮子群里拔不出将军

比喻在不出众的人群中很难选出优秀者。

岸上修船易，到得江中彻底沉

比喻船坏了，如果在岸上很容易修好，到了水流和风速极大的江海中，就会完全沉没。说明问题要从根本上解决，不能只做表面文章。

## B

百将易得，一帅难求

意思为很多平凡普通的将领容易得到，但那些具有优秀领导才能的高级统帅却很难求得。亦指出类拔萃的人才稀少。

百里不同风，千里不同俗

俗是指风俗习惯。距离大约几百里，民风就大不一样；相隔千里左右，习俗就有很大差别。指各地的民风习俗差别很大。

百密未免一疏

意思是筹划得再周密，也免不了会有疏漏。

百人吃百味，百里不同风

指每人有每人的口味，每个地方也有每个地方不同的风俗习惯。

搬起石头打自己的脚

比喻想坑害他人，结果自己却因此吃了苦果。

半部《论语》可以治天下

古时推崇《论语》，认为只要运用《论语》的一半思想就能够治理好社会。

伴君如伴虎

陪伴君王好比陪伴老虎，随时都会招来杀身之祸。指古时君王喜怒无常。

笨鸭子上不了架

比喻本事不大的人不可能做成大事。

兵来将挡，水来土掩

指如果敌人来进犯，自有将领率兵迎战；如果洪水袭来，自有堤坝抵挡。也指根据不同的情况，应该采取行之有效的方法。比喻不管面临何种情况，都要有相对应的应付办法。

兵马未动，粮草先行

在军队还没有行动之前，就得先准备好粮食和草料。指行军作战，后勤工作得先做好。

兵熊熊一个，将熊熊一窝

当兵的个人没本事，影响不算大，但是首领窝囊就会影响整体的战斗力。

不见兔子不撒鹰

狩猎的人看不见兔子，是不会把鹰放出去的。比喻没发现预期的目标，不到合适的时机，是不会采取行动的。

**不见真佛不烧香**

意思是不了解对方的底细就不能随便采取行动。

**不行万里路，难见痴人心**

意思是要经过长时间的考验，才能真正了解一个人。

## C

**参谋一群，当家一人**

尽管出谋划策的人非常多，但最终做决定的人只有一个。

**柴多火焰高，人多声音大**

意思是人多力量大，就像柴多烧起来火焰高一样。

**豺狼当道，安问狐狸**

豺狼当道时肆无忌惮，没人过问，反而说起狐狸的罪过。比喻除恶要先除大害，除要害。

**长痛不如短痛**

长期被痛苦折磨，还不如一时忍受剧痛彻底解决。也指为了避开长期的麻烦，宁愿忍受眼前一时的痛苦。

**车到山前必有路，船到桥头自然直**

比喻事到临头，总会有办法解决问题。

**吃人家的嘴软，拿人家的手短**

指吃了别人的东西，拿了别人的钱财，腰杆子就挺不起来了，遇事只能顺着别人。比喻接受了人家的宴请或礼物，就不好意思坚持公正，秉公办事。

**错走一步棋，满盘皆是输**

关键时刻的一点点失误，就会功亏一篑。

## D

**打狗看主人**

惩罚一个人，要考虑到与他有某种关系的人的情面。

**打蛇先打头，擒贼先擒王**

指要想降服敌人，先要擒拿他们的领头人。

**打死胆大的，吓死胆小的**

惩治胆大的，胆小的自然会收敛。

**打铁要趁热，治病要趁早**

办事要把握合适的时机，及时采取行动。

**大人不记小人过**

指地位高的人不会念叨地位低的人犯的过错。

**大树底下好乘凉**

大树底下树荫多，是乘凉的好地方。意思是有长辈或有权势者的庇护，就能过上好日子。

**大水淹了龙王庙，一家人不认识一家人**

龙王管水，自己的庙却被水淹没。意谓一家人之间产生误会或内部出现矛盾冲突。

**当官不为民做主，不如回家卖红薯**

当官就要为民办事，否则不如辞官回家。

**当局者迷，旁观者清**

指下棋的人容易糊涂，围观的人却反而看得一清二楚。也指当事人容易头脑

谚语大全

发晕，考虑不周；局外人却头脑清醒，看得真切。

**道高一尺，魔高一丈**

道：道行，指佛家修行的功夫。魔：魔罗的略称，佛教指破坏修行的恶魔，如烦恼、疑惑、迷恋等。本为佛家语，告诫修行者必须小心世俗的诱惑。比喻取得成功之后，前进的道路上可能会有更大的拦路虎。也比喻总有压倒或打败对方的一着。还比喻正义总能打败邪恶。

**得理不饶人**

指自己有理就不愿让步。

**得了便宜还卖乖**

占便宜了，还要卖弄自己的小聪明。意思是既得到了好处，又把话说得冠冕堂皇。

**得民心者得天下**

在政权的夺取中，得到人们真心拥护的一方就能夺得政权。

**对牛弹琴，牛不入耳**

用来讥笑说话不看对象的人。比喻讲话不看对象，对愚人讲深奥的道理就会毫无意义。

## E

**恶狗怕揍，恶人怕斗**

指恶人都欺软怕硬，要敢于同恶人斗争到底。

**饿了来馒头，困了遇枕头**

指所希望的所需要的，得到了满足或实现。

## F

**法网恢恢，疏而不漏**

天道的法网，看起来虽然稀疏，但实际上不会漏掉任何一个作恶多端的人。比喻作恶者终究会受制于法。

**放长线，钓大鱼**

把渔竿上的线放得长长的，期望可以钓到大鱼。意指策划周密，引出深藏的、关键的敌人，以求更大的收获。

**放虎归山，必成大害**

意指放走了强敌，日后必然会造成大祸患。

**肥水不流别人田**

比喻不让别人沾自己的光。换句话说，好处或便宜不能让外人给白白得去了。

**风大伴墙走**

指遇到大风，贴近墙根走。比喻遇到强敌，可暂时回避一下。

**扶不起的刘阿斗**

刘禅虽然有诸葛亮的扶持，但仍没有保住刘备打下的江山。意指碌碌无为的庸人。

## G

**各处各乡俗，一处一规矩**

意思是不同的地方都有各自不同的风俗习惯和规矩。

**公道自在人心**

指不论什么事大家自有公正的评判。换句话说，公正的道理本身就在大家的心里，是非曲直自有公论。

攻其不备，出其不意

敌人毫无防备时进攻，敌人预料不到时出击。

恭敬不如从命

恭敬谦让，不如服从。意指在别人赠送礼物或请去吃饭时，应以听从主人的意见最好。

关公面前耍大刀

关公为武将，在他眼前耍弄大刀肯定是自不量力。意指在行家面前卖弄本领，班门弄斧。

官大一品压死人

指古时官职大的官吏可以借助手中权力欺压下级。

贵人多忘事

地位高的人不记得琐碎小事。多用作客套或奉承话。

国家兴亡，匹夫有责

意思是国家的兴旺衰败或灭亡，人人都有责任。

国家有难思良将，人到中年望子孙

指国家有了外患内乱便指望有良将出来平息；人到中年便盼望有子孙来传宗接代。古时的观念为无后是一大不孝。

国君死社稷

社稷：社，土神；稷：谷神。古代君王祭祀社稷，随后便以"社稷"指代国家。指国君有理由为国家而死。

国难显忠臣

当国家遇到危难的时候，才能考验出哪个人是真正的忠臣。

国以民为本，民以食为天

对国家来讲，老百姓最重要；对老百姓来讲，吃饭最重要。意思是要关心老百姓的生活，尤其要关心老百姓的温饱问题。

国有国法，家有家规

一个国家有一个国家的法律，一个家庭有一个家庭的规矩。指不管任何事都要遵守相关的规章守则。

# H

海水可量，人不可量

指单从人的外表，不能估量他的身份和未来。

寒门生贵子，白屋出公卿

指穷苦人家往往出达官贵人。

韩信将兵，多多益善

相传西汉时刘邦问他手下的将领韩信能带领多少军队打仗，韩信回答：多多益善。意思就是越多越好。

好汉不吃眼前亏

指精明的人会见机行事，处于劣势逆境时，会暂作让步，避免吃亏受辱。

皇帝不急，急死太监

当事人不着急，局外人反而焦急万分。

皇天不负苦心人

老天辜负不了苦心人的意愿。意指只要肯下苦功夫，坚持下去，愿望就一定会实现。

# J

鸡蛋碰不过石头，胳膊扭不过大腿

比喻弱者无论怎样都打不过强者。

鸡飞蛋打一场空

比喻两边都一无所获，空空如也。

疾风知劲草，世乱识忠臣

指在猛烈的大风下才能知道哪些是坚韧不拔的劲草，国家动乱之时，就能够识别出谁是真正的忠臣。比喻在动乱的年代才能了解一个人忠心与否。

家有家规，军有军法

意思是说任何单位或团体，都必须有共同遵守的法规。

拣日不如撞日，撞日不如今日

刻意挑选日子不如碰日子，碰日子不如说干就干。劝诫大家不要迷信皇历。

江山易打，民心难得

指夺取政权并不难，要得到人民群众的真心拥护却很难。

将在外，君命有所不受

古时将军在外带兵打仗，有一定的主动权，可以不听从君主的命令。

骄兵必败，欺敌必亡

骄傲轻敌的部队，肯定打不了胜仗。

狡兔尽，猎狗烹；飞鸟尽，良弓藏；敌国破，良臣亡

野外的兔子没得逮了，猎犬就被煮吃；天上的飞鸟没得打了，弓箭就得收藏起来不能使用；敌国被消灭了，功臣就被害死。多指帝王夺取政权以后，功臣良将常常被谋害或受到冷淡。

敬酒不吃吃罚酒

指好言劝说不听从，只有强迫硬来才行得通。

军令如山倒

指执行军事命令要如同高山突然倒下一般地迅速，不能有丝毫的马虎。比喻士兵必须绝对服从军令。

君子报仇，十年不晚

指有谋略的人等待合适的时机才进行报复。换句话说，报仇雪恨的大事不可操之过急，必须把握有利时机，才能取得成功。

君子一言，快马一鞭

大丈夫一言既出，就如同着鞭的快马一样，不可以收回来。意指言而有信。

## K

靠着大河有水吃，靠着大树有柴烧

意指依靠有权势的人，就可以得到相关的利益。

苦海无边，回头是岸

原是佛教用语。苦海，指深重的苦难。岸，指彼岸。佛教把得到正果称作到达彼岸。比喻虽罪孽深重，但只要弃恶从善，就会有出路。

## L

来者不善，善者不来

指不厉害的不可能来，来的肯定是相当厉害的。喻指来的人不怀好意。

烂泥巴扶不上墙

比喻没有出息的人，依靠别人无论如何也扶持不起来。

浪子回头金不换

浪荡子改过后比黄金还值钱。意指犯过错误的人真正悔改之后不会再犯。

老虎不在家，猴子称大王

比喻首领不在的时候，下属就有可能

称王称霸。

老虎还有个打盹儿的时候

意指再精明强悍的人也难免有不留神出差错的时候。

老马识归途

比喻经验丰富的人可以起到引导性的作用。

老鼠过街，人人喊打

意指坏人坏事处处都遭到大家的厌弃和打击。

老鼠急了会咬猫

喻指人急了就会做出反常的事情来。

两国相战，不斩来使

意思是交战中的双方，都不可以将对方派来的使者斩首。

临阵磨枪，不快也光

枪：古时的一种兵器。快要上阵了才匆忙磨枪头，虽然不锋利，但也可以光亮一点。比喻平常不做准备，遇到急事急忙应付。

龙游浅水遭虾戏，虎落平原被犬欺

龙游到浅水中会遭遇虾的戏弄，老虎流落到平地上就会被狗欺侮。意指离开了必要条件，强者就会受制于弱者。

落架的凤凰不如鸡

意指高贵的人一旦没有权势，其身价连平常人都比不上。

路见不平，拔刀相助

意思是见义勇为的人，遇上不公平的事，敢于主持正义，帮助受欺负的人。

## M

明枪易躲，暗箭难防

指公开的袭击容易对付，暗地里的算计不好防备。也指明面公开的攻击好应付，暗中潜藏的偷袭难于防备。

明人不说暗话

指称赞光明磊落的人就说明话，隐匿难懂的话不说。

魔高一尺，道高一丈

魔：梵语"魔罗"的简称，指破坏修行的恶魔，比如"烦恼、迷恋"等，也指邪气。道：道行，佛家修行的功夫，也指正气。原是佛教用语，告诫修行的人要警惕世俗的迷惑。后用来比喻正义力量总能战胜邪恶的势力。

## N

男大当婚，女大当嫁

男女一旦到了婚嫁年龄就应该结婚成家。

宁可信其有，不可信其无

指对于某些流言，宁可相信并可以做好准备应付。比喻对出现的事要做到有备无患。

宁在直中取，不向曲中求

直：正直，正当。曲：弯曲，不正。指宁可走正当的途径去取得，也不愿走不正当的后路去求取。比喻正直的人做事走光明大道，不走歪门邪道。

鸟飞反乡，狐死首丘

反：同"返"。首：头指向的方向。指鸟虽然飞得远，终究还是要返回旧巢；狐狸死时，总是把头朝着自己居住的山丘。比喻不忘本。

## P

跑了和尚跑不了庙

和尚：出家修行的男性佛教徒。庙：寺庙。指和尚逃跑了，寺庙不可能跑。比喻无法逃脱。换句话说，人可以跑掉，家产跑不掉，其他有牵连的人也不可能走掉。暂时应急的手段只能躲避一时，但最终还是逃脱不掉。

平地里起风波

比喻纠纷或争斗突然发生。

## Q

棋逢对手，将遇良才

下棋时碰到高手，打仗时遇到良将。意指双方力量才智差不多。

旗开得胜，马到成功

战旗一展开就取得了胜利，战马一到就取胜。意指事情发展迅速、顺利。

千里不同风，百里不同俗

千里之内不会吹相同风向的风，百里之内也不存在完全一样的风俗习惯。意指地域不一样，风俗迥异。

前人栽树，后人乘凉

指前人辛辛苦苦种树，得益的是后人。比喻前人为后人造福。换句话说，前一辈人创业，后一代人便可享福。

## R

人贵有自知之明

指人的难得之处在于对自己有个合适的评价。

人马未动，粮草先行

指带兵参战，必须先粮草充足。也指拥有充足的粮草，是打胜仗的先决条件。

人无远虑，必有近忧

人如果没有长远的打算和目标，就不容易避开眼前的忧患。

## S

三个臭皮匠，顶个诸葛亮

臭皮匠：指普通人。指人多能够集思广益，智慧多多。

三军易得，一将难求

三军士兵容易招募组织，而一名将领却不易找到。意指优秀人才难求。

谚语大全

三拳敌不过四手

意思是人少比不过人多。

三十六计，走为上计

三十六：虚指，形容很多。指在事情无法挽回的局势下，最好的办法是拍拍屁股走人。

三天不打，上房揭瓦

比喻有些人只要受到的打击不多，就会无法无天。

杀鸡给猴看

指在猴子面前杀鸡，给猴子看。警示人们：惩罚某些人，目的是吓唬那些不遵纪守法的人，让他们老实一点。比喻惩罚一个人用以警告其他的人。

杀人偿命，欠债还钱

指杀人要抵命，欠债要还钱。换句话说，犯什么罪就应受到什么惩罚；借债就应该如数偿还。

杀人可恕，情理难容

恕：宽恕，原谅。指宁可宽恕杀人的行为，也不能容忍伤天害理的作为。

杀人一万，自损三千

打仗时杀死敌人一万人，自己也会损伤三千人。也指战争中胜方同样也有损失。比喻要想取得成绩，自己必须付出一定的代价。

山高皇帝远

指高层权力管不到偏远的地方。

山中无好汉，猢狲称霸王

意指在没有优秀人才的地方，平凡的人就能出人头地了。

上梁不正下梁歪

上梁没有上正，下梁肯定倾斜。比喻上面的人作风不正派，下面的人就会跟风变坏。

舍不得孩子套不住狼

比喻不作出一定的牺牲，就不能打败对手。又喻指不付出高的代价，就不会得到大的收益。

社稷兴亡，匹夫有责

社稷：指国家。匹夫：指平常人。意谓国家的兴亡，与每个人都有关。

射人先射马，擒贼须擒王

指想要射死骑马的人，先得射死马；想要捉拿贼寇，须先得捉拿贼寇的首领。也指对敌作战要击中要害。比喻解决问题要抓住问题的关键所在。

身正不怕影子斜

指身子正就不担心影子是倾斜的。比喻自己行为端正，就不怕他人说三道四。换句话说，行为正派的人不怕他人的造谣诽谤。

胜负乃兵家常事

打仗是胜还是败，是用兵的人常常会碰到的事情。多指世上没有常胜将军，不能因暂时的失败而垂头丧气。

识时务者为俊杰

时务：指当时的局势或时代潮流。指对目前的事务能作出理智、正确的判断，才是优秀的人。换句话说，能分清眼前的形势，顺应事情的发展规律，才是出众的人才。

树倒猢狲散

比喻有权有势的人一旦倒台，依附的人或势力便会离之远去。

树欲静而风不息

指树想平静，但风却一直吹得它摇晃。比喻人们想要平静的生活，可邪恶的势力经常一直捣乱。

**水火不相容**

比喻双方互相对峙严重。也比喻对峙的双方不能和平共处。

**顺天者昌，逆天者亡**

古时认为不能违背天意，顺应它就会生存昌盛，违背它就会导致灭亡。

## T

**贪小便宜吃大亏**

指贪图不是自己的利益，虽能捞到小的利益，最终却会吃大亏。

**太公钓鱼，愿者上钩**

指姜太公在渭水边用无饵直钩放在水里钓鱼，并自语道："负命者上钩来。"后用来指事出自愿，心甘情愿受损失。比喻人心甘情愿上当受骗。

**天子犯法与庶民同罪**

皇帝犯了法，也要同老百姓一样问罪。指不管地位权势有多高，都得受到法律的制约。

**条条大路通罗马**

指不论哪一种方法都能够达到所期望的目的，不必吊死在一棵树上。

**偷鸡不着，反蚀一把米**

比喻不仅没捞到好处，反而遭到了损失。

**兔子尾巴长不了**

比喻一种状态所维持的时间不会很长久。

## W

**外举不避仇，内举不避亲**

推荐外人不回避仇人，推荐自己人不回避儿子。

**顽是顽，笑是笑**

指玩笑与正经事不能混为一谈。

**万事俱备，只欠东风**

指所有的条件都齐全了，就差东风了。比喻一切都已准备就绪，只差一个起决定作用的条件。换句话说，所有事情都准备到位了，最后只差一个关键性的问题还没解决。

**无功不受禄**

禄：俸禄。原指没有功劳就不敢接受俸禄。也泛指不为人做事，不可以接受馈赠。

**无官一身轻**

古时认为，辞掉官职，精神上没有负担，反倒觉得更加轻松愉快。

**无事不登三宝殿**

三宝殿：佛殿。常指有所求的地方。没有心事是不到佛殿求神拜佛的。比喻没有事情是不会登门拜访的，既然登门就有事相求。

**五里不同天，十里不同俗**

指每个地方都有各自的风土民俗，即便是距离较近的地方，民情风俗也不一样。

**物必先腐，而后虫生**

指任何东西都是自身先腐烂，然后蛆虫、蛀虫才能寄生。比喻一个国家、一个团体或一个家庭，内部不出问题，外人是难以入侵的。

谚语大全

## X

### 先君子后小人

先做君子，后做小人。指先按道理来，以礼待人；行不通的话再采取强硬措施。

### 先礼而后兵

指打仗之前，先运用外交手段，和谈行不通之后再开战。

### 先下手为强，后下手遭殃

指先发制人可取得主动权，要不然就会吃亏。换句话说，双方交手时，先动手的就能取得主动权，能迫使对方措手不及，处于被动地位；晚动手的就可能吃亏。

### 乡有乡规，民有民俗

乡村有乡村的规矩，民间有民间的风俗。意指每个地方都有自己传统的风俗民情。

### 新官上任三把火

指新上任的官员总要办些事，以树立自己的威望。比喻开始做某事时热情非常高，过了三分钟热度就下降了。

### 行不更名，坐不改姓

指正大光明，无论何时都不隐瞒自己的真相。

### 秀才遇见兵，有理讲不清

指讲道理的人如果遇到一味蛮横的人，无论怎么讲理也是没有用的。也指讲道理要分对象。

## Y

### 养虎自遗患

遗：留下。比喻如果宽恕敌人或恶人，相当于是给自己留下了后患。

### 养家千百口，作罪一人当

一家有很多人，谁犯罪谁承担，不可以牵连别人。

### 要叫马儿跑，得叫马儿多吃草

比喻要想让他人好好工作，就得给予一定的报酬。

### 夜不闭户，路不拾遗

意指天下太平，社会秩序良好。

### 一朝权在手，便把令来行

指做官的一旦掌握了大权，就会发号施令。

### 一朝天子一朝臣

古时换一个皇帝常常要换一批大臣。现在常指一个人上台，就会紧接着换一批亲信或随从。

以毒攻毒，以火攻火

攻：治。比喻要用与对方相同的厉害手段或办法来对付对方。

以小人之心，度君子之腹

比喻用狭隘、卑劣的心理去度量高尚者的胸怀。

英雄所见略同

所见：见解。略：大致。指英雄人物的见解或认识经常相差无几。多用于赞赏两个人的想法不谋而合。

鹬蚌相持，渔人得利

鹬：长嘴的水鸟。蚌：有两个椭圆形介壳的软体动物。比喻双方争执不休，结果却让第三者从中获利。

欲知其人，观其所使

意谓要想知道一个人的品行，只要看他所差遣的是什么样的人就可得知。

远来和尚好看经

本地人更愿意请远方来的和尚念经文。指人们更看重远道而来的和尚。泛指外来人比本地人更容易得到敬重。

一夫当关，万夫莫开

一个勇士把守的关口，再多的勇士也攻不开。意谓地势险要。

一人之下，万人之上

一人：指天子。万人：指百官。意谓地位高高在上、权势显赫的大臣。

一叶蔽目，不见泰山

指如果一片树叶遮住了眼睛，泰山近在眼前也看不到。比喻由于个别小事所蒙蔽而看不清事物的整体。换句话说，如果被个别的局部现象所迷惑，就看不到整体和全局。

一叶落知天下秋

指看见一片树叶落下来，就知道秋天将要来临。比喻从事物的细微变化迹象中，就可推知其发展的趋势和结果。

疑人莫用，用人莫疑

有嫌疑的人就不任用；已经任用的人就不要怀疑他。指用人要坦诚相待，贵在诚信。

## Z

宰相肚里好撑船

宰相：我国古代辅助君主掌管国事的最高官员的通称。意思是人的度量大，可以容人容事。

斩草要除根

除草要从根铲除。比喻除恶务尽，不留后患。

占小便宜吃大亏

指常常贪图小便宜的人，总有一天会

遭受大损失。劝诫人不要贪小利。

知情不报，罪加一等

明明知道案情却不及时揭发举报，更应该严加惩罚。

只此一家，别无分店

古时商店招牌，招揽生意的用语。意指同类店铺只有这一家，独自垄断，独一无二。

只见树木，不见森林

比喻看问题不全面，仅看到问题的局部，看不见整体局势。

忠言逆耳利于行，良药苦口利于病

逆耳：不顺耳。意谓忠诚的话听着不好听，但有利于行为；烈性的药喝下去很苦，但能治好疾病。

种瓜得瓜，种豆得豆

原是佛教用语，指因果报应。后来用作比喻做什么样的事，就会得到什么样的结果。

重赏之下，必有勇夫

指重金悬赏，必定有人敢于出来做事。换句话说，只要有重赏，不论事情有多艰险，都会有人去干。

主将无能，累死三军

意思是将领没有才能，部下累死也不会获胜。

坐山观虎斗

比喻用旁观者的态度看待双方的争斗。

# 卷二　礼节　修养　志向

## A

爱叫的猫捉不到老鼠，好吹的人办不成大事

比喻爱夸耀吹嘘的人没有真能力。

爱骑马的不骑驴，爱吃萝卜不吃梨

比喻人的喜好各不相同。

爱惜五谷，儿孙多福

指知道珍惜粮食的人，会给儿孙带来幸福生活。

安逸使人志气消，勤奋使人志气高

贪图安逸会使人丧失上进心，不懈的努力使人志气昂扬。

傲气大了栽跟头，架子大了没人理

指做人要谦虚，平易待人，高傲无礼会导致失败或受到大家的疏远。

## B

白日里见鬼

比喻碰到倒霉的事。

白日莫闲过，青春不再来

指应珍惜青春年华，不要虚度光阴。比喻每一天的光阴都要珍惜，一个人不会有第二个青春。告诫人们，要珍惜宝贵时光，不要荒废青春。

百尺竿头，更进一步

百尺竿头：百尺高的竿子，佛教用来比喻修行达到了极高的境界。比喻虽然已经取得了很大成就，但不要骄傲自满，应继续努力，不断进步。

百巧不如一拙

巧：乖巧。拙：笨拙，这里指质朴。百般乖巧比不上质朴真诚。

百岁光阴如过客

百年光阴如同一个匆匆的过客，转瞬即逝。指人生极其短暂，须加倍珍惜。

半截身子入土

指人濒临死亡。

宝剑锋从磨砺出，梅花香自苦寒来

磨砺：磨刀石。指宝剑的利刃出自磨石，梅花的清香来自严寒。比喻人的成就来自奋斗与刻苦。

饱暖生淫欲，饥寒生盗心

淫欲：指色欲。指人在吃饱穿暖之后就会产生骄奢淫逸的念头，在饥寒交迫时就会产生盗窃的念头。

本事不是吹的

本事：本领。吹：吹嘘，说大话。指人的能力是实实在在的，不是吹嘘出来的。

笨鸟先飞早入林，笨人勤学早入门

比喻能力差的人，如果行动比别人早，做事比别人勤快，取得成果就能比聪明人早。

闭门家里坐，祸从天上来

指关门闭户待在家里，灾祸却突然降

临。比喻飞来横祸。人生艰难，难预料啥时候会碰到麻烦。

**别人夸，一枝花；自己夸，烂冬瓜**

指别人的赞许还有一些价值，而自己夸耀便一文不值。

**不经高山，不知平地**

比喻没有经历过艰难和风险，就不会认清人的本来面目。也比喻不经受挫折就体会不到安定的生活来得不易。

**不能正己，焉能化人**

自己的言行不端正，怎么能去教化别人？指要想教育别人，必先严格要求自己。

**不怕路远，只怕志短**

比喻只要有志气，再困难的事情也能办好。

**不怕难，有难非难；害怕难，不难也难**

指在碰到困难的时候要有足够的勇气，不惧怕它才能战胜它。

**不怕穷，就怕懒**

指只要通过勤劳的工作就可以改变贫穷的生活。

**不怕人穷，就怕志短**

指不怕人贫穷，就怕人没有志气。比喻人只要有抱负、有志向，就能奋发图强，达到目标。

**不怕一万，只怕万一**

指事情常常有偶然性，要防备想不到的情况发生。提醒人办事要小心谨慎，不能粗心大意。

**不入虎穴，焉得虎子**

指不进虎窝，如何能得到小虎崽儿呢？比喻不经历艰难险阻就不能获得成功。也比喻不冒危险深入实地，不会获得需要的东西。

**不为物欲所惑，不为利害所移**

物欲：得到某种物质利益的欲望。指既不受物质利益所诱惑，也不受个人利害关系的影响。比喻办事要出于公心。

**不显山，不显水**

指瞧不出来有山，也瞧不出来有水。比喻人的才能、钱物等没有显露出来，不被人注意。

**不以成败论英雄**

指不要以成功和失败作为标准，来评价英雄人物。换句话说，成功或失败不是判断英雄的标准。

**不义之财不可贪**

指不要贪图来路不正的财物。

## C

**财从细起，有从俭来**

有：富裕。积累财富要从细小之处开始，富裕的生活是靠勤俭节约得来的。

**苍天不负有心人**

负：辜负。有心人：有志气又善于思考的人。指命运不会让有恒心的人失望。

**苍蝇不钻没缝儿的蛋**

鸡蛋没有裂缝，苍蝇就不会来叮。意谓只要自身没有问题，别人就无法钻空子。

**长存君子道，日久见人心**

指长期保持高尚的情操，时间久了，人们就会有正确的评价。

**常将有日思无日，莫待无时思有时**

指有钱的时候要常想想没有钱的时候，不要等到没钱了再后悔。指时刻要牢记节约，不要浪费。

**常听老人言，办事不作难**

指老人具有丰富的阅历和经验，经常聆听老人的教诲，办事就会少走弯路。

**成大事者，不拘小节**

比喻立志成就大事的人，不会在小事情上费工夫，消磨时光。

**成事不足，败事有余**

指将事情办成功的能力不够，把事情弄糟的本事却不小。比喻有些人办不成事情，只会把事情搞坏。

**成也萧何，败也萧何**

萧何：汉高祖刘邦的丞相，曾辅佐刘邦夺取天下，并荐举韩信为大将军，刘邦统一天下后，萧何又设计为刘邦除掉韩信。韩信的成功与失败都是由萧何造成的。比喻事情的成败皆出于一人之手。也比喻事情成功靠此人，事情失败也由此人引起。

**成则为王，败则为寇**

指争夺江山，互相厮杀，胜利者称王称帝，失败者则被称为盗寇。旧时错误认为，争夺天下往往以成败论英雄，无真理可言。

**诚之所至，金石为开**

指真诚所到之处，就连没有情感、坚固不化的金石也会为之洞开的。指真诚令人感动。

**吃别人嚼过的馍没味道**

比喻做事情假如用别人已使用过的办法去做，就没啥意义，不如另辟蹊径。

**吃不了，兜着走**

东西吃不完就装在兜里带走。意谓出了问题，要承担一切后果。

**吃得苦中苦，方为人上人**

指只有经得住艰苦磨难，才能得到高出一般人的地位。比喻只有经过艰苦磨炼，在事业上取得成功，才能出人头地。

**吃惯了嘴，跑惯了腿**

意谓贪吃贪玩一旦成了习惯，就会不由自主。

**初生牛犊不怕虎**

指刚出生的小牛没见过老虎，不知其凶恶，碰到它也不知害怕。比喻初入社会的年轻人敢想敢干，勇敢无畏。

**创业容易守业难**

指保存、发展事业比创建事业更难。

**聪明反被聪明误**

误：耽误，妨害。指聪明人认为自己聪明，结果反而让自己受到损害。也指聪明人自恃聪明，往往不听他人的劝告，反而被聪明耽误了。

**聪明一世，糊涂一时**

指一向聪明的人，也有糊涂的时候。

**寸金难买寸光阴**

指一寸见方的黄金也难买回日影移动一寸的时间。也指时间宝贵，流失后无法挽回。

# D

**大风吹不走月亮**

比喻困难吓不坏毅力坚定的人。

**大难不死，必有后福**

旧时认为一个人如果大难临头还能

活下来，日后必有大福降临。

**大意失荆州**

比喻麻痹大意，会造成不可挽回的损失。

**大丈夫见义勇为**

指有志气的男子看到正义的事情就会奋力去做。

**大丈夫流血不流泪**

比喻有志气的男儿宁肯流血牺牲，也决不伤心流泪。

**大丈夫能屈能伸**

指真正的英雄身处逆境时能够忍受屈辱，在顺境时则能施展抱负。

**大丈夫一人做事一人当**

指有志气的人做事勇于承担责任，不牵累别人。

**但行好事，莫问前程**

指劝人多作有利于人的好事，不要顾及个人的利害得失。

**动了太岁头上土，无灾也有祸**

比喻侵犯了有地位的人会遭受祸患。

## E

**饿死胆小的，撑死胆大的**

指胆小的人啥也不敢做，只能挨饿受穷；胆大的勇于冒风险，能办成大事。

**饿死事小，失节事大**

旧时认为女子宁可饿死，也不能失去贞节。今多指宁可死去也不能丧失气节。

**儿女情长，英雄气短**

比喻男女间的私情消耗了英雄人物的志气与气魄。

**二则二，一则一**

二就是二，一就是一。比喻说话办事实事求是。

## F

**凡事要好，须问三老**

三老：指有经验、有德行的长者。指要想把事办好，就要多请教经验丰富、德行高尚的人。

**凡事有个先来后到**

做事要按先后次序进行。

**凡事只因忙里错**

指做事匆匆忙忙就容易出现错误。

**饭来张口，茶来伸手**

指饭拿来了就张嘴吃，水送来了就伸手接。比喻人懒惰，坐享其成。

**饭要一口一口吃，事情得一件一件做**

意谓做事情只能一件一件地做，不能急于求成。

**风吹云动星不动，水流船行岸不移**

比喻有坚定信念的人能经得起任何挫折和考验，永不动摇。

**佛争一炉香，人争一口气**

指佛要争享一炉香火，人活着是为了争口气。比喻人一定要有志向，要自强不息。

**福无双至，祸不单行**

指好运不会双双到来，灾祸却不止一次地降临。

**福与祸为邻**

指福气和祸患是邻居。也指福中潜

梭：织布时牵引纬线（横线）的工具，两头尖中间粗，形状像枣核。时间飞逝如同射出去的箭，日月转换如同织布时的梭子，不知不觉中，人已不再年轻。指时光流逝得很快，要好好珍惜。

国家兴亡，匹夫有责

匹夫：古代指平民中的男子，后泛指一般老百姓。指国家的兴亡盛衰，每个人都有责任。

过后才知事前错，老来方觉少时非

事情过后才认识到以前自己的错误，年老了才看清年少时的不对。

伏着祸，祸中蕴藏着福，随时随地相互变化。

## G

敢作敢当，才是英雄好汉

比喻英雄好汉既然敢做敢闯，就应敢于承担责任。

个人事小，国家事大

指国家利益永远高于一切，个人利益应该服从国家利益。

功不成，名不就

指功名一无所有。

功到自然成

指决心下功夫，事情就必然会成功。

功夫不负有心人

有心人：有志向又善于动脑筋的人。指只要矢志不渝、勤学苦练，就一定会取得成功。

光阴似箭，日月如梭

形容时间过得很快。

光阴似箭催人老，日月如梭赶少年

## H

害人之心不可有，防人之心不可无

不能存有害人的心，但不能没有提防别人害自己的心。

好狗不和鸡斗，好男不和女斗

好汉不和女人一般见识，不屑于和女人争斗。

好汉不记仇

指英雄豪杰宽宏大量，不和平常人计较。

好汉不怕死，怕死非好汉

英雄好汉勇于牺牲，视死如归，懦夫才会贪生怕死。

好马不备双鞍，烈女不更二夫

旧时认为贤德的女子只能从一到老，如同好马只配备一个鞍。

好马不吃回头草，好汉不买后悔药

比喻有志气的人勇往直前，从不后退，从不后悔。

好男儿志在四方

谚语大全

指有作为的男人应该胸襟开阔，理想远大。

**好死不如赖活**

指好好地死去，不如窝囊地活着。

**花有重开日，人无再少年**

指鲜花凋谢后，来年还有再开花的时候，而人年老以后，却不可能再变得年轻。比喻青春只有一次，要珍惜时间，不可荒废了大好年华。

**话不可说尽，事不可做绝**

指说话做事都要留有余地，不可把事情做绝。

**黄河尚有澄清日，岂可人无得意时**

指黄河的水还有清澈的一天，好人就没有得到好运气的时候？比喻人总会有遇到好运气的时候。

**黄金有价，信誉无价**

指人的信用和名誉比黄金还珍贵。

# J

**积善人家，必有余福**

意谓长期积德行善的人家，子孙后代就会享受祖上的福荫。

**吉人自有天相**

善良的人自然会受到上天的保佑。比喻人有好运气，遇到危险情况也能相安无事。

**疾风知劲草，板荡识忠臣**

板荡：《诗·大雅》里有《板》和《荡》二篇，都是咏周厉王的无道，后用来指政局混乱社会动荡。只有在猛烈的大风中，才能识辨哪些草是坚韧有力的；只有在动荡不安的年代，才能看出谁是真正的忠臣。比喻在十分恶劣的条件下才能考验出一个人的意志和品质。

**家丑不可外扬**

指家里的丑事不可让外面的人知晓。比喻内部的丑事要内部自己解决，不可向外宣扬。

**家贫显孝子，国难识忠臣**

指家境贫困时才能看出谁是最孝顺的儿女，国家危难时才能考验谁是朝廷的忠臣。也泛指在主要时候才能看出一个人的品质好坏。

**江山易改，禀性难移**

禀性：本性。指山河的面貌可以变化，而一个人的本性却很难改变。

**骄兵必败**

指恃强轻敌的军队必然失败。比喻骄傲自满、轻视工作的人必定无成果。

**静坐常思己过，闲谈莫论人非**

过：过错。非：错误。指要经常检点自己的过失，不要总是评论别人的不是。

**久病无孝子**

卧病时间长了，亲生儿女也不会一直耐心伺候。

**拘小节者，不能立大事**

比喻对细枝末节问题看得很重的人，办不成大事。

**聚少成多，滴水成河**

指平时要注意节俭积累。

**倦鸟知还**

比喻长在外边游荡的人想返回故乡。

**君子爱财，取之有道**

意谓品行端正的人通过正当途径取得钱财。

君子不欺暗室

暗室：幽暗隐蔽、无人的地方。指道德高尚的人不在暗地里做亏心事。

君子一言，驷马难追

驷：同驾一辆车的四匹马。大丈夫一言既出，如同着鞭的快马一样，不能收回来。

## K

砍了头不过碗大的疤

指即使被砍头也没有什么了不起。旧时多用来表示敢作敢当，什么后果都不怕。

靠山吃山，靠水吃水

指要根据客观条件，因地制宜地去发展生产，搞好生活。也比喻干什么行当就靠什么行当生活。

孔夫子面前莫背《三字经》

指不要在有才能的人面前卖弄自己的学问。

## L

拉不出屎来怨茅厕

比喻自己懒惰，事情办不好，却抱怨客观条件差。

来者不惧，惧者不来

惧：恐惧，害怕。敢来的人不会害怕，害怕的人不会来。指前来挑衅是非的总有几分胆识。

老鼠爱打洞，坏人爱钻空

比喻坏人喜欢钻营，就像老鼠喜欢打洞一样。

老鼠急了会咬猫

比喻人在无可奈何的情况下，会做出危险的事来。

礼多人不怪

交往时对人多讲礼貌，别人总不会见怪。

礼有经权，事有缓急

经：常规。权：暂时。讲究礼节要区分场合，处理事情要分轻重缓急。

利刀藏在鞘里

指真正有分量的人是不轻易表现的。

灵鸟择木而栖，智士见机而作

机：时机，机会。作：行动。有灵性的鸟选择好的树栖身，聪明的人选择适当的时机行动。

流言止于智者

指有见识的人不传播闲言碎语。

鲁班门前耍大斧

指没有自知之明的人在专家面前卖弄自己。

萝卜青菜，各有所爱

通常说明人的爱好各不相同。

## M

没有过不去的火焰山

火焰山：指《西游记》描写唐僧去西天取经，路经火焰山过不去，孙悟空经受了许多挫折，终于向铁扇公主借来芭蕉扇，扇灭了大火，才得以通过。比喻没有克服不了的困难。换句话说，有志者事竟成，只要努力进取，就没有克服不了的困难。

没有懒地，只有懒人

只要辛勤劳动，就会有所收获。

美景不长，良辰难再

辰：时光。美丽的景色不会长久，大好的时光不能再来。告诫人们要珍惜光阴，不要虚度年华。

**迷而知反，得道不远**

反：同"返"。指迷途知道回返，离正路就不远。比喻犯了错误能及时改过来，就有成功的希望。

**明白人不做糊涂事**

比喻聪明人不会去办不明智的事。

**明人不说暗话，好汉不使暗拳**

比喻正大光明的人说话办事都放在明处。

**明日复明日，明日何其多**

明天过后又是明天，明天有很多很多。告诫人们要珍惜光阴。

**明知山有虎，偏向虎山行**

指明明知道山上有猛虎，却偏偏向山上去。形容胆略超人。

**命里有时终须有，命里无时莫强求**

旧指人生有无财权都是命里注定的，不能强求。比喻命里注定该有的东西最终也会得到；命里注定没有的东西，强求也得不到。这是宿命论者的观点。

**莫道君行早，更有早行人**

莫：不要。道：说。指不要说自己行动得早，还有比自己更早的人。提醒人们不要自我满足，要懂得随时都会有人超过自己。

**谋事在人，成事在天**

旧指谋划事情在于人，而事情的成功与失败决定于天意。现指筹划事情在于人，但在一定的情况下，事情的成功与否还在于周围的客观条件。

# N

**男儿当自强**

指男子汉应该努力奋斗，不停地拼搏。

**男儿膝下有黄金**

比喻男子汉要刚强，不能轻易向人低头。

**男儿有泪不轻弹**

男子汉不轻易流淌眼泪。意谓男子汉性格刚强。

**鸟各有群，人各有志**

指人人都有不同的志向和理想，就如同鸟儿都有自己所从属的鸟群一样。

**鸟贵有翼，人贵有智**

比喻鸟儿的可贵之处在于有翅膀，可以在高空飞翔，人的可贵之处在于有聪明的大脑可创造一切。

**鸟靠翅膀，人靠脚力**

比喻人要生存发展，得靠自身的努力。

**鸟为食落网，鱼为食上钩**

指鸟儿与鱼儿因为贪吃食物而被捕捉。比喻人如果只顾贪利，不免会被蒙蔽、欺骗。

**宁当鸡头，不做凤尾**

宁愿走在鸡的前头，也不愿跟在凤凰的后面。比喻宁愿在局面小的地方自主，也不愿在局面大的地方听人支配。

**宁逢虎摘三生路，休遇人前两面刀**

指宁可被猛虎堵住求生的去路，也不愿碰见一个两面三刀的人。比喻两面三刀的人比猛虎还可恶。

**宁人负我，毋我负人**

宁可别人失信，对不起自己；也不能自己失信，对不起别人。

## O

**殴君马者路旁儿**

殴：殴杀。指能够杀死马的，是旁边那些称赞马跑得快的人。泛指恭维赞许，往往能使人忘掉戒心，结果招来灾祸。

## P

**拼着一身剐，敢把皇帝拉下马**

指一个人如果能豁出一条命，就什么都不怕。

**泼水难收，人逝不返**

指人死不能复生，如同水泼出去收不回来一样。比喻事已定局，无法改变。

**破车之马，可致千里**

致：到达。指拉着破车的马，虽然迟缓，但也可以到达千里之外。也指浪子回头，依然能成就大事。泛指工作效率虽然慢一些，但能够坚持不懈，仍然能办成大事。

**破船经不起顶头浪**

经：禁受。指破旧的船只禁受不住波浪的冲击。比喻人的处境很艰难，再也受不了新的打击。

## Q

**千防万防，家贼难防**

指家属或亲近的人营私舞弊最难防范。

**钱财如粪土，仁义值千金**

指仁义比钱财更加难能可贵。

**钱到手，饭到口**

送到手上的钱，谁都会拿；送到口边的饭，谁都会吃。比喻贪财是人的本性。

**巧妇难为无米之炊**

炊：烧火做饭。指没粮食，再手巧的妇女也做不出饭来。比喻没有必要的客观条件，再能干的人也做不成事情。

**勤能补拙**

勤快能弥补笨拙。

## R

**让礼一寸，得礼一尺**

指待人有礼貌，就可得到别人更大的回敬。

**人到中年万事休**

指人到了中年就不会再有什么作为了。比喻人到中年已做不了多少事了，就不容易有大的作为。因此劝人平时要珍惜光阴，多作贡献。这是反映旧时中年人的悲观情绪。

**人非圣贤，孰能无过**

圣贤：圣人和贤人，指品格、智慧和才能超群的人。指都是一般的人，不是圣贤，谁能没有过错。比喻无论人修养有多高，也难免有犯错误的时候。

**人过留名，雁过留声**

指人离开或死去后，留下好的名声。比喻人每到一个地方，每做一件事，都要给人留下好名声。

**人活一张脸，树活一层皮**

意谓人活着，就得注重名节，就像树活着，凭的是一张护身的皮一样。

**人敬我一尺，我敬人一丈**

指对方尊敬自己，自己要更加敬重对方。

人怕出名猪怕壮

指人出了名容易招来是非，导致打击，如同猪长肥了就要被宰杀，招来杀身之祸一样。比喻人出名后不能狂妄自大、要谦虚谨慎。

人怕丢脸，树怕剥皮

指人怕丢失面子，就像树怕被剥皮一样。

人穷志不穷

指人虽然穷困，但不能没有骨气。

人人心里都有一杆秤

指每个人心中都有衡量是非曲直的标准。

人生能有几回搏

人的一生，能有几次大的拼搏？指人应该珍惜有限的生命，为事业全力拼搏。

人生如白驹过隙

白驹：白色的骏马。隙：缝隙。指人生活在世间的时光短暂，如同从缝隙中看骏马飞驰，一闪而过，转瞬即逝。形容人生过得相当快。比喻人生时光很短，要抓紧时间多做事。

人生自古谁无死

指人总有一死。比喻人活着要讲气节，不能贪生怕死。

人无千日好，花无百日红

指人的身体、境遇或人际交往，不可能长盛不衰，就像鲜花不可能长开不败一样。比喻好景不长。也比喻人情有冷暖变化，不能长期和谐相处。

人无完人，金无足赤

就像金子没有十足的成色一样，人也没有十全十美的。

人心不足蛇吞象

比喻贪婪之心永久不能满足，如同蛇想吞并大象一样。

人心难满，溪壑易填

溪壑：沟壑。沟壑容易填平，人的欲望却难以满足。意谓人贪得无厌。

人有旦夕祸福，天有不测风云

指人生的祸福像天气变幻一样难以预测。

任凭风浪起，稳坐钓鱼船

比喻无论处境多么艰难，始终充满信心，泰然处之。

# S

三十年风水轮流转

风水：指住宅基地或坟茔周围的风向、水流、山脉等地势。迷信以为，风水的好弱可以影响其家族、子孙的祸福吉凶。比喻随着时代的变迁，风水有改变，人的命运也会随着发生改变。这是一种封建的迷信思想观念。

上刀山，下油锅

意谓在险境中无所畏惧，经受严峻考验。

上山容易下山难

指上山身向前倾，好用力，容易攀登，不易出危险；下山时脚下滑，移步困难，容易失足。也指人的社会地位，上升时觉得荣耀，下落时觉得丢脸。比喻干事往往开头容易结尾难。

少壮不努力，老大徒伤悲

老大：年老。徒：徒然，白白地。指年轻力壮时不努力学习、工作，到老了一

事无成，后悔也来不及了。

**身在福中不知福**

指虽然过着富裕的生活，但却感觉不到幸福。比喻生活在幸福中，还觉得不好，对幸福的生活不满足。

**身正不怕影子斜**

身子站正了，就不怕影子歪斜。比喻为人处世光明磊落，就不怕别人说长道短。

**生当作人杰，死亦为鬼雄**

意谓人不应碌碌无为地活着。

**生于忧患，死于安乐**

在忧愁困窘的环境中能使人发奋图强，获得生路；在安乐舒适的环境中容易使人颓废堕落，导致灭亡。也指仁人志士为国家、百姓的忧患而奔波劳碌，为国家、百姓的安乐而奉献生命。

**胜败兵家常事**

指胜利或失败是带兵打仗的人常常碰到的事。比喻做事情成功与失败是正常的。换句话说，办事情总是有时成功，有时失败，是寻常之理。

**失败是成功之母**

指失败的经验通常是成功的基础。比喻只要善于从失败中吸取教训，最后就会取得成功。

**失之毫厘，差以千里**

失：过错，失误。毫、厘：重量和长度的小单位。比喻极小的差错也会酿成大错。也比喻刚开始时只是细小的失误，到最后就会酿成重大的错误。

**士可杀，不可辱**

指有骨气的人宁可被杀，也不能受辱。

**是福不是祸，是祸躲不过**

旧时认为，福祸都是自己命中注定的，谁也无法改变。这是宿命论者的观点。

**受人之托，终人之事**

托：委托，嘱托。指既然接受了别人的委托，就必须把事情办好。

**树靠一张皮，人争一口气**

气：志气。树没有树皮就会死去，人没有志气活着就没有意义。

**水往低处流，人往高处走**

指就像水总往低处流一样，人都向往更高、更好的地方。

**死生有命，富贵在天**

指人的生死富贵是由命运或天意决定的。

**岁月不饶人**

比喻时光使人老，上了年纪不能再逞强。

## T

**堂堂正正做人，实实在在干事**

指做人要品行端正，做事要脚踏实地。

**桃李不言，下自成蹊**

蹊：小路。指桃树李树不会讲话，但它们的果实诱人，去观看或采摘的人多了，树下自然便被踏成一条小路。比喻品行端正的人，不用吹嘘，就受到人们的恭敬和热爱。

**天外有天，人上有人**

指天外还有更高的天，能人之上还有更强的人。提醒人们不要狂妄自大，骄傲自满。

投之以桃，报之以李

指他人送桃子给我，我就回赠他李子。意谓礼尚往来是人之常情。

退一步风平浪静，让一分天高地阔

说明为人处世要克己忍让，心境、处境便会开阔起来。

## W

万般都是命，半点不由人

旧时指人的一生全是命里注定，丝毫也由不了个人。这是唯心论。

万恶淫为首，百善孝为先

比喻在所有坏事中，纵欲淫乱是最大的罪，在所有的美德中，孝顺位居第一。

王婆卖瓜，自卖自夸

老王太太卖瓜，总是夸自己的瓜好。意谓自我夸耀、自我吹嘘。

为人莫做亏心事，半夜敲门心不惊

说明人只要没有做亏良心的事，就用不着担心害怕。

为人坐得正，不怕影子斜

比喻为人处世只要品行正派，就不怕别人议论、诽谤。

屋漏更遭连夜雨，船迟又遇打头风

意谓灾难或不幸的遭遇接踵而至，或接连不断地降临。

无欲志则刚

指没有私欲，就啥都不怕，意志就刚强。

无知者不怪罪

说明不了解实情的人，即使做错了，也不应该指责。意谓对不是故意犯错误的人要宽容。

## X

细水长流，吃穿不愁

说明过日子节省，才会一直不愁吃穿。

先天下之忧而忧，后天下之乐而乐

指忧虑在天下人之先，享乐在天下人之后。比喻吃苦在前，享受在后。

小心驶得万年船

比喻谨慎从事就能永保平安。

心比天高，命比纸薄

说明人虽胸怀大志，但因运气不好而难以实现。

心诚则灵，意诚则实

旧时指祈求神灵降福禳灾要真诚。比喻做事诚实不欺，自会有好的结果。

心底无私天地宽

说明为人光明磊落不存私心杂念，自有一种天阔地广、悠然自得的享受。

行船不使回头风，开弓没有回头箭

意谓既然确定了目标，下定了决心，就决不三心二意，犹豫不定。

## Y

眼睛里不容沙子

指正直的人对不合乎情理的事或邪恶的人不能容忍。意谓对人、对事要求很高。

羊羔跪乳，乌鸦反哺

指羊羔知道跪着吃奶，乌鸦长大后，知道衔着食物喂养母鸦。意谓儿女应该有孝顺、报答之心。

要过河，先搭桥

谚语大全

意谓要想办好事情，就得早点做好准备工作。

**一遍生，二遍熟，三遍四遍当师傅**

说明做第一次时生疏，再做时就熟悉了，到第三、四遍时就能当师傅带徒弟了。意谓多次练习就能牢固掌握。

**一波未平，一波又起**

意谓意外的事情连续不断地发生。

**一不做，二不休，推倒葫芦洒了油**

意谓要么不做，既然下定决心做，就得奋不顾身做到底。

**一步走错，步步走错**

说明关键的一步做错，之后的一切都会错下去，不能挽回。意谓开头一步错了，或者关键一步走错了，以后就会步步走错。强调刚开始不能有错，或者重要的一步不能错。

**一朝被蛇咬，十年怕井绳**

意谓有些人经受一次打击之后，变得胆小怕事。

**一寸光阴一寸金，寸金难买寸光阴**

意谓时间比金子还宝贵，一定十分珍惜。

**一人做事一人当**

说明自己做事自己负责，牵扯不到别人。

**一生都是命，半点不由人**

说明人生的一切都是命中注定的，由不得人做主。意谓无论发生任何事情，都是命中注定的，自己无法替自己做主。这是一种宿命论思想。

**一失足成千古恨，再回头是百年身**

说明人一旦犯了大错，就会抱恨终身，想改过已经为时太迟。意谓一旦犯了大错误，就终生遗憾，即使想改正也来不及。

**一着不慎，满盘皆输**

说明下棋关键的一步走错，就会导致全盘皆输。意谓关键的问题不能慎重处理而招致全局性的失败。也说明如果一步失误，就会导致全局失败。

**疑心生暗鬼**

比喻人有了疑心，便会无端生出许多怪事，庸人自扰。

**以己之心，度人之心**

比喻用自己的想法去揣测别人的思想。

**义重如山，恩深似海**

比喻情深义重。

**阴沟里翻船**

意谓在按常理不可能出问题的地方出了错误。

**银钱到手非容易，用尽方知来处难**

说明手里有钱财时不知节省，等到用完时才知道钱财来之不易。提醒人们要珍惜钱财，不要挥霍浪费。

**饮水要思源，为人难忘本**

指做人不能忘本，如同喝水的时候要想想水的来源。

**应人事小，误人事大**

指别人托付的事可以不答应，但如果答应了却做不到，就会耽搁别人的大事。提醒人答应别人的要求时要慎重，答应了就要说话算数、讲信誉。

**英雄志短，儿女情长**

比喻英雄人物斗志消沉了，沉湎于男

女间缠绵之情。

**有福同享，有难同当**

说明一家人（或一帮人）同甘苦、共患难。

**有其父必有其子**

说明有什么样的父亲就有什么样的儿子。意谓儿子的行为或性格与他父亲的一样或相似。

**有一分热，发一分光**

比喻有多大能力，便贡献多大力量。

**有智不在年高**

说明有智慧不在于年龄高低。意谓年轻人往往足智多谋。

**愚者千虑，必有一得**

说明愚蠢的人经过多次思考，一定会有所收获的。常用于表示自己水平不高的谦虚说法。

**远水不救近火**

说明远处的水救不了近处的火。意谓缓慢来的帮助解决不了眼前的困境。也说明迫在眉睫的问题需要马上处理，但远处的援助来得缓慢，因此对解决问题一无用处。

## Z

**宰相肚里撑舟船**

意谓豁达大度的人，气量大，能容人。

**占小便宜吃大亏**

指贪图小便宜往往会遭受大的损失。

**站得高，看得远**

说明立足点越高，看得越远。意谓看问题目光要远大，不要只顾到眼前的利益。

**真人面前不说假话**

说明在真人面前说假话会被揭露。意谓在阅历丰富的人面前不要说虚假的话。常用来表白自己讲的是真话。

**知错改错不算错**

指能及时发现错误并改正错误的人，即使错了也没什么。

**知识在于积累，天才在于勤奋**

指渐渐积累能丰富阅历，努力勤奋能造就人才。

**知足者常乐**

说明知道满足的人能经常保持乐观的心情。意谓知道满足的人心情总是愉快的。

**自作孽，不可活**

谓指自作自受。

**纵有大厦千间，不过身眠七尺**

说明人的需求有限，没有必要贪得无厌。

**坐不改名，行不改姓**

说明在任何情况下都不更改自己的姓名。比喻光明磊落，毫无畏惧。

# 卷三 节气 天象 时令

## A

艾草扎白根，必有大雨淋

艾草是一种多年生草本植物。意思是如果艾草扎了白根，不久就会下大雨。

爱惜五谷，儿孙多福

意在劝人爱惜粮食。

## B

百里不同风，千里不同俗

风：这里指风俗。意思是各地风俗都不相同。也指各地的风俗习惯不同，告诫人们外出要入乡随俗，要尊重当地的习惯。

不结子花休要种，无义之人不可交

即指不结子的花不要种，无情无义之人不能与之交往。

不怕虎生三只口，只怕人怀两样心

意思是老虎即便长出三张嘴，也并不可怕；如果和怀着两样心的人交往，那才是最可怕的。比喻外部的敌人再厉害，也不足为惧；如果内部人自乱阵脚，就太可怕了。

## C

陈谷子，烂芝麻

比喻多年以前的琐碎小事。

春打六九头，吃穿不用愁

春指立春。六九即从冬至起向后推算的第六个九日。倘若立春正巧在六九的第一天，就预示着当年是一个丰收年。

春风吹破琉璃瓦

春风能把刚硬的琉璃瓦吹坏。指春天的风依然寒冷有力。

春捂秋冻

意谓春天温度不稳定，不要及早脱掉冬衣，以防受凉感冒；秋季不要急于加穿棉衣，多冻一冻，能增加耐寒力。

春雨贵如油

指农业生产在春天急需春雨，但北方一般很少下，十分可贵。

春争日，夏争时

意谓春耕播种，一天半天也不能耽误，夏季田间管理更为紧急，差一晌半晌，收成就大不一样。

## D

打鱼人盼望个天气，庄稼人盼望个好收成

渔民要出海打鱼，总盼望有个好天气，农民辛劳耕种，总希望有个好收成。

大风刮不多时，大雨下不多时

指狂风暴雨不会维持很久。也比喻特殊情况维持不了多长时间。

滴水成河，积少成多

指一滴滴的水可以汇聚成江河。说明大数量是由无数小数量汇合成的。

东风急，披蓑笠

蓑笠：草编的雨衣和竹编的雨帽。意思是东风刮得紧，雨天很快就要来临。

冬不冷，夏不热

意指冬天如果不冷，夏天就不会热。言外之意，冬天要冷，夏天要热，这是气候正常的表现。

## E

二八月，乱穿衣

指农历二月和八月是气候冷暖不定的季节，人们穿衣有厚有薄，没有规律。

二月二，龙抬头

指农历二月初，气温逐渐变暖，冬眠的动物开始苏醒慢慢出来活动。

## F

风后暖，雪后寒

指寒风过后，气温会变暖回升；大雪之后，雪化吸收热量，寒气更加逼人。

风急雨落，人急客作

客作：给他人干活挣钱。指风刮急了定有雨落，人穷困时就会不择职业。

风急雨至，人急智生

意思是风势急促，立刻就会下雨；人到着急处，会立即产生解决办法。

逢山有盗，遇林藏贼

古时候认为山林中常常隐藏坏人。告诉人们遇到山、林要严加防范，提高警惕。

## G

瓜见花，二十八

指瓜秧开花后二十八天，就可以见到果实。

光阴似箭，日月如梭

形容时光飞逝就像射出去的箭一样快，日月交替就像织布时来回的梭。说明时间过得很快。

桂林山水甲天下，阳朔山水甲桂林

说明天下的景色数桂林最美，桂林的景色数阳朔宜人。

过了冬，长一针；过了年，长一线

冬：冬至，二十四节气之一。这一天北半球白天最短，夜间最长。年：大年，春节。指冬至一过白天就变长了，过了大年白天就更长了。

## H

好花还得绿叶扶

好花虽然美丽，还须要绿叶来衬托。比喻英雄好汉也得有个助手。

河鱼跳，大雨到

说明鱼跳出水面，是大雨将要来临的征兆。

花开必落，月圆必缺

花开了就会凋落，月圆后必定残缺，意谓顺应规律物极必反。

花开花谢自有时

花开、花落各自有一定的规律。旧喻人有春风得意的时候，也有垂头丧气的时刻。

花落花开自有时

花落花开都有固定的时候，意谓人的幸运指数都是命中注定的，无法让人自己控制。

黄梅天，十八变

指黄梅季节，天气忽晴忽阴，变化多样。

黄梅雨未过，冬青花未破；冬青花已开，黄梅雨不来

冬青：常青乔木，夏天开小花。指梅雨季节到来时，冬青大多不开花，若花，即是旱兆，梅雨便停。

## J

夹雨夹雪，无休无歇

指雨夹雪的天气，天很难放晴。

拣日不如撞日

拣日：挑选好日子。撞日：碰到哪天就哪天。指办事先选择好日子，不如碰到哪天就哪天办。言外之意说明挑选日期还不如碰巧遇上的日子吉利。

久晴必有久雨

旱的时间长了，必然会转为长时间下雨。

## K

开门风，闭门雨

开门风：清早刮的风。闭门雨：黄昏下的雨。是说清早刮风，会越刮越猛烈；黄昏下雨，会持续不断，难以放晴。

靠山吃山，靠山养山

意思是挨着山区生活的人要凭借山区的物质资源来养活自己，同时也要爱护和建设山区。

## L

老乡见老乡，两眼泪汪汪

意思是同乡人在异地相遇，会感到非常亲热。

冷在三九，热在三伏

三九：即冬至节后第三个九天，为一年中最寒冷的时候。三伏：即初伏、中伏、末伏，是一年中最炎热的时候。是说一年四季中，三九天最为寒冷，三伏天最为炎热。

六月的天，小孩的脸

是说夏历六月的天气阴晴不定，如同小孩的脸一样说变就变。

## M

蚂蚁搬家，天要下雨

意思是蚁群纷纷出洞，向高处迁移，预兆即将降雨。

民无二王，天无二日

比喻老百姓没有两个君

主，如同天空没有两个太阳一样。

**命运低，得三西**

三西：即山西、江西、陕西，旧时人穷地薄，经济落后。旧时指到"三西"地方任官不能够中饱私囊。

**门前插柳青，农夫休望晴；门前插柳焦，农夫好作娇**

休：休想。作娇：得意的模样。意思是清明时节时插的柳枝泛青，预兆雨水多；插的柳枝枯焦，预兆风调雨顺。

**牡丹不带娘家土**

娘家：这里指代牡丹移植前生长的地方。是说移植牡丹，要把根部泥土洗净，方可以开花。

**牡丹为花王，芍药为花相**

意思是牡丹、芍药是花中魁首。

**木有蠹，虫生之**

蠹：蛀蚀，损害。是说木头腐烂了，就容易生长蛀虫。形容人本身有了弱点，就会被人利用。

## N

**难拜年，易种田**

意思是过年时下雪，尽管人们拜年不方便，但对农作物有很多好处，有利于种田。

**南甜北咸，东辣西酸**

意思是我国东西南北各地百姓的饮食习惯。说明各地人对食品的味道喜好不一样。

**闹热冬至冷淡年**

是说旧俗冬至大如年，比春节还隆重。

**娘要嫁人，天要落雨**

娘：这里指代寡妇。意思是寡妇要改嫁，就像天空下雨一样，谁也没法阻止。

**鸟过留音，人过留名**

意思是人在自己所经历过的地方，应该留下好声誉，如同鸟儿飞过应该留下美好的叫声一样。

## P

**攀人滚动天下**

说明办事时人托人拉关系，可以把各方面的有关人员都调动起来。

**烹牛而不盐**

是说煮牛肉而舍不得放盐，淡而无味，无法吃。形容人贪图节俭，由小失大，结果前功尽弃，白白辛劳。

## Q

**七九河开，八九雁来**

七九、八九：自冬至开始数九，每九天是一个"九"，九九共八十一天，至七九，天气已变暖，河冰化开；八九，过冬南飞的大雁，重返归来。

**青山不老，绿水长存**

常用来比喻来日方长，后会有期。

**穷山恶水出刁民**

穷山：不生草木的山。恶水：没有鱼虾的水。刁民：即恶人。旧时指山穷水恶的地方民风不纯朴。

## R

**人靠饭，铁靠钢，一顿不吃饿得慌**

是说人是靠饭养活的，一顿不吃也不行。

**人情大于债**

指接受了他人的人情，比欠了他人的债负担还重。

**瑞雪兆丰年**

是说大年前的一场好雪，预兆着来年小麦的丰收。

## S

**三伏不热，五谷不结**

三伏：即初伏、中伏、末伏的总称，是一年中最为炎热的时候。是说在三伏天天气不热的话，庄稼就不能够成熟。

**三九四九冻死狗**

形容三九和四九时天气极其寒冷。

**山高一丈，水深一尺**

意思是山有一丈高，水就有一尺深。也用来说明有山就有水。

**山高自有客行路，水深自有渡船人**

是说再高的山，也有人走的路；再深的水，也有渡人的船。也用来表示世上没有走不通的路。

**水能载舟，亦能覆舟**

意思是水能载船行驶，也能让船翻没。形容人民能够拥戴一个政权，也能够推翻一个政权。

## T

**天不可一日无日，国不可一日无君**

意思是国家不能没有君王，就像天上不能没有太阳一样。

**天有不测风雨，人有当时祸福**

说明人的灾祸就像风云变幻，说来就来说走就走，难以预料。

## W

**五月旱，不算旱，六月连阴吃饱饭**

夏历五月是麦收节气，即便天旱也无关紧要；而夏历六月正是农作物生长的时候，雨水多则有利于以后的收成。

**五岳归来不看山，黄山归来不看岳**

五岳：即东岳泰山，西岳华山，南岳衡山，北岳恒山，中岳嵩山，为我国的五大名山。黄山：位于安徽省南部，是我国著名游览胜地。是说游过五岳，其他山就不值得再看；游过黄山，也就不必再去五岳。说明黄山风景奇丽，汇集了群山的优点。

## X

**歇山靠山，靠山养山**

说明住在山边，就要凭借山里的资源生活；要靠山生活，就必须建设山，爱护山。

**性急钓不得大鱼**

是说钓大鱼需要有很好的耐心。也比喻性急的人难成就大的事业。

## Y

**燕子低飞要下雨**

说明燕子飞得很低的话，就是下雨的征兆。

**叶落各有期，花开自有时**

是说叶生叶落，花开花谢，都有一定

的时期。也用来形容一切事物都有定律和规则。

一场秋雨一场寒

意思是入秋后，每降一场雨，气温就会降低一次。

一方水土养一方人

意思是不同地域的人，风俗习惯等都各不相同。

一花不是春，独木不成林

说明一枝花扮不成春天，一棵树构不成森林。形容一人一家的兴旺，不是真正意义上的繁荣昌盛。

一叶落而知天下秋

意思是由一片树叶的飘落就能晓得秋天到了。比喻以点滴的变化推知全局的变化。

云行东，车马通；云行西，马溅泥；云行南，水涨潭；云行北，好晒麦

说明从行云方向上可判断风雨。云往东，则无雨；云往西，则有细雨；云往南，则将降暴雨；云往北，则将会是晴天。

## Z

朝霞不出门，暮霞行千里

说明清晨出现红霞，则傍晚将会有雨，行人不宜出行；傍晚出现红霞，则预兆近数日无雨，能够出远门。

自古华山一条路

华山：即五岳中的西岳，位于陕西省华阴市南，山势巍峨险峻，陡峭如削。是说自古以来，自华山山脚到山顶南北一线仅有一条相当艰险的通道。

谚语大全

# 卷四 劳动 经济 生产

## A

**挨饿受穷，不吃籽种**

指人即便生活贫困也不能吃来年耕种的种子。

**拗气损财**

指因赌气而损失钱财。

## B

**拔根汗毛都比腰粗**

比喻富人的钱财比穷人多很多。

**百问不烦，百挑不厌**

指商业部门对顾客应有很大的耐心，要提供周全的服务。

**半路上出家**

上了年纪才出家当和尚、尼姑、道士。意谓半路转行。

**保土必先保水，治土必先治山**

保护土地需先从保护水源开始，治理土地需先从治理荒山着手。

**不怕不识货，就怕货比货**

不担心鉴别不出货物的好坏，只要把它们放在一起比较一下，就可以分辨出来。意谓人或物只有经过比较，才能鉴别出优劣差别来。

**不怕年灾，就怕连灾**

指一年的灾害并不可怕，真正可怕的是常年的灾害。

**不义之财不可贪**

指不要贪心来路不明的钱财。

**不忧年俭，但忧廪空**

不担心一年粮食歉收，担心的是粮仓空虚。意指贮存粮食十分重要。

## C

**财大气粗**

意谓钱财多的人，说话硬气，常常气势压人。

**长袖善舞，多钱善贾**

贾：做买卖。说明长长的水袖使舞姿更优美，雄厚的资金可使生意更容易做。比喻资金雄厚是从事商业的重要条件。也比喻有所凭借，事情容易成功。如今常以"长袖善舞"比喻会耍手段、善于钻营。

**常赌无赢客**

指经常赌博的人，是不会赢钱的。

**撑死胆大的，饿死胆小的**

指胆大的人富有，胆小的人受穷。换句话说，胆大敢冒险的就能赚到钱，能发财；胆小不敢冒险的就会受穷。

**出门看天气，买卖看行情**

行情：市面上商品的一般价格。指出门上路要注意气候变化，做生意要及时准确把握行情。

### 春不种，秋不收

指春天不播种，秋天就不会收获。比喻没有投入就不会有收获。

### 春打六九头，吃穿不用愁

春：就是立春。六九：从冬至起第六个九日。古时认为立春日如果在六九的第一天，预示着这一年将会是丰收年。

### 春耕宜迟，秋耕宜早

说明春天要在土地解冻后再耕种；秋天要在土地封冻之前耕种。

## D

### 打赤脚不怕穿鞋的

指困难的百姓和有钱有势的人相争斗，不必担心损失什么。

### 但添一斗，不添一口

指只愿增加一斗米，不愿增加一口人。比喻宁可一次性多做一斗米的饭，也不愿意添加一个长期吃饭的人。

### 冬无雪，麦不结

指冬季无雪，来年的麦子就难望有正常的收成。

### 多能多干多劳碌，不得浮生半日闲

意谓能干的人一生辛勤劳作，得不到一刻的安逸。

## E

### 儿多尽惜，财多尽要

指儿女再多也会各个都疼爱；钱财再多也还是能要就要。

### 儿时练功易，老来学艺难

指学习技艺要趁年轻，年纪大了就不容易学会了。

## F

### 风里来，雨里去

在风雨中来来去去。意谓生活、工作辛苦。

### 富从升合起，贫从不算来

升、合：容量单位。指富是从一升一合积攒而来的，贫穷是因为缺少精打细算。比喻过日子不能够忽略掉细微的开支。

### 富得快，跑买卖

指做买卖可很快致富。

### 富家一席酒，穷汉半年粮

比喻古时贫富相差悬殊，有钱人家生活奢侈挥霍，贫苦人家生活饥寒交迫。也比喻富人生活极为奢侈。

## G

**隔行如隔山**

指不同行业的人很难了解其他行业的专业知识。

**工多出巧艺**

只要肯下功夫，自然会练就精巧的技艺。

**锅里有米，碗里有饭**

锅里有了米，就不担心碗里没有饭。比喻只有国家或集体好了，个人才能好起来。

## H

**好过的年，难过的春**

年：春节。春：春天。古时指穷人过了春节后便青黄不接，很难维持生计。

**好货不便宜，便宜没好货**

指好东西一般不会便宜，便宜的一般不是好东西。指质量与价格成正比。

**好借好还，再借不难**

指借用别人的钱、物等及时奉还，下次再借就不难。

**好酒不怕巷子深**

指只要人有真才实学，商品货真价实，就不怕别人不知道。

**行家伸伸手，便知有没有**

说明内行人只要和对方一接触，就能判断出对方的真假来。

**湖广熟，天下足**

湖广：古行省名，辖境历代有变，指今湖南、湖北、广东、广西一带。指湖广一带粮食丰收了，全国老百姓都会有饭吃。也就是说湖广是全国的产粮基地。

**皇帝的女儿不愁嫁**

比喻紧俏商品不发愁出售。

**货要卖当时**

指货物应在畅销的时候及时卖出去。换句话说，货物要在大家都需要时出卖，不要耽误了时机而亏损。

## J

**饥不择食，寒不择衣，慌不择路，贫不择妻**

指人处在困境时，急于满足所需，来不及选择。

**饥荒年饿不死手艺人**

比喻只要掌握一种手工技术，即使遇上饥荒年景也饿不死。

**家有千金，不如日进分文；良田万顷，不如薄艺随身**

意谓钱财、产业再多，也不如掌握一门手艺，每日有固定收入为好。

**见苗就有三分收**

农作物只要保住苗，至少就有三成收获。

交易不成仁义在

指生意虽然没有成交，但不要伤害双方感情。这是生意中的通行语。

久看成行家

说明见得多了，就会成为行业里的能手。

君子爱财，取之有道

说明有道德的人通过正当手段获取钱财。

君子周急不周富

意谓君子救济有急难的人，而不巴结有钱的人。

## K

靠山吃山，靠水吃水

比喻人适应环境，取环境之利而生存。

空话一场，五谷不长

指光说不干，庄稼不会生长，什么收获也没有。

## L

腊月水土贵三分

指古时到了腊月年关的时候，包括水土在内的一切东西都会涨价。

腊月有三白，猪狗也吃麦

三白：指多次下雪。农历十二月多下几场大雪，有利于来年小麦丰收。

来时容易去时快

说明钱财来得容易，花得也快。

六月六，看谷秀

秀：植物抽穗开花。指农历六月上旬就能看到谷子抽穗开花。

## M

慢工出细活

原指工匠精雕细刻才能制出精致的产品。也指做事要循序渐进，不要急于求成。

没本钱做不成买卖

指做买卖要有本钱。泛指无钱什么事情都办不成。

没那金刚钻，不敢揽瓷器活

金刚钻：用金刚石做钻头的钻子，修补瓷器时用它来钻眼儿。比喻没有某方面的条件或能力，就不会承揽某事。

## N

鸟为食死，人为财亡

指鸟儿被捕身亡，往往只是因为贪一口食；人在争夺中丧命，常常是因为钱财。比喻贪财是祸害的根源。

农民观天气，商人观市场

指农民关心天气的变化，商人关心市场的行情。也指各行各业都有自己最关心的话题。

## P

匹夫无罪，怀璧其罪

怀璧：身藏璧玉。指老百姓本来没有罪，如果怀藏着璧玉就成了有罪之人。比喻财宝会招来祸害。

贫不与富斗，富不与权争

古时指穷人不与富人相斗，富人不跟有势力的权贵相斗。

贫家富路

指在家要节俭，出门上路必须宽备窄用。

## Q

**钱要用在刀刃上**

指花钱要花在最需要的地方。

**欠债还钱**

指欠下了别人的钱，一定得偿还。

**亲兄弟，明算账**

指即使关系亲如兄弟，在钱财往来上也得算清楚账目，避免以后引起纠纷，影响关系。比喻相互关系很密切的人，在钱财方面也需要彼此算清楚。

## R

**人穷志不穷**

虽然人穷但却有志气。比喻人穷要守理，人穷志向不穷。

**人生祸福总由天**

古时认为人生在世，或享福，或遭灾，全是由天命决定的，由不得自己。

**日出而作，日落而息**

太阳升起就干活，太阳下山就休息。喻指简朴自然的生活。

## S

**三百六十行，行行出状元**

意思是各行各业都可以出优秀的人才。

**瘦死的骆驼比马大**

骆驼即使瘦死了，也比马大。比喻有钱有势的人，即使破产或失势了，也比平常人家有钱。也比喻有能耐的人，即使受到挫折，也比平常人强。

**树大招风**

指树大了要遭到风吹。比喻名气大了，容易招惹是非。

**树要皮，人要脸**

要脸：指顾面子，知荣辱。指树有树皮，才能成长；人顾脸面，才有尊严。

**树正不怕月影斜**

喻指自身的行为端正，就不怕流言中伤或他人挑拨离间，就好比树正不怕影子斜一样。

**虽有凶岁，必有丰年**

凶岁：灾荒年。指农业生产会有灾荒年景，也肯定有丰收的年景。比喻人有不得志的时候，也肯定会有得志的时候。也比喻人虽会碰上逆境，但也肯定会有顺境的。

## T

**天无三日雨，人没一世穷**

指穷苦人也会有发财的时候，不可能一直贫穷。

**同山打鸟，见者有份**

指在同一个地方打的猎物，知道的人都要分一份。比喻大家的劳动成果，人人都可以分享。

**同行是冤家**

干同一行业的人，由于利益冲突，往往会成为冤家。

**土地不负勤劳人**

只要勤劳，农业生产就会有收获。

## W

**无本难求利**

指没有本钱就做不成生意，就不能谋取利润。

**无债一身轻**

指不欠别人债，身上没有负担，就感到十分轻松。

**五月旱，不算旱，六月连雨吃饱饭**

指阴历五月，正是收麦碾场时节，最怕下大雨；六月间秋田成长，需要大量雨水。

**物定主财，货随客便**

意谓财物属主人支配，货物随客人选择。

## X

**向阳花木早逢春**

向着阳光的花草树木发芽开花就早。意指借助有利条件多得好处。

**小财不去，大财不来**

指要想得到大的收获，必须得付出一定的代价。

**新三年，旧三年，缝缝补补又三年**

形容穿着非常俭朴。

## Y

**羊毛出在羊身上**

羊毛是从羊身上剪下来的。比喻商业活动中顾客永远不会在价格上占便宜。

**养小防备老，栽树要荫凉**

指养育儿郎为了防老，栽种树木盼的乘凉。也泛指付出心血，希图得到回报。

**一分耕耘，一分收获**

耕耘：耕地和除草，常用来比喻劳动或付出。付出一分劳动，就会得到相应的收获。有付出就有收获。

**一年受灾，三年难缓**

指农业上一年遭灾，多年都缓不过来。

**一钱为本**

指每一文钱都是获利的资本。

**一手交钱，一手交货**

指双方所进行的是现金交易。比喻在做生意过程中，双方干脆利落、不拖泥带水。

一招鲜，吃遍天

有一样技艺在手，走遍天下都会吃香。

## 艺高人胆大

指人的技艺高超、本事大就敢于承担别人干不了的活儿。

由俭入奢易，由奢入俭难

应养成节俭的习惯，铺张浪费成为习惯后不容易改变。

有钱男子汉，无钱汉子难

难：与"男"谐音。指有钱以后，可以潇洒慷慨；没有钱，哪怕英雄好汉也只能低头为难。

## Z

早晚时价不同

指古时生意场中价格不稳定，随时都会有变化。

早知三日事，富贵一千年

指人要是早三天知道所发生的事情，那就会拥有无穷的富贵。

争气不争财

意谓为了争到面子，而不在乎花钱。

正月富，二月穷

古时农民过新年，要吃的丰盛，迎神祭祖，送往迎来。到了二月，青黄不接，便度日艰难。

只有买错无卖错

指货真货假，卖者心中有数，所以只有买主买错了货，没有卖家卖错了货的。

只有勤来没有俭，好比有针没有线

意指就好比有针没有线缝不成衣服一样，只有勤劳没有节俭就积攒不起家业。

自古雄才多磨难，纨绔子弟少伟男

纨绔：富人子弟穿的用细绢做的裤子，借指有钱人的子弟。意谓杰出人才多磨难，富人子弟少作为。

# 卷五 家庭 人际 交往

## A

挨着勤的没懒的

指靠近勤劳的人就会变得勤劳，不会懒惰。比喻和勤劳的人在一起容易养成勤劳的好习惯。

熬粥要有米，说话要讲理

指说话要有理有据，不能信口开河。

## B

拔了毛的凤凰不如鸡

比喻有权势的人一旦失去权势和地位，他的处境还不如一般的群众。

白发故人稀

指人老了以后，老朋友就越来越少了。

百足之虫，死而不僵

原指马陆这种虫子被切断致死后，仍然蠕动的现象。比喻有权势的人或集团虽然已经败落，但其势力与影响依然尚存。

病从口入，祸从口出

指饮食不注意要生病，说话不谨慎会惹祸。比喻疾病常常是因为饮食不讲究卫生、食物不干净而造成的；灾祸常常是因为说话不谨慎，言语欠思虑而酿成的。"病从口入"是此句的引子，总结生活教训的重点是说"祸从口出"。

不打不相识

通过交手才能相互了解、赏识、交好。

不当家不知柴米贵，不养儿不知父母恩

指只有自己亲自当了家，才会知道操持一家人生活的艰辛；只有自己亲自生儿育女，才能体谅到父母对子女的恩情。

不求有功，但求无过

比喻不企望有成绩，只求无过错的消极处世的态度。也比喻不追求有什么功劳，只希望没有啥错误。

不是仇人不见面，不是冤家不聚头

冤家：原指仇人，也用作对亲人或情人的昵称。指冤家对头必定经常碰见，只有经常见面难免摩擦、争斗才会反目成仇。也指聚在一起的亲人或情人难免摩擦、冲突，如同冤家对头似的。

不是东风压倒西风，就是西风压倒东风

比喻对立的双方，不是这一方打倒那一方，就是那一方打倒这一方。多指双方争斗，总有一方占优势。

不是一家人，不进一家门

指有缘分的人才能成为一家人，也指性格、秉性相近的人容易聚到一块。

不信直中直，须防仁不仁

指不要轻易地相信貌似正直的人，要小心他存心不良，背后使坏。

不做亏心事，不怕鬼叫门

指没有做过亏心的事情，即使鬼来敲门也不会惧怕。比喻人不做坏事，在什么情况下，都不惊慌害怕。

## C

拆东墙，补西墙

比喻为了救急而东借西补。

诚之所至，金石为开

指所到的地方，连没有情感、坚固不化的金石也会为之洞开。也指至诚可感动一切。

吃了人家的嘴软，拿了人家的手短

指吃了人家的东西，用了人家的钱财，腰杆子硬不起来，遇事就得包庇人家，不能公正办事。

吃人不吐骨头

比喻极端贪婪、凶恶。

吃水不忘掘井人

指吃水的时候要想到挖井的人。比喻要牢记创业者的艰难，不能忘本。

仇恨宜解不宜结

比喻有了仇恨应该和解，否则会结下新的仇恨。

仇人相见，分外眼红

分外：格外。指仇人见了面，双方都很激动愤怒。

仇有头，债有主

指冤仇与债务各有对头。比喻有仇要找仇人，讨债要找欠债的人。

丑话说在前边

指把不客气的话事先讲明白。比喻双方合作之前，先把需要说明的话，向对方毫无保留地表明，免得日后产生意外、引起误会。

丑人多作怪

旧指形貌丑陋的人做事多装模作样、稀奇古怪。也指相貌丑陋，可偏要梳妆打扮，到处露脸。比喻并无本领的人到处卖弄。

## D

打断骨头还连着筋

指骨头被打断了但筋还连在一块。比喻亲情是割舍不断的。

打死不离亲兄弟

比喻兄弟情深，即使有矛盾也不能分离。

打肿脸充胖子

形容人爱慕虚荣，硬做违背自己能力的事。

大恩不言谢

指大恩是不能通过酬谢的形式来报答的。

大路朝天，各走一边

比喻双方各走各的路，互不侵犯。

大事化小，小事化了

了：完，结束。把大事变成小事，把小事变成没事。比喻尽可能地化解矛盾，缩小事态。

大树之下，必有枯枝

比喻一脉相承的大家族，子孙中不免有败家子。

大眼望小眼

形容人茫然、不知怎么办的神态。

当面留人情，日后好相逢

比喻为人处世，要留有余地。

当面锣，对面鼓

比喻面对面直接地交谈。

得人钱财，替人消灾

指收了别人的钱物，就应替人家好好地把事情做完。也指接受了人家的好处，就只能为人家分忧解愁，消除灾难。

丁是丁，卯是卯

丁：天干第四位。卯：地支第四位。比喻办事认真细致。也比喻做事时要认真，一丝不苟。

东一榔头，西一棒子

比喻说话东拉西扯。也比喻行动毫无目的，想到哪里就干到哪里，碰到啥就做啥，没有连贯性，根本做不成事情。

对牛弹琴，牛不入耳

比喻跟糊涂人讲道理，是白费力气。

## E

恶人先告状

指做了坏事的人却抢先诬告受害者。

恶语伤人六月寒

比喻用恶毒的言语伤害别人，使人感到寒心。

恩人相见，分外眼明；仇人相见，分外眼睁

分外：特别。指见了恩人眼前一亮，非常高兴；见了仇人怒目相视，非常气愤。也指恩怨分明。

儿不嫌母丑，狗不怨主贫

儿子不会嫌弃母亲相貌丑陋，狗不会抱怨主人家贫穷。比喻人不会嫌弃、抱怨对自己有养育之恩的人。

儿大不由爹，女大不由娘

指儿女长大了，不由得爹娘做主。

## F

翻手是雨，合手是云

比喻反复无常，耍弄诡计。

凡事留人情，后来好相见

指做事应留些情面，以便于以后的结交。也指对人要留一点情面，以后好再见面往来。换句话说，为人处世千万不能太绝情，要留点后路，以便将来遇到难处时，有回旋的空间。

饭可以乱吃，话可不能乱讲

比喻说话要负责任。

饭要一口一口吃

比喻做事只能一件一件做，不能操之过急。

放下屠刀，立地成佛

佛家语，劝人改恶从善。指干过坏事的人，只要悔过自新，就可成为好人。劝诫人改恶从善。

肥水不流外人田

比喻人才或财富不要外放。

逢人只说三分话，未可全抛一片心

指对人要存有防备之心，说话要留有余地，不可以把心里话全都说出来。旧社会常用来劝告涉世未深的年轻人。

佛要金装，人要衣装

指佛像靠金粉来修饰，人要靠衣服来装扮。比喻人的服饰打扮，对人的仪表美化起重要作用。

夫妻本是同林鸟，大难来时各自飞

指夫妻遇到灾难往往会各奔东西，很难保证不分开。

夫妻没有隔夜的仇

指夫妻间的矛盾很容易解决。

父不慈则子不孝

慈：慈爱，仁慈。指父辈不关心疼爱子女，子女就不会孝顺父辈。

父母之仇，不共戴天

指不会和杀害父母的仇人在一个天底下共存。比喻深仇大恨。

# G

胳膊肘往外扭

比喻袒护外人。

隔墙须有耳，窗外岂无人

须：一定，必定。岂：副词，表示反问。指屋里讲话，窗户外面有人偷听。比喻无论任何机密的事情都有泄露秘密的可能。

各人自扫门前雪，不管他家瓦上霜

比喻自己干好自己的事情，不要去管别人的闲事。旧社会也指只管自己，少惹是非。

给人方便，自己方便

指给别人行方便，自己也就方便。

跟着大树得乘凉，跟着太阳得沾光

比喻在有权势的人的庇护下，能得到某种好处。也比喻晚辈在长辈身边，能得到资助、爱护。

恭敬不如从命

指为表示尊敬礼貌，以听从主人的意见最为好。

恭敬不如从命，受训莫如从顺

指与其对人恭恭敬敬，不如听从他的命令；与其受人训斥，不如顺从他

的意志。

狗眼看人低

指狗的眼睛看人，会把人看得很矮。比喻势利小人，看不起穷苦的人。

寡妇门前是非多

指旧社会人们都避讳与寡妇来往，怕招来麻烦。

官大一级压死人

旧社会认为官位高的人可以仗势欺压官位低的人。

管闲事，落不是

指好心过问别人的事，往往会招来麻烦。

光脚的不怕穿鞋的

指当人一穷二白的时候，也就没有了顾忌、负担。也指贫穷人不怕有钱人。

贵人多忘事

指地位高的人往往记不住事情。多用以恭维或讽刺人。

棍棒不打笑面人

指不能用严厉的态度对待态度温和的人。

# H

好饭不怕晚，趣话不嫌慢

趣话：风趣幽默的言谈。只要饭好，晚一点吃也不要紧；只要话风趣、幽默，说得慢一点也没关系。也泛指较晚得到美好的事物反而更有意义。

好狗不挡道

指机灵的狗不会挡在路上阻碍行人。常比喻明事理的人不会妨碍别人的行为。

好人有好报

报：报应。旧社会认为有因果报应，好人做了好事，就会得到好的报答。

**好事不出门，恶事传千里**

比喻好的事情不容易传出去，坏的事情却能很容易地宣扬到很远的地方去。

**好心总有好报**

指人存一片好心办好事，总会得到好的报答。

**好兄弟高打墙，亲戚朋友远离乡**

指兄弟、朋友、亲戚之间要保持一定的距离，过分亲密，常常无法长久相处。

**河水不犯井水**

比喻双方互不侵犯，互不干涉。

**虎父无犬子**

旧指父亲英勇，儿子就不会软弱无能。

**话不投机半句多**

指对事物的看法差距较大，因此谈话就难以进行下去。比喻双方如果意见不同，交流就比较困难或很难进行下去。

**话不在多，人不在说**

指说话不在多少而在于是否说到点子上，做人不在说得怎样动听，而在于做事情是否踏实认真。

**话里有话**

比喻所讲的话除了表面的一层意思外，还有更深一层内容。

**患难见知交，烈火现真金**

指在患难中才能看出谁是真正的朋友，如同在烈火里才能显现出哪是真正的黄金。

**皇天不负好心人**

负：辜负。指命运不会辜负善良的人。

# J

**鸡蛋里挑骨头**

比喻故意挑剔。

**己所不欲，勿施于人**

比喻自己不愿意遇到的事情，也不要施加给别人。

**既来之，则安之**

指事已至此，就应安下心来面对。

**家和万事兴**

指家庭和睦了，任何事都能办成。

**交遍天下友，知心有几人**

结交的朋友虽多，可真正知心的却很少。指知心朋友十分难得。

**交人先交心**

指结交朋友要真诚相待，从心灵深处培植友情。

**叫天天不应，叫地地不灵**

比喻处于孤立无援的境地。

**进门休问吉凶事，看人容颜自己知**

指到人家里不要问，只从对方的表情就知道他家里事情的好坏。

**敬酒不吃吃罚酒**

指别人敬他的酒不喝，偏要喝受罚的酒。比喻好言相劝不听，只有强迫才行。

**久旱逢甘雨，他乡见故知**

指久遭干旱喜得及时雨，异乡见到知心老朋友。比喻碰上意想不到的高兴事。

**酒逢知己千杯少，话不投机半句多**

钟：酒杯。逢：遇。知己：彼此相互了解而情谊深切的人。投机：见解相同。指遇到知心的朋友，话总也说不完；碰到意见不同的人，说半句话都嫌多。比喻志同道合才能使话题广泛而深入。

酒后失言，君子不怪

指人醉酒时说错话，有修养的人是不会怪罪的。

君子成人之美

比喻君子当促成他人的好事。

君子动口不动手

指君子在发生争端时，总是讲理，不动手打人。

君子一言，驷马难追

驷：古代用四匹马拉的车。指品德高尚的人讲信用，话一出口就像是快马飞跑出去一样难以追回，决不随便食言。比喻说话要讲信用。

君子之交淡若水

指君子的交谊像水一样清淡。比喻人和人之间的关系光明正大。

君子重情义，小人重财利

指君子看重的是朋友之间的情谊，小人看重的是物质利益。

## K

看菜吃饭，量体裁衣

比喻照具体情况处理问题。

可怜天下父母心

指普天下的父母都为子女操劳而无怨言。

空口无凭，立字为据

比喻口头上说的，不能作为证据，只有写下字据才能作为凭证。

快刀斩乱麻

比喻处事果断、干净、利落。

快马一鞭，快人一言

指说出了一句话，就像快马抽上一鞭，飞跑出去，不再回头。形容人说话爽快，做事果断，说到做到。比喻豪爽的人说到做到，言而有信，决不反悔。

## L

来而不往非礼也

指只接受别人送来的礼物，不回赠礼物给人家，这是不符合礼节的事情。比喻应当互助互惠，礼尚往来。

来者不善，善者不来

指来的人不怀好意，要怀好意就不会来。指对不怀好意的来人要提高警惕，多加防备。

老鼠过街，人人喊打

比喻坏人坏事会处处遭到人们的反对和打击。

老乡见老乡，两眼泪汪汪

指出门在外的同乡人，意外见面会感到特别亲热，易于交流感情。

冷眼观螃蟹，横行到几时

螃蟹：比喻横行霸道的恶人。指人们冷峻地看着那些横行霸道的恶人，这些人总有一天会受到惩罚。

礼多人不怪

比喻讲究礼貌，别人就不会怪罪。

龙虎相斗，鱼虾遭殃

指龙和虎争斗，殃及鱼和虾。比喻势力大的人相斗，连累到了周围的其他人。

路遥知马力，日久见人心

指时间长了才会知道一个人品行的好坏，就像走的路远了才知道马的耐力一样。

# M

马不知自己脸长，牛不知自己角弯

比喻人总是看不到自己的短处或不足。

马有失蹄，人有失言

指要注意谨言慎行，防止发生误会。

骂人得张口，打人得动手

指要做事情总得有具体的实际行动。

瞒得过初一，瞒不过十五

指事情已经做了，即使能瞒过一时，也瞒不过一世，迟早会知道的。

满怀心腹事，尽在不言中

比喻心里装着不少事情，只是不讲出来。

慢工出细活

指精细的产品是经过认真细致地研究，才能慢慢地制作出来。

慢人者，人慢之

慢：怠慢。你怠慢别人，别人也会怠慢你。

没有不还的债

指欠债总得还。

面和心不和

指彼此间表面上和睦，心里却很有成见。

描金箱子白铜锁，外面好看里面空

比喻有些事物表面华丽，内里却空洞乏味。

明枪易躲，暗箭难防

指公开的攻击容易对付，暗地的袭击却不好防范。

磨刀不误砍柴工

指磨砍柴的刀，虽然费些工夫，但是由于刀口锋利，砍柴砍得更快，并不耽误时间。比喻做事要预先做好充分的准备，虽然费些工夫，但实际上还是加快了工作进度，看起来慢，实际上是快。换句话说，做准备工作所用的时间并不影响工作进度。

莫道人行早，更有早行人

指不要认为自己行动早，还有比自己更早行动的人。

牡丹虽好，全仗绿叶扶持

比喻人即使再有本领，也需要别人的帮助。也比喻一个再能干的人也需要大家的支持与协助。

# N

拿人钱财，为人消灾

指要了人家的钱财，就得替人家办事，帮助消除灾难。

拿着鸡毛当令箭

比喻把有权势者或长辈随便说的一句话当作主要事来完成。

哪壶不开提哪壶

比喻专揭别人的短处。

哪有不透风的墙

比喻再秘密的事情，也会透露出信息来。

宁拆十座庙，不破一门婚

旧时认为修庙是积德行善的事，但宁可拆除十座庙宇，也不轻易拆散一对夫妻。指破坏别人的婚姻是最不道德的事情。

女婿顶半个儿

指女婿在岳父母前，承担半个儿子的义务。

# P

**傍生不如傍熟**

傍：依靠。指依靠生疏的人不如依靠熟悉的人更牢靠。

**赔了夫人又折兵**

比喻想占便宜，反而吃了大亏。

**骗人骗自己，害人害自己**

指欺骗别人其实是欺骗自己，损害别人其实是损害自己。

**贫贱亲戚离，富贵他人合**

指贫贱时，连亲戚也会疏远；富贵时，毫无关系的人也会投靠。

**贫贱之知不可忘，糟糠之妻不下堂**

知：知心朋友。糟糠之妻：贫穷时患难与共的妻子。指人在发迹时不能忘记贫贱时的朋友，不能抛弃患难与共的妻子。

**平时不烧香，临时抱佛脚**

烧香：拜神佛时把点着的香插在香炉中。临时：接近事情发生时。指平常不烧香拜佛，临到有急难时才祈求神佛救助。比喻平时不积极做准备，临时慌忙应付。或平时没有联系，临时慌忙恳求，是没有效果的。

**平时肯帮人，急时有人帮**

指平时热心助人，到自己有急难时也会得到别人的帮助。

# Q

**千叮咛，万嘱咐**

比喻再三嘱咐。

**千防万防，家贼难防**

比喻再严加防范，也防范不了家庭或集体内部出现的盗贼。

**千金难买信得过**

指能得到别人的信任，很不容易。

**千里送鹅毛，礼轻人意重**

指礼物是从很远的地方带过来的，虽然礼送得轻了一点，但因是长距离捎带而不同寻常，因此礼虽轻，情意却深重。

**前人栽树，后人乘凉**

指前人为后人造福荫。

**前言不搭后语**

比喻说话或写文章前后相抵触、缺乏条理性。

**墙倒众人推，鼓破乱人捶**

比喻人一旦失势，众人就会群起攻之。

**青梅竹马，两小无猜**

形容幼年时代，男女在一起天真无邪嬉戏的情形。

**青山不老，绿水长存**

指来日方长，后会有期。

**清官难断家务事**

指家务事比较琐碎复杂，外人不知道情况是很难处理其中的是非与纠纷的。

**请神容易送神难**

指请神下到凡间容易，把神送走就不容易。比喻请别人解决问题容易，但想打发他走，就要有所破费。

**穷在闹市无人问，富在深山有远亲**

指穷人即使生在闹市之中，也无人与他来往；而富人纵然是身处深山老林，也会有人去攀故认亲。

**求人须求大丈夫，济人须济急时无**

指应向乐于助人的人请求帮助关照，应给急需帮助的人提供帮助。

# R

人不可忘本

指人不能忘记生你、养你的父母。也指不要忘了别人的恩情。

人不亲土亲，河不亲水亲

指同乡应相互关心，相互照顾。

人多口杂

比喻人多建议多，难以取得一致。

人多力量大，柴多火焰高

指团结起来力量大。比喻人多力量就大。

人非草木，孰能无情

指人不是草木，谁能没有感情。比喻人都是有感情的，即使表面不显露出来，内心里也发生变化。

人敬我一尺，我敬人一丈

指别人对我好一点，我就要加倍报答。

人怕当面，树怕剥皮

指当着人前碍于情面，话不好说，事也不好办。

人前教子，背后劝夫

指教育孩子不必避人，而规劝丈夫却不宜在公开场合进行。

人情比纸薄

指人情比纸片还要薄。比喻人的关系冷淡。

人去不中留，留人难留心

人要决意离去时，不要勉求强留，因为即使留住人也留不住他的心。

人善有人欺，马善有人骑

指人过于善良，就会被人欺负，如同马过于驯服，啥人都可骑一样。

人生何处不相逢

指亲友别离之后定有再次见面的机会。比喻人生中总有相逢的机会。

人是衣服马是鞍

指人穿上好衣服就显得漂亮俊气，马配上好鞍子就显得雄壮。比喻人的衣着修饰很重要，能给人增加精神。

人心隔肚皮

指人心有肚皮隔着，相互看不见。比喻各人有各人的想法，难以揣测别人真实的意图。慨叹人和人彼此难以真正通融。

人心齐，泰山移

泰山：五岳之一，古人以它作为高山的代表。指团结一心，就能产生排山倒海的力量。也指只要人同心协力，连泰山都能给移走。比喻人心齐，团结一致，力量就强大。

人心是肉做的

指人都是有感情、有同情心的。

人言不足恤

恤：顾虑。指对传言闲话不必放在心上。

日长无好饭，客长无笑脸

指客人住的时间长了主人不可能总是好饭相待、笑脸相迎。指人和人相处的时间长了，总会有照顾不到的地方。

入山不怕伤人虎，就怕人情两面刀

指人际交往中，最可怕的是口是心非，两面三刀的奸诈小人。

若要人不知，除非己莫为

指做了坏事，总能被人知道。

# S

### 三寸不烂之舌

比喻人能言善辩。

### 三个臭皮匠，顶个诸葛亮

皮匠：修鞋或做鞋的工人。顶：抵得上，赶得上，相当于。诸葛亮：三国时蜀汉丞相，很有智谋，后人把他作为智慧的化身。指三个臭皮匠在一起，就能像诸葛亮那样聪明有智慧。比喻人多心眼多，只要大家一起商量，就会想出好的主意。

### 三句好话暖人心

指几句通情达理的话能温暖人心。

### 三年不上门，当亲也不亲

指长期不来往，本应亲密的关系也会疏远。

### 三下五除二

指珠算口诀。现用以形容办事干练利落。

### 杀鸡焉用牛刀

焉：怎能。指杀鸡没有必要用牛刀。形容不必小题大做或大材小用。比喻做小事不必用大的力量。

### 杀人不死枉为仇

指杀人没有杀死，白白结下了深仇大恨。比喻做事情不坚决彻底，只能招来灾祸。

### 山高皇帝远

比喻在僻远的地方，高层的权力也会难顾及。

### 少年夫妻老来伴

年轻时是夫妻，年老时是同伴，更需要互相关心，相互照料。

### 世上没有不透风的墙

比喻再机密的事也会张扬出去。

### 世上万般悲苦事，无过死别与分离

指人生在世最痛苦的是生离死别。

### 事不干己不留心

干：影响、有关。与自己无关的事情，不要管闲事，以免招惹是非。

### 事不能办得太绝，话不能说得太损

比喻说话做事，都要留有后步。

### 事后诸葛亮

比喻事后才想出了解决此事的办法。

### 柿子都拣软的捏

比喻软弱善良的人总是最先受到欺凌。

### 手掌朝里，拳头朝外

指内部要团结一致应付外人。

### 受人之托，终人之事

指接受了别人的托付，就必须完成或办好别人所托之事。

### 疏不问亲，远不间近

间：隔断。指外人不能离间亲人之间的关系。旧时认为，关系比较疏远的人，不要参与关系亲近的人之间的事。

### 树多不怕风狂

指树多了，挡风的力量大。比喻人团结起来力量壮大，就能战胜一切艰难险阻。

水至清则无鱼，人至察则无徒

察：仔细看。徒：同类人，同伙。指水太清，鱼就失去生存的条件；为人太苛刻，就没有朋友。也指为人处世要宽厚，不要苛求于人。比喻待人不能求全责备，否则就交不上朋友。常指事物过于纯粹，就会走向反面。

说的比唱的还好听

指用花言巧语蒙人。比喻人说话没真心实意，只说好听的话，不做实事。

四海之内，皆兄弟也

指天底下的人都是兄弟。比喻天下的人如同兄弟一样，亲如一家。

送君千里，终有一别

指告别时送得再远，最终也要分手。比喻规劝人留步，不要远送。

## T

抬手不打笑脸人

指对方态度和颜悦色，即使自己有火气也不能发作。

抬头不见低头见

指与对方总有机会见面。劝人不要把事做绝，要留有退路。

天不言而自高，地不言而自卑

比喻品格高尚的人自己不讲也高洁，品质低贱的人自己不说也低贱。

天机不可泄露

天机：神秘的天意。指上天对世事预先早有安排，但不能让凡人知道。泛指关系机密的事是不能让人知道的。

天堂有路你不走，地狱无门闯进来

比喻光明大道不走，却自找死路。

天下没有不散的筵席

筵席：指酒席。指有聚就有散。

天知地知，你知我知

除了老天爷、土地公与两个当事人外，再没有人知晓。比喻事情极其隐秘。

甜言送客三冬暖，恶语伤人六月寒

三冬：冬季，也指冬季的第三个月，即农历腊月。六月：指暑天。指用好听的语言，即使在寒冷的冬天也会使人感到温暖；用伤人的恶语，即使在夏天也会使人感到心寒。

铁板上钉钉子

形容说的话真实，确信无疑。比喻事情已搞定了，万无一失。

听见风，就是雨

比喻听到一些闲言碎语，就信以为真。

偷一就有十

十：概数，表示多。指偷盗过一次后，就有可能多次作案。

头发长，见识短

旧时轻视妇女，认为妇女的认识比较浮浅。

投亲不如访友

指友谊比亲戚关系更可贵。

## W

万两黄金容易得，知心一个也难求

指知心朋友是极难碰到的。

网开一面，路留一条

意谓凡事不可做绝，要给人留下一条出路。

闻名不如见面

指实际情况比传闻更好。也指只听到其人的名声不如见到本人，见到本人比听说的知道更真切。这是日常交际时所用的客套话。

**问医不瞒医，问卜不瞒卜**

看病时不应该向医生隐瞒病情，求人占卜时不应该隐瞒自己的实际情况。泛指有事求人，应实情告之。

**我为人人，人人为我**

我为大家着想，大家也会为我着想的。

**卧榻之侧，岂容他人鼾睡**

卧榻：床。鼾：熟睡时粗重的呼吸声。指自己的卧床旁边，怎么能容得下别人呼呼大睡呢？比喻在自己的权势范围内，是不准有其他势力存在的。

**五百年前是一家**

指同一姓氏的人，不论现在亲疏远近，往前推算五百年，可能是同一家族的人。

**物以类聚，人以群分**

类：同类。比喻各种事物因同类而相聚在一起，人因志向不同而区分开来。

# X

**狭路相逢勇者胜**

指敌对双方面对面碰上，无法躲闪，胜利者往往是勇猛的一方。

**先君子，后小人**

先做君子，后做小人。指碰到事情，先说明道理，以礼相待，遭拒绝再采取强制手段。

**先小人，后君子**

指先把条件、利益说清楚，以后再办

事时方可大度通融地处理问题。比喻双方交涉事情时，应该把有关规定和条件先讲清楚，免得事后有争执。

**小人得志，狠如虎狼**

指品行恶劣的人，一旦实现名利上的愿望，就会如狼似虎般地猖狂起来。

**小人易亲，君子易退**

退：退让。指小人容易结近，君子容易相处。

**心里有鬼就有鬼**

指鬼本来就没有，只是人心里有鬼，才觉得有鬼。

**心正不怕影儿斜**

指为人正大光明，不怕闲言碎语。比喻只要自己光明磊落，作风正派，行为端正，就不怕有人说三道四。

**行百里者半于九十**

指一百里的路，走完了九十里才能算一半。比喻做事越接近末尾，越应充分估计到它的艰难性，认真对待。换句话说，做事情越到后期，越难坚持，如果在最后阶段一放松，就会前功尽弃。因此完成了百分之九十，只能算完成了一半。

**行如风，立如松**

指走路像风一样轻快，站立时像松树一样挺拔。也指行、立（包括坐、卧）都要注意姿势养成好的习惯，有益于身体健康。这也是对人的体形要求。

**兄弟一条心，黄土变成金**

比喻全家人团结一致，就能创造财富。

**秀才遇到兵，有理说不清**

兵：士兵。指知书达理的遇到不讲理

的人，再有理也没法讲明白。

雪中送炭真君子，锦上添花是小人

比喻在别人困难时给予帮助的人是真正的君子；硬要设法让日子已经很好过的人更好过的人，是必有所图的小人。

## Y

言者无心，听者有意

指说话人是无意的，听话人却认为是成心说他。比喻说话的人是没故意说出来的，听话的人却留心记下了。告诫说话要注意场合。

筵前无乐不成欢

筵：酒席。乐：音乐，歌舞。指宴席上没有歌舞音乐助兴，就不能形成欢乐的氛围。

扬汤止沸，不如去薪

汤：开水。扬汤：把开水从锅里舀起来再倒回去。薪：柴火。指用舀子把开水从锅里舀起来，再从高处慢慢地往下倒回锅里，用此方法降温使水不沸腾，不如抽掉锅底的柴火好。比喻与其临时救急，不如从根本上把问题彻底处理好。

一把钥匙开一把锁

比喻用不同的办法解决不同的问题或不同的矛盾。

一报还一报

善事有善的报应，恶事有恶的报应。善与恶各自有不同的后果。

一传十，十传百

本指疾病传染迅速蔓延。现多用以指流言或消息很快地传布开来。

一方有难，八方支援

指一个人或集体有难处，来自各方面的人或集体都伸出扶助之手。

一个巴掌拍不响

比喻一个人势单力薄，办不成事。也比喻一个人不可能引起矛盾和纠纷，一定是双方的原因引起的。

一个好汉三个帮，一个篱笆三个桩

指再有本事的人也离不开别人的帮助，就像一个篱笆有多处桩才能牢固一样。

一个和尚挑水吃，两个和尚抬水吃，三个和尚没水吃

比喻人少办事效率高，人多相互推脱责任办事迟缓。换句话说，人多有时会产生互相依靠的思想，反而互相推脱责任，导致最终办不成事。

一个红脸，一个白脸

红脸、白脸：传统戏曲中以不同色彩的脸谱来显示角色的不同性格。"红脸"比喻敢于严声厉色、直言不讳的人，"白脸"比喻和事佬或伪装公正的人。指两人相互配合所采用的软硬兼施的手段。

一个老鼠坏了一锅汤

比喻一个品质低劣的人破坏了原来的风气，或有损集体的形象。

一个萝卜一个坑

比喻各人有各人的工作，各人有各人的任务。多用以比喻人数与岗位正好相符。

一家人不说两家话

指关系非常密切，不必当外人看待。

一脚踏了两家船

形容心存两处、模棱两可、投机取巧

的态度。

**一句话能把人说跳，一句话能把人说笑**

跳：暴跳（如雷）。一句粗野的话能惹人发火，一句贴心的话能让人高兴。

**一客不烦二主**

指一个客人不需要烦扰两家的主人来照应。比喻一件事情已经托付人去办理了，就让他办到底，不必再打扰另一个人。也比喻始终请一人帮忙，不再烦扰他人。

**一人传虚，万人传实**

指原本没有的事经多人传说就变得像真的似的。也就是说，一个人传播没有的事，可能不会有人相信，但许多人一起来散布没有的事，虚传的事就会变成真实的事了。比喻以讹传讹，人言可畏。

**一人得道，鸡犬升天**

传说汉朝淮南王刘安修道成仙，鸡狗吃他剩下的仙药，也都跟着上了天。比喻一个人得势，和他相关的人也都跟着发迹。

**一人难说众口**

一个人说不过众人。

**一失足成千古恨，再回头是百年身**

失足：比喻人落伍或犯严重的错误。千古：长久。百年：死的委婉语。指重要的一步走错了，就会造成大错，以至成为终生的悔恨。

**一碗水端平**

比喻待人处事能做到公平合理。

**一物降一物**

降：制服。指啥人或物会被别的人或物所降服。

**一心不能二用**

指做事必须精力集中，不能分散注意力。

**一言既出，驷马难追**

驷：驷马，同拉一辆车的四匹马。指一句话说出口，就像四匹马拉的车，想追也追不回来了。比喻话一旦说出口，就难以再收回，要言而有信。

**一言惊醒梦中人**

指一句话使得头脑迷糊的人豁然开朗。

**一遭生，两遭熟**

指头次见面感到生疏，再次见面就熟了。比喻不管事情怎么复杂，只要反复操作，就能熟练。

**衣不如新，人不如旧**

指衣服是新的好，朋友还是故友好、妻子还是原配的好。

**饮水要思源，为人难忘本**

指做人不能忘本，如同喝水的时候要想想水的源头是怎么来的。

**有恩不报非丈夫**

丈夫：男子汉。对自己有恩的人不去报答，就不是真正的男子汉。

**有话则长，无话则短**

有话就多说，无话就少说。指说话或说书应当长就长，应当短就短。

**有借有还，再借不难**

指借物品要及时归还，需要再借时，别人就会很愿意借给你。常用以提醒人应及时归还物主。

**有酒有肉亲兄弟，急难不曾见一人**

有酒有肉时，称兄道弟的人多；遇到困难时，却不见人影。意谓酒肉朋友不可靠。

**有理不打上门客**

指彼此争执，即使有理，对方主动找上门来，也要以礼对待。

**有钱的出钱，有力的出力**

指遇到重大事情大家尽自己的所有才能支持帮助。

**有钱能使鬼推磨**

指只要有钱就没有办不成的事情。

**有眼不识泰山**

比喻辨认不出地位高、能力强或名望大的人。常用作客套语。

**有缘千里来相会，无缘对面不相逢**

指人与人相逢相识都因为缘分所致。换句话说，只要有缘分，人们相隔再远也可以相会；如果没有缘分，人们离得再近也不会相遇。

**予人方便，自己方便**

予：给。指给别人提供方便，自己也会得到好处。

**与君一席话，胜读十年书**

君：指有见识的人。一席话：一番话。指听了有学问或有经验的人的谈话，比自己多年读书的收获还大。多用作对对方讲话的赞语。

**雨过地皮湿**

比喻只做表面文章，办事态度不扎实。

**欲加之罪，何患无辞**

想要给人加上罪名，何愁找不到借口呢？

**冤各有头，债各有主**

冤仇有对头，债款有借主。指算账应该找事主，与他人无关。

**冤家宜解不宜结**

指有矛盾或结怨的双方应尽可能地清除彼此间的矛盾，而不应继续加深矛盾。也指双方如有冤仇，应当想方化解仇恨，千万不能激化矛盾，加深冤恨。

# Z

**再狡猾的狐狸，也斗不过聪明的猎人**

比喻再狡猾奸诈的敌人，也要栽到有智慧有道义的人的手中。

**在家靠父母，出外靠朋友**

指一个人在家主要靠父母的照顾，出外就要靠朋友之间的相互帮助。也指人离家在外要依靠朋友的帮助。旧时走江湖的人常用以向人求助。

**掌心是肉，掌背也是肉**

手心手背都是身上的肉。指父母对每个子女都一样的疼爱。

**丈母娘看女婿，越看越喜欢**

丈母娘喜欢自己的女儿，自然也会连带喜欢女婿。

**照葫芦画瓢**

比喻照着样子做。

**知人知面不知心**

指人的外表容易认识，内心却很难知道。比喻人的真实想法很难了解。说明真正知道一个人很难。

**知无不言，言无不尽**

意谓只要是自己知道的就没有不说

的，说了就一定要把话毫无保留地全说出来。

知子莫若父，知女莫若母

指父亲对儿子最清楚，母亲对女儿最清楚。

只许州官放火，不许百姓点灯

多用来讽刺为官的为所欲为，而普通百姓连正当的权益也得不到保障。

只有锦上添花，哪得雪中送炭

锦上添花：锦面上再绣上花，比喻美上加美，好上加好。雪中送炭：比喻在别人困难时给予帮助。荣华富贵时，阿谀逢迎的人多；落魄贫困时，同情帮助的人少。指世态炎凉。

众人拾柴火焰高

比喻一个人的力量有限，人多力量就会强大。

作好千日不足，作坏一朝有余

做好事时间虽长，仍然不够；做坏事时间再短，也不应该。劝诫人们要做好事，不要做坏事。

坐如钟，立如松，卧如弓

指健康、稳重的人应有的姿势。比喻坐着要像钟一样稳固，站立要像松树一样挺拔，躺下要像张开的弓一样，身体要向右侧卧。如果能做到这样，对人的身体健康非常有益。

# 卷六　经验　事理　规律

## A

**爱美之心，人皆有之**

说明人人都喜欢打扮得漂亮一些。也形容人人都喜爱美好的事物。

**安危相易，祸福相生**

意谓安危、祸福互为因果，是可以互相转化的。

## B

**拔了毛的凤凰不如鸡**

形容有权势的人，一旦失势，就连普通人也不如。

**百尺高楼从地起**

比喻要想成就一番大事业，得从一点一滴做起，不可能一蹴而就。

**百川归海海不盈**

千百条河流汇入大海，海水也不会溢出。

**百炼才成钢**

铁经过千锤百炼才能变成好钢。意指人只有经受反复磨难才会成才。

**百密未免一疏**

指筹划得再周密，也免不了会有疏漏。也指不论怎么严密周到，也免不了会有一时的疏忽。

**帮人一口得一升，救人一命积善功**

指做善事会得善报。

**绑鸡的绳子，捆不住大象**

比喻用来降服弱者的方法是不能用来降服强者的。

**包子有肉不在褶上**

指事物的内涵，从表面上是看不到的。

**本领要在困难中学，朋友要在患难中交**

只有穿越重重阻碍，历经磨难才能学到真本事；只有在逆境中，共同承受困难和灾祸的人，才会成为真正的好朋友。

**别人求我三春雨，我去求人六月霜**

三春：春季。指别人来求我帮忙的时候，就好比春天里得到的雨水一样，及时而又方便；我去求别人的时候，却像六月里下霜一样，冷冰冰的。比喻帮助别人容易，求人帮忙办事却很难。

**冰冻三尺，非一日之寒**

三尺厚的冰不是一天的寒冷所能冻成的，是长期的严寒形成的。比喻事物的形成，总有个演变发展的过程。

**不到黄河心不死**

不走到黄河边不甘心停下来。意谓不达到目的决不罢休或不到无路可走的境地决不死心。

**不见风浪，不显本事**

意谓不在风浪中行船，就显示不出驶船的本领。

不见高山，不显平地

指没有高山就显不出平地。比喻人或事物之间的差距是通过相互比较才显现出来的。

不见棺材不落泪

没看见棺材，不会掉下眼泪。意谓固执己见，不到彻底失败的时候决不罢休。

不经一事，不长一智

不经历一件事情，就不能增长对于那件事情的知识。意谓实践能使人增长知识。

不可一日近小人

小人：品质卑劣的人。指不要和品质卑劣的人打交道。

不怕不翻身，只怕不齐心

指不害怕面临的困难，就担心大家不齐心协力。

不怕不识货，就怕货比货

货物质量的好坏，只有通过比较，才能显示出来。泛指事物只有通过比较，才能显出差别。

不怕不识字，就怕不识人

意谓看不透人的本质是会吃亏的。

不如意事常八九，可与人言无二三

古时指人生不如意的事情很多，能向他人倾诉的却不多。

不识庐山真面目

意指认不清事情的真相或本质。

不听老人言，吃亏在眼前

不听老人的话，吃亏的事情马上就会出现在眼前。意谓老人见多识广，他们的话都是经验之谈。

# C

苍天不负有心人

意谓只要有心并认真地去做好每一件事情，上天一定会成全的。

拆东墙，补西墙

拆下东墙的砖，补到西墙上去。指为了救急而东借西补。也比喻临时救急，不是根本办法。

长江后浪催前浪，一辈新人赶旧人

指新人替换或超过前人是有规律的。比喻时光在流逝，时代在前进，人物一代代地更换，像江水那样奔涌不绝，这是历史发展的不可违背的规律。

长痛不如短痛

与其长期受痛苦折磨，不如忍受一时剧痛，使痛苦彻底消除。

唱戏还要有个过场

比喻做事情都有个过程，不能过于着急，要循序渐进。

**诚无垢，思无辱**

垢：这里指污点，即不光彩的事情。指以诚待人自身就清白，做事考虑周到就不会遭受耻辱。

**诚之所至，金石为开**

真心所到的地方，连坚固不化的金石也会洞开。意谓诚意可感化一切。

**吃饭的不打烧火的**

指不要伤害直接服务于自己的人。

**吃酒不进茶房**

指准备喝酒的人不到茶房去。比喻干某事就不到干其他事的场所去。

**吃软不吃硬**

比喻只接受好言好语，不屈服于强硬的压力。

**吃柿子单拣软的捏**

比喻专门欺负好说话的人。

**吃着碗里，看着锅里**

形容人贪婪的心态。

**臭鱼找烂虾**

比喻坏人总是与坏人同流合污。

**创业难，守业更难**

尽管创业很艰难，但要巩固基业比创业更难。

**吹牛容易实干难**

说大话，唱高调不难，真正要做好就不那么容易了。

**此一时，彼一时**

指时势不同，情况也会随之改变。

**聪明人常常责备自己，愚蠢人常常责备别人**

对待错误，聪明人自责，而愚蠢的人时常责备别人。

# D

**打铁先要本身硬，身正影子才不斜**

比喻要战胜强敌或困难，必须自身有过硬的本事和行为作风。

**打鱼总有晒网时**

指撒网能打鱼，但总有晒网不能打鱼的时候。比喻平日的积蓄是为了情况紧急时备用。

**打肿脸充胖子**

本来不胖，把脸打肿后冒充胖子。意谓人爱慕虚荣，死要面子。

**大恩不言谢**

意谓将他人的大恩大德铭记在心。

**大风吹不走月亮**

比喻再强大的力量也是有限的。

**大路不平众人踩，情理不合众人抬**

指出了不合情理的事，自有众人主持公道，予以评理。

**大人不责小人过**

指有修养有地位的人不和下人计较。多用作求人宽恕的用语。

**大厦将倾，非一木可支**

大房子要倒塌，不是一根木头能支撑得住的。比喻大势已去，单凭个人力量无法挽回。

**胆小非君子，无毒不丈夫**

君子：古时指人格高尚的人。指胆小的人不会成为胆识俱佳的君子，心计不狠的人做不成大事。古时认为成大事的人不能心慈手软。

但知行好事，莫要问前程

意谓只做对他人有好处的事，不考虑个人的功名利禄。

当家才知柴米价，养儿方晓父母恩

当家：管家。指只有掌管家中的事务，才知道柴米的价钱；自己生儿育女，才能体会到父母的养育之恩。比喻没有生活实践，对生活就不会有深切的体会。

当局者迷，旁观者清

下棋的人往往认识模糊，不及局外人头脑清醒。指当事人往往看不清问题的实质，局外人却看得清楚。

刀子嘴，豆腐心

嘴像刀子一样厉害，心却像豆腐一样软。意谓人说话尖刻而心地善良。

道不同不相为谋

指观念、主张不一致的人不会相互交流谋划。也指思想观点完全不同的人无法一起共事。

得罪十个君子，不得罪一个小人

指小人挟嫌报复，暗箭中伤，不可得罪。

登高必跌重

爬得越高，摔下来跌得越重。比喻权势越大或财富越多，一旦破败，下场越悲惨。

低头拉车，抬头看路

意谓做事要实实在在，认准目标。

滴水之恩，不忘涌泉相报

滴水：一滴水，极言其少。涌泉：涌出的泉水，比喻非常丰盛，也指非常多。指受了别人的恩惠，要记得用十倍、百倍的好处去报答。

东方不亮西方亮，黑了南方有北方

比喻此处行不通，可以到别的地方去。也比喻此处损失了，可以在另外的地方弥补过来。换句话说，任何事情都有回旋的余地。

东风压倒西风

意谓一方势力大，压倒另一方。

冬练三九，夏练三伏

三九：冬至节后第三个九天，是一年中最冷的时候。三伏：夏至节后的头伏、二伏、三伏，是一年之中最热的时候。指做任何事情都要刻苦要有付出。比喻习武练功，要不避寒暑，越是艰苦越要锻炼，要天天坚持，只有这样，身体才能强壮。

斗笠再大，也遮不住天

斗笠：用竹篾编制的遮阳光和雨的帽子。比喻地位低下、力量微弱的人，没有办法和主宰自己命运的权势相抗争。

独木不能支大厦

一根木头支撑不了高大的房子。比喻个体力量有限，不足以维持大局。

多行不义必自毙

不义：不合乎正义。毙：倒下。指不义之事做多了必定是自己害自己。

多一事不如少一事

指凡事以少为好，能不管、不做的事情尽量不管不做。此为旧时的一种处世哲学。

## E

恶人先告状

指做了坏事却抢先无中生有地控告

谚语大全

他人。比喻恶人为了推脱掉自己的罪责，常常会抢先告发受害者，企图转嫁罪责给他人。

**恶人自有恶人磨**

磨：折磨。恶人磨：用恶人来惩治恶人。指作恶多必遭报应。换句话说，恶人会有更恶的人来惩治，做坏事的人自然会遭到恶报应。

**恩将恩报，仇将仇报**

指用恩德来报答恩德，用仇恨来报复仇恨。

**耳听为虚，眼见为实**

听别人说的总是虚的，亲眼看见才是实的。意谓不要轻信别人的话。

## F

**凡事开头难**

意谓做事情刚开始的时候总是问题多、难度比较大。

**凡事豫则立，不豫则废**

豫：预。意谓做任何事情，事先谋虑准备充分就会成功，否则就要失败。

**飞鸟尽，良弓藏；狡兔死，走狗烹**

指高飞的鸟射完时，良弓就收藏起来；狡猾的野兔捕尽时，猎狗就被烹杀了。古时比喻功业一旦创成，功臣良将就要遭到迫害。

**飞鸟择林而栖，良马择主而行**

鸟会选择适合自己的林木栖息，骏马会选择主人驰骋。

**逢山开路，遇水搭桥**

意谓克服各种困难，一往无前。

**覆巢之下无完卵**

鸟窝倒翻下来，不可能有完好的鸟蛋。比喻整体覆灭了，个体也不可能幸免灾害。

**覆水不可收**

泼出去的水，很难再收回来。意谓事情的发展大势已定，不可挽回。

## G

**干打雷，不下雨**

原指小孩号哭而不见眼泪。现用指光有语言而不见付诸实际的行动。也指嘴上喊得响的人，不见得行动跟得上。比喻只会说漂亮话的人，往往拿不出真本领。

**甘蔗没有两头甜**

甘蔗茎的上端不甜，越到根部越甜。比喻任何事情不可能十全十美。

**高山有好水，平地有好花**

比喻小地方也会有出色的人物。

**狗不嫌家贫，人不嫌地薄**

意谓眷恋家乡是人之常情，就像狗不嫌弃主人家贫穷一样。

**狗改不了吃屎**

狗改不了吃屎的本性。意谓坏人改变不了其作恶的本性。

**狗急跳墙，人急造反**

狗在紧急的情况下会跳墙逃跑，人被逼得无路可走时，就会拼命反抗。

**狗眼看人低**

指狗的眼睛总是从低处看人。比喻小人势利，瞧不起普通人。换句话说，势利小人总是轻视、欺负无钱无势的人。

**狗咬吕洞宾，不识好人心**

吕洞宾：传说中八仙之一。意谓好心人的好意被误解。

**狗嘴里吐不出象牙**

比喻坏人或不正经的人嘴里说不出好话来。

**瓜熟蒂落，水到渠成**

瓜熟了，蒂自然就会脱落；水流到了，渠道自然也就建成了。意谓条件或时机成熟，事情自然而然就会成功。

**管中窥豹，但见一斑**

通过竹管子的小孔来看豹子，只看到豹身上的一块斑纹。比喻只看到事物的一小部分。也指从观察到的部分，可以推测它的全貌。

**光说不算，做出再看**

口头上说的不算数，要做出来才能算数。

**锅里有米，碗里有饭**

意谓只有集体富有了，个人才能富起来。

# H

**海枯终见底，人死不知心**

大海再深只要海水干涸了就可以见到底，但人直到死去了还不能猜透他的心思。意谓人心难测。

**害人之心不可有，防人之心不可无**

指不可故意害人，但要防备他人伤害自己。换句话说，做人不可有害人的想法，但提防别人来伤害自己的警惕性不能没有，以免上当吃亏。

**好饭不怕晚**

比喻只要有更大的收获，就不会计较时间的推迟。

**好汉不吃眼前亏**

好汉：此处指勇敢坚强的聪明人。指聪明人在处境不利的时候会采取退让的态度。换句话说，聪明人要审时度势，在处于劣势的时候，宁愿暂时退步，不跟人计较，事后再另谋对策。

**好了伤疤忘了痛**

指治好了疮疤以后，很容易忘了当时的疼痛。比喻境遇变好了就忘了过去的苦痛。也比喻当事业上有了成就的时候，容易忘记过去失败的教训。

**好马不吃回头草**

比喻有作为的人不走回头路。指既然已经拿定主意，就不能半路反悔。

**好事不出门，恶事传千里**

指好的事情他人不容易了解，不好的事情却很容易传播开来。

**好心当作驴肝肺**

指一片好心反倒被误解为恶意。

**虎落平阳被犬欺**

平阳：指平地。比喻强者如失去了必要的凭借条件，就将受制于人。

**花开必落，月圆必缺**

指物极必反。也指人有聚必有散。

**花有千种颜色，人有万般脾气**

意谓人有很多的个性和脾气，就像花有很多种颜色一样。

**皇帝不急，急死了太监**

比喻当事人不着急，旁边的人反倒为之十分焦急。

**火烧眉毛，且顾眼前**

比喻事情十分紧急，只能处理眼前的

事，顾不上作长远的计划。

**祸福无门，唯人所召**

灾祸和幸福并不认识谁家的门，是人们自己的所作所为把它们招引来的。意谓祸福的出没不确定，全由人们招引自取。

# J

**机不可失，时不再来**

机会不能失去，时间过去了就不会再回来。意谓良好的时机非常难得，容不得错过。

**鸡急上房，狗急跳墙**

鸡惊慌时会飞到房顶上去，狗被追急了会跳墙逃跑。意谓人在紧急情况下会采取意想不到的行动。

**鸡窝里飞不出金凤凰**

意谓普通的环境中不会出杰出的人才，或坏人堆里不会出好人。

**家贼难防，外鬼难抓**

指内部的贼很难防备，外部的坏人不易发现。

**捡了芝麻，丢了西瓜**

把芝麻一样的小东西捡起来了，却丢了西瓜一样大的东西。意谓只抓住了次要的事情，却忽略了重要的事情。

**江山可改，禀性难移**

河山容易改造，人的本性却难以改变。多指一个人长时间养成的思想、作风和习惯等，一时半会儿难以改变。

**江山易打，民心难得**

指夺取政权容易，要得到人民的真心拥护却很难。

**叫天天不应，叫地地不灵**

形容孤立无援的处境。

**近水楼台先得月，向阳花木易为春**

指因具有便利的条件所以能先得到好处。

**近水知鱼性，靠山识鸟音**

比喻常接触哪个方面的人或事物，就会多增长哪个方面的知识。

**近朱者赤，近墨者黑**

朱：朱砂，一种红色的颜料。指离朱砂近会变红，离黑墨近会变黑。比喻接近好人学好，接近坏人学坏。说明环境对人的影响非常大。

**惊弓之鸟，夜不投林**

受到弓箭惊吓过的鸟，晚上不敢在树林中休息。意谓被惊吓的人，常常心有余悸。

**井水不犯河水**

指井里的水与河水不相通。比喻双方互不干涉。

**酒后无德**

意谓人喝醉酒后言行就会出差错。

**酒在肚里，事在心头**

酒喝下去了，心事依然存在。意指不要因为喝酒而耽误正事。

**救人如救火**

指救命如同救火，刻不容缓。

**君子不夺人之所好**

指修养好的人不会强夺他人喜爱的东西。

# K

**开弓没有回头箭**

箭射出去后就不可以收回。意谓做事既然已认清了目标，就不可以反悔。

**看得破，忍不过**

意谓虽能透彻地认清某件事，但情感上却很难忍受。

**看事容易做事难**

指看别人做事容易，自己做起来就难了。说明眼看和手做是两码事。

**苦海无边，回头是岸**

本为佛家语。苦海：比喻深重的苦难。岸：指彼岸，佛教把得到正果叫作到达彼岸。指苦难像大海一样无边，但只要彻底觉悟，一心从善，皈依佛教，就能脱离苦海。比喻虽然罪孽深重，但只要发心悔改，就有生路。

**快马一鞭，快人一言**

说明爽快的人只要一句话，说做就做，就像好马只需一鞭就可以奔跑起来一样。

## L

**浪子回头金不换**

浪子：品行不端的年轻人。指浪子改邪归正的事比金子还宝贵。换句话说，不干正事、走过邪路的年轻人，如果能回头，改邪归正，这是一件比金子还要宝贵的事情。

**老虎离山被犬欺，凤凰落架不如鸡**

比喻英雄人物在失势时，会受小人欺侮；高贵者一旦衰落了，身价还不如一般人。

**老鸦占了凤凰巢**

比喻强占他人之物。

**流水不腐，户枢不蠹**

流动的水不会腐臭，经常转动的门轴不会被蛀蚀。意谓经常运动的事物不容易被侵蚀。

**留得青山在，不怕没柴烧**

比喻只要保存住自身，只要人还活着，以后就有希望，就不怕没有出头之日。换句话说，只要保住了最根本的东西，就能实现希望和目标。

**留得五湖明月在，不愁无处下金钩**

意谓只要保住自身最基本的才能，就不害怕没有地方施展才能。

**聋子不怕雷**

指雷声再大，聋子也听不见。比喻不明事理的人受的压力不管多大，都没有感觉。

## M

**麻雀虽小，五脏俱全**

指麻雀虽然小，五脏却很齐全。意谓事物虽小，但每个部分都很完整无缺。

**马有失蹄，人有失足**

意谓人难免会有失误的时候，就像马难免会有失蹄一样。

**满招损，谦受益**

意谓骄傲自满会招来损失，谦逊谨慎能得到收获。

**没有梧桐树，引不得凤凰来**

梧桐树：传说是凤凰爱栖息的树。凤凰：古代传说中的百鸟之王，雄的叫凤，雌的叫凰。比喻没有优越的好条件，就招引不来出众的人才。

**民以食为天**

指食物是人民最大的需要。也指对于老百姓来说吃饭是最重要的。

**名不正，言不顺**

意谓如果名分不正或名实不相符，话就不顺理。

**磨刀不误砍柴工**

磨刀虽然要花费时间，但磨得锋利了，有利于砍柴，实际上并不耽误时间。比喻提前做好准备，效果会更好。

## N

**哪怕风浪再大，也总有过去的时候**

风浪再大，总会有平息的时候。意谓事态再严重，总有解决的办法与结束的时候。

**能请神就得送神**

意谓自己惹出来的问题自己去解决。

**能屈能伸大丈夫**

意谓有志气、有作为的人能审时度势，随机应变。

**鸟入樊笼，有翅难飞**

樊笼：用竹子编成的鸟笼。指鸟儿一旦进入笼子，有翅膀也不能飞动。比喻人失去自由时，有力也没地方使。

**鸟为食落网，鱼为食上钩**

指鸟为吃食被网捕，鱼为贪饵上了钩。比喻人贪利，免不了上圈套。

**鸟要合群，人要齐心**

指人要齐心协力，才能克服一切困难。

**宁救百只羊，不救一条狼**

比喻愿尽力去救很多的好人，却不愿轻易去救一个坏人或决不能去救助一个坏人。

**宁做鸡头，不做凤尾**

指宁可做不好看却可以吃的鸡头，也不做华而不实没有多大用处的凤尾。比喻要踏实地做对人民有好处的实事，不要做那些装点门面没有实际用处的事。

## P

**盘子盛不过大碗，鸡蛋碰不过石头**

意谓小的斗不过大的，弱的战胜不了强的。

**胖子也不是一口儿吃的**

比喻人的成长或知识的积累都得经历一个过程，不可以操之过急。

**皮之不存，毛将安存**

意谓事物如果没有了赖以存在的基础就没法存在。

**贫不学俭，富不学奢**

指贫困时不想节俭也会节俭，富裕时不想浪费也会浪费。换句话说，人富有了，不学奢华也会奢华；人贫穷了，不学节俭也会节俭。这是因为经济条件好坏会影响到人的生活习惯和行为。

**贫极无君子**

指人贫困到了极点，就会不顾及道德规范，什么事也能做得出来。

**贫居闹市无人问，富在深山有远亲**

居：住。闹市：繁华热闹的街市。指人贫穷的时候，就是住在闹市也不会有人理睬；人富有了，就是住在偏僻的山村里，也会有人来攀附关系。也指疏远贫贱，奉承富贵。比喻世态炎凉，人情淡薄，只认钱不认人。

## Q

棋要一步一步地走,事要三思而后行

指做事和下棋一样,要反复思考,一步一步来,不可操之过急。

千斤担子万人挑

一千斤的担子一万个人挑。意谓只要大家齐心合力就能战胜困难。

千里之行,始于足下

行:行程。足:脚。指一千里的路程从脚下第一步开始。比喻事业要想取得成功,必须从眼前的小事开始做起。告诫人们,伟大的事业是从小事着手,逐步积累而成的。

千中有头,万中有尾

指不管什么事,即便再错综复杂,总是有头有尾的。也指一个团体,总会有领导有部下的。

千琢磨,万琢磨,牛蹄子总归是四个

比喻无论怎么想,道理只有一个。

牵一发而动全身

拉动一根头发就能带动全身。意谓触动很小的部分,足可以影响到全局。

前不着村,后不着店

着:挨上。指前面没有村落,后面没有客店。比喻走到荒郊野外,周遭无人,处境困难。

前车之鉴,后事之师

后车应该从前车的经验教训中吸取教益。意谓后人应把前人的教训作为借鉴,避免犯同类错误。

墙倒众人推

比喻人一旦处于劣势,众人就会趁机给予沉重打击。换句话说,一旦失势倒霉或遭遇不测,一些势利小人就会趁机打击。

墙里开花墙外红

意谓人或事物在内部或当地不受到重视,在外面或远处却十分流行受捧。

清者自清,浊者自浊

清白的就是清白的,污浊的就是污浊的。意谓是非善恶是客观存在的,不容混淆。

## R

染缸里拿不出白布来

比喻不好的环境里出不了好人才。

饶人是福,欺人是祸

饶:宽恕。指遇事能够忍让,宽恕别人并不说明自己傻,事情过后自然能得到好处。比喻遇事要宽容。

人不求人一般高

指人要是无求于人,自然就不会看人家眉高眼低,就不会受制于人。

人不人,鬼不鬼

形容人生活穷困潦倒,处境艰难。

人不说话理说话

指有理的人即使不吱声,理也会为他说话。

人不死,债不烂

指借人的债,只要借债人不死,这债迟早总是要还的。

人不为己,天诛地灭

诛:杀。灭:消灭。指人做事不为自己着想,就为天地所不容。这反映了极端利己主义思想。

人不走运，喝口凉水都塞牙

形容身处逆境的人事事碰壁。

人串门子惹是非，狗串门子挨棒槌

串门子：到别人家里闲坐聊天。是非：矛盾，纠纷。指经常去他人家闲坐聊天会招来是非，狗乱串门子就会遭打。换句话说，串门聊天，容易议论别人，所以容易招来麻烦。

人到何处不相逢

指人和人说不定在哪儿就会相见的。

人到难处，就如虎落深坑

比喻人遇到困境时束手无策的样子。

人到一万，无边无岸；人到十万，彻地连天

指一万人马排列在一起，看不到尽头；若是十万人马，声势更是惊天动地。

人定胜天

指人的力量强大，能够战胜自然。

人多进出理，田多长出米

人多议论多，会有很多道理，就像地多了能多打粮食一样。

人多力量大，柴多火焰高

指众人团结起来力量就大，就像柴多燃烧起来火焰就高。

人多乱，龙多旱，鸡多不下蛋

指人多如果协调不好，办事反而功效不好。

人多无好饭，猪多无好食

指吃饭的人多了，饭菜就粗糙。也指坐享其成的人多了，利益就会受到影响。

人多心不齐

指人多了，各有各的打算，很难做到思想一致，行动一致。

人多一技有益，物裕一备有用

人多学会一种技艺总会受益，东西准备得富余一些总会派上用场。

人犯王法身无主

指人要犯了国法，便完全失去了自身的自由。

人各有心，心各有见

指人各有各的心志，各有各的见地。也指遇事不要强求别人的意见和自己的统一。

人害人，天不容；天害人，草不生

古时指人想害人却不得逞，老天要给人降灾，谁也逃不了的。

人好水也甜

指人和好，喝口水也是甜美的。也指人好会使各方面都满意。

人活年轻，货卖时新

指人年轻时最风流，货时新最畅销。也指人生最美好的时期是青春时期。

人活心，树活根

意谓人活着就得有良心，就像树活着靠的是树根一样。

人祸好挡，天灾难敌

指人招惹的祸事容易抵挡，天降的灾殃实难逃脱。旧时认为任何人都难以躲避上天的惩罚。

人急办不了好事，猫急逮不到耗子

人性子急了就不容易把事办好，这同猫性子急了捉不住老鼠是一个道理。指做事得有耐心。

人急造反，狗急跳墙

造反：采取反抗行动。指人要是被

逼迫得没有办法，就会采取激烈的反抗行动；狗要是被逼迫得走投无路，就会不顾一切地跳墙而逃。也指人受情势威逼过分，会感到绝望，会铤而走险，采取过激行动。

**人间私语，天闻若雷；暗室亏心，神目如电**

指暗地里做亏心事，天神的眼睛可以像闪电一样的亮，看得一清二楚；人们说悄悄话，老天的耳朵可是灵聪的，听到的像打雷一样的响。比喻不能做亏心事，不能说昧心话，否则总遭到报应的。

**人将礼义为先，树将枝叶为圆**

指为人处世应把礼义摆在首位。

**人敬我一尺，我敬人一丈**

指别人对我好，我要加倍地好好报答他。

**人看起小，马看蹄走**

一个人是否有作为、抱负，从小就能看出来，就像看一匹马是否强健，从马蹄上就可看出一样。

**人靠好心，树靠好根**

人心地好，就可以活得高尚；树的根好，就可以长得茂盛。

**人可以和虎狼搏斗，却无法和苍蝇争吵**

指人可以和强大的敌手作拼死搏斗，却无法和卑劣的小人讲情论理。

**人苦不知足，得陇复望蜀**

陇：今甘肃省东部。蜀：今四川省中西部。指人的贪欲很难满足，平定了陇地，又想攻取西蜀。形容人贪心很大，得寸进尺。

**人老恋故土，叶落还归根**

意谓人老了就会眷恋起故乡来，就像树叶凋落后总是聚集在树根旁一样。

**人老一时，麦老一晌**

指人生短暂，转眼间就老了。

**人面咫尺，心隔千里**

咫：古代称八寸为咫。咫尺：指距离很近。比喻人各怀心思，真心难以了解。也比喻距离虽近，但两人之间的思想情感却非常疏远。换句话说，人虽然彼此之间朝夕相处，距离很近，相互之间的想法却差之千里。

**人怕齐心，虎怕成群**

万众一心，团结起来，就如同猛虎成群一样，力量巨大无比，不可战胜。

**人贫智短，马瘦毛长**

指马瘦弱时显得毛长；人穷困时，往往因生活条件差，脸上显出蜡黄色。

人欺不是辱，人怕不是福

指受人欺负并不耻辱，让人畏惧并不是有福分。比喻能忍辱负重是有修养的表现，并不见得是件坏事；别人害怕自己则会招来祸端，可不是件好事。

人情大似圣旨

人情：人的情面。圣旨：皇帝的命令。指人的情面比圣旨的作用还大。比喻请人办事时人情非常重要，可以超越常规，起决定作用。

人情大于法度

指人情的作用凌驾于法律之上。

人情似纸张张薄，世事如棋局局高

人情：人与人之间的情谊。世事：世间的事情。指人的情谊像纸一样薄，世事像棋局一样每盘都不同。比喻人情淡薄，世事多变。

人穷志短，马瘦毛长

指人贫困了容易显得缺少志气，就像马瘦弱了容易显得毛长一样。也指人处境艰难时行为常常会变得没有志气。比喻人贫困无奈的时候，做事就会显得没有骨气。

人人心里都有一杆秤

指不管是谁，对那些客观存在的人和事物，都有自己的看法和评价。

人善有人欺，马善有人骑

指善良老实的人会被人欺侮，就像马性温良就会成为人的坐骑一样。比喻人过分老实善良，容易被人视为懦弱无能而受人欺负。告诫人们要刚硬一些，才能免受欺侮。

人少畜生多

形容好人少、坏人多的情况。

人身难得，至道难闻

至道：最彻最悟的教义。指人来到世上不容易，能领悟至道更是难上加难。

人生不得行胸臆，虽活百岁尤为夭

意谓人活世上如果不能实现自己的理想，即使活到一百岁还是像早夭一样。

人生难得，大道难闻

大道：指佛教教义。意谓人活在世上不容易，而要彻悟佛教真谛更不容易。

人生难遇少年时

指人生最美好、最幸福的时期是青春少年。

人是线牵的，马是纸做的

人是线牵的木偶，马是纸糊的假马。意谓一切都是虚假的、不可靠的。

人死不结怨

指人死仇解，生者不同死者再结冤仇。

人死留名，豹死留皮

人死要留个美好的名声，豹死要把珍贵的皮毛留给世间。指人活一世，要留下美名，不能苟且偷生。

人死如猛虎，虎死赛绵羊

指人死了样子很吓人，猛虎死了却没人再害怕。

人虽有千算，天只有一算；天若容人算，世上无穷汉

古时指人的打算再精明，也拗不过上天的安排，如果不是这样，天底下便没有穷人。

人抬人高，水抬船高

指人得到人的捧场和帮助，声望和地

位就会提高，如同水涨船高一样。

**人同此心，心同此理**

指人的思想以及认识事物的方法，基本点总是相同的。

**人托人，接上天**

指人情辗转相托，最终可以走通最有权势人的门路。

**人外有人，天外有天**

指能人后面还有能人，高天之外还有高天。也指不应该自满自大。

**人未伤心不得死，花残叶落是根枯**

意谓人没伤着心就不会死亡，就如同花叶凋落是树根枯死的一样。

**人无横财不富，马无夜草不肥**

旧时认为人没有不义之财不会致富，就像马不吃草料长不肥壮一样。

**人无利己，谁肯早起**

指对自己没有好处的事，不会积极主动地去做。

**人无前后眼**

指人看不到身后发生的事。比喻暗算难防。

**人无完人，金无足赤**

完：完美，没有缺点。足赤：成色十足的金子。指人没有十全十美的，就像金子没有成色十足的一样。换句话说，人都有缺点，不能严格苛求。

**人无远虑，必有近忧**

虑：考虑。忧：忧患。指人如果做事没有长远周密的考虑，就一定会有忧患来到眼前。

**人心换人心，四两换半斤**

意谓要将心比心，用自己的真情换取他人的真心。

**人心难测，海水难量**

指人心很难猜测，就像海水难以估量一样。

**人心难摸，鸭肫难剥**

肫：鸟类的胃。指人的心思最难猜测。

**人心要实，火心要虚**

说明人心要诚实，诚实好立身；火心要空虚，空虚火才能烧得旺。

**人心易昧，天理难欺**

指人做昧良心的事容易，但天理却是容不下欺骗的。

**人行有脚印，鸟过有落毛**

指人走过的地方会留下脚印，鸟飞过的地方会留下掉落的羽毛。也指做任何事情都会留下痕迹。比喻凡事都有迹可循。

**人言可畏**

人们在暗地里的议论很让人提心吊胆。现今多用来指流言蜚语。

**人眼是杆秤**

指众人观察与评价人和事，公平得像用秤称一样。

**人要知足，马要歇脚**

指人要知道满足，不可贪得无厌；马要跑跑歇歇，不能无休止地奔跑。

**人有三灾六难**

指人生在世，避免不了要遭受到某些意想不到的灾难或不幸。

**人有善愿，天必从之**

指人有好的心愿，上天一定会成全他、保佑他，帮他达到愿望。

人有生死，物有毁坏

说明人有出生，也有死亡，东西也一样，都有毁坏的时候。也指东西会被毁坏就像人有生死一样自然。这也是器物的主人劝慰无意中毁坏器物的人，不必过分自责，什么东西都有始有终，都不可能永远完好无缺的话。

人在矮檐下，不得不低头

指人处在低矮的屋檐下面，只能低头走路。比喻受制于人，只能忍气吞声。也比喻处在别人的权势之下，受制于人，只得屈服从命。

人走时气马走膘，骆驼单走罗锅桥

时气：时运。膘：牲畜身上的肥肉。指人走运时事事顺利，就像马吃什么都长膘一样。

仁者见仁，智者见智

仁者见了说它是仁，智者见了说它是智。说明对待相同的事物，得出的见解却不同。

忍得一时忿，终身无恼闷

指遇上令人气愤的事情，要忍耐克制，就可以一辈子没有烦恼和苦闷。意在提醒人们，遇到不顺心的事，要善于驾驭自己的情绪，不要贪图一时的痛快而过于冲动，以至于事后追悔莫及。

忍字中间一把刀，不忍分明把祸招

说明遇事要忍耐克制，否则会招致灾祸。

任凭风浪起，稳坐钓鱼船

任凭：无论，不管。指不管风浪有多大，自己仍稳稳当当地坐在船上钓鱼。比喻遇到风浪要沉着冷静。也比喻处在险恶的环境中，要镇静自若，胸有成竹，不要受外界的影响。

认真省气力，弄巧费工夫

说明为人处事真诚直率既省力又省心，弄巧使奸往往会白费工夫。

日计不足，岁计有余

日：天。计：计算。意谓日积月累，积少成多。

日久见人心

说明时间长了，便可看出人心的好坏真假。

日有所思，夜有所梦

指夜晚梦见的经常是白天所思考的。

日有阴晴，月有盈亏

意指太阳有直射无碍的时候，也有乌云遮没的时候；月亮有圆的时候，也有缺的时候。比喻事物总是在发展，有兴盛的时期，也有衰败的时期。也比喻没有十全十美的事物。

日月经天，江河行地

日月天天运行天空，江河天天流过大地。意谓光明正大或永存不废。

日中则昃，月满则亏

昃：日西斜。太阳正午之后就开始西斜，月亮满圆之后就要亏缺。意谓事物达到了极限必然会走向另一面。

容易得来容易舍

指容易得到的东西，不被珍惜，也就容易失去。

柔能胜刚，弱能胜强

柔弱常常能打败刚强的人。意谓解决问题时，温和的态度更能降服人。

肉包子打狗，一去不回头

比喻东西一旦给别人就收不回来。也比喻人一走掉就再也不会回来。

肉不烂，再加炭

比喻不成功是因为工夫没下够，要继续努力。

肉眼看人，难见心肝

意谓只通过外表去观察他人，很难认识到他真正的内心世界。

如人饮水，冷暖自知

意谓自己直接经验过的，自己最了解。

入山不怕伤人虎

指既然有勇气进山，就不怕吃人的老虎。比喻人要敢作敢为，不畏艰险。

入山不怕伤人虎，就怕人情两面刀

指不怕跟凶悍者面对面的较量，就怕遭到两面三刀的小人暗算。

入山擒虎易，开口求人难

告人：向人请求借钱。指开口向人借贷，比上山捉老虎还难。比喻向人借贷非常困难，只有迫于无奈，万不得已才去做。

入田观察，从小看大

从庄稼的长势可以预测年底的收成，从一个孩子的言行可以预见他未来的行为。

软绳可以捆硬柴

绳子虽软可以把硬柴捆住。比喻用柔和的办法可以制服强硬的人。

若将容易得，便做等闲看

等闲：平常。指如果事情很容易办成了，便会被认为是很平常的事。也指容易得到的东西，常常不被重视，历尽千辛万苦得到的东西，才受人重视。

若无高山，不显平地

指只有通过比较才能找出差别。多指没有好的，就显不出差的。

若无渔夫引，怎见得波涛

意谓没有在行的人领路，事情就不好办成功。

若要不怕人，莫做怕人事

指要做光明正大、不怕人看见的事。

若要立地成佛，须放下刀子去

要想成佛，必须放下屠刀。意谓要想变成好人，必须不再做坏事。

若要人不知，除非己莫为

为：做。指如果不想让别人知道自己做坏事，除非是自己根本不去做坏事。也指事情只要做了，就瞒不了，总会被人发现。劝诫人们，做事不要自欺欺人。

若欲不忙，浅水深防；若欲无伤，小怪大禳

禳：古代祈祷消除灾祸的活动。如果想要不手忙脚乱，浅水要当深水来防备；如果想要不受伤害，小的怪异要当作大的怪异禳除。意谓做事要加强防备，把祸患消灭在萌芽阶段。

若知牢狱苦，便发菩提心

假如能早知道干坏事要受牢狱之苦，便会发善心，不做坏事。劝诫人不要做坏事。

弱不可以敌强，寡不可以敌众

弱者抵挡不了强者，少数人打不过多数人。

塞翁失马，祸福难知

边塞上的老翁丢了马，不知是祸是福。指祸福难测，好事和坏事总是可以互相转化。

三长补一短，三勤带一懒

指人的优点多了就可以弥补自身的缺点，勤快的人多了就可以带动懒惰的人。

三锤砸不出一个响屁

锤：锤子，敲打东西的工具。指打他三锤子也打不出一个响屁来。比喻人非常老实、愚钝，不爱说话，沉默寡言或拒不开口。

三打不回头，四打连身转

意指人生就是性懦弱的。

三个秀才讲书，三个屠夫讲猪

指三个读书人走到一块就谈论读书，三个杀猪人凑到一起，便谈论与猪有关的事。比喻哪一行业的人到一起就会谈论哪一行业的事情。换句话说，物以类聚，人以群分，干同一行的人走在一起就说自己本行的事。

三公后，出死狗

三公：古代三种最高官职的合称。旧指权贵显赫人家的子孙往往没有大出息。比喻养尊处优易使人堕落。

三姑六婆，嫌少争多

意谓古时三姑六婆十分贪财，捞钱只觉得少不觉得多。

三魂不附体，七魄在他身

道家认为人有三魂（胎光、爽灵、幽精）七魄（尸狗、伏矢、雀阴、吞贼、非毒、除秽、臭肺），三魂不在自己身上，七魄跑到别人身上。意谓丧魂落魄，不由自主。

三魂既去，七魄无依

三魂离躯壳而去，七魄无躯壳可依。意谓人已经归西。

三尖瓦绊倒人

三尖瓦：破瓦片。指几块碎瓦片能使人跌倒。比喻细小的事情能妨碍人走向成功，使人遭受挫折。也比喻看不到眼里的小人物有时也能扳倒大人物。

三年不上门，当亲也不亲

上门：登门拜访。指长期不来往，亲戚之间的关系也会疏远。

三年长一寸，雷响缩一尺

意谓人生性拙，就像黄杨树一样，几乎不会有长进。

三人成虎

指有三个人都说有虎，听的人就当真了。比喻本来没有的事，说的人多了，就能以假为真。

三十六计，走为上计

原指在战争中由于无力抵抗对方，在三十六计中，逃跑是最好的计策。现在泛指在陷入困境时以一走了之为上策。比喻事态已发展到无法挽回的地步，别无他计，只有一走了之。

三岁看老，从小儿定八十

从孩子小时候的性情、气度等表现就可以推断出他的未来。

三头不辨两

形容稀里糊涂、愚昧无知。

三一三十一

珠算口诀，即用三除十，得三剩一。

意谓平均分成三份。

**三折肱，成良医**

多次折断胳膊就有了治疗的经验，就可以成为好医生。比喻多次受挫就会增长聪明才智。

**三只腿的金刚，两个犄角的象**

犄角：牛、羊等头上长出的坚硬的东西。长着三条腿的金刚护法神，长着两个犄角的大象。意谓碰到了从未见过的新鲜事。

**散将容易聚将难**

意思是散伙容易，要再聚集起来就不容易。

**杀尽了报晓鸡，天还是要亮的**

比喻任何人或任何倒行逆施的行为都无法阻止历史的前进。

**杀了高粱才能露出谷子来**

高粱秆比谷子秆高，砍掉了高粱才会露出谷子来。比喻要想认清事物的本质必须摆脱表面现象的影响。也指没有优秀的人才，平庸之辈就能显出来了。

**杀人不见血**

形容人手段阴险毒辣。

**沙粒虽小伤人眼**

比喻一些不起眼的东西也会给人带来伤害。

**山不厌高，水不厌深**

山不会嫌高，水不会嫌深。意谓虚心谦恭。

**山大压不住泉水，牛大压不死虱子**

比喻人的力量再强，也有力所不及的地方，也有无能为力的时候。

**山顶有花山下香**

比喻美好的事物影响范围很广。

**山恶人善**

指山势险恶，但山中人却往往善良。比喻人相貌丑陋，心地往往善良。

**山高高不过太阳**

指山再高也比不过天上的太阳高。比喻地位低的人总是赶不上地位高的人。

**山高有个顶，海深有个底**

比喻任何事物都有一定的极限，都是可以探究的。

**山高有攀头，路远有走头**

比喻目标越远大，越能增加毅力，成就也越显著。

**山高遮不住太阳**

指山再高也遮挡不住太阳的光辉。比喻地位低的人怎么也不能在地位高的人之上。也常用来比喻谎言掩盖不住真理，假象掩盖不住事实。

**山高自有客行路，水深自有渡船人**

山再高也有上山的路，水再深也有摆渡的船。比喻世上没有什么困难克服不了。

**山河易改，禀性难移**

意谓山川河流的面貌容易改观，而人的本性却难以改变。

**山路山路，没有准数**

指山路盘旋蜿蜒，看起来很近，走起来却很远，不能准确判断。

**山怕无林海怕荒，人怕老来花怕霜**

山上没有树林就不成为山，海中没有鱼类就不成为海；人老了就会无所作为，花遇到霜降就会凋谢。多劝诫人要保持生态平衡。

**山上无大树，茅草招大风**

大风刮来，没有大树的遮挡，茅草就会受到袭击。比喻没有资格的人，不够格的人也只好被拿来替用。

**山外青山楼外楼，强中自有强中手**

就像山外有山一样，技术高超的人当中也还有更胜一筹的人。意谓技艺的精深是没有尽头的，不可以骄傲自满。

**山再高也高不过两只脚**

指只要敢于攀登，靠一双脚就可以登上任何一座高山。也比喻只要肯干，就没有办不到的事。

**山在虎还来**

比喻客观环境存在，就会有相应的事物产生。

**山中方七日，世上已千年**

神仙的日子才过了七天，人世间已经过了千百年。指生命短暂，时光如梭。也指世事变迁无常。

**善恶到头终有报，只争来早与来迟**

报：报应。意在告诉人们，不论做了好事还是坏事，都会得到相应的报应，只是时间的问题。这种说法虽然没有科学依据，但有劝人为善的含义在里头。

**善人在座，君子俱来**

本指正人君子在位，就会招引来四面八方的正人君子。比喻诗以佳句为主，自然通篇无败句。

**善说不如善做，善始不如善终**

指善于言谈的人比不过埋头苦干的人，开端做得好的人比不上坚持到底的人。

**善有善报，恶有恶报；不是不报，时辰未到**

古人讲报应，认为为善作恶都会有相应的报应，有时没得到报应，只是时间的早晚而已。

**伤其十指，不如断其一指**

指对敌作战，全面攻击使其受损，不如集中优势兵力彻底歼灭敌人的一部分。

**上不巴天，下不着地**

比喻身处困境。

**上不上，下不下**

意谓处境艰难，无路可走。

**上船容易下船难**

一旦上了船，遇到风浪，就很难下船。常指一旦走上邪路，就很难回头。

**上肩容易下肩难**

背东西背起来容易，放下去却不容易。指一旦担当了责任，就很难再抽出身去。

**上马一提金，下马一提银**

意谓待遇优厚。

**上坡路吃力，下坡路好走**

比喻人做到积极进取很难，想要消沉堕落却相当容易。

**上山八条路，下山路八条**

指上山的路和下山的路一样多。比喻不管有多少问题，总有解决问题的办法。

**上山打柴，过河脱鞋**

比喻遇到不同的问题，有不同的方法，不能一成不变，拘泥于俗套。

上山容易下山难

上山费力但不易出危险；下山虽然省力，但容易打滑失足发生危险。

上天无路，入地无门

形容处境特别艰难，没有出路。

上有横梁下有槛

比喻受到上下两个方面的约束。

上与王公并坐，下与乞丐同眠

指地位有时高，有时低。

上贼船易，下贼船难

比喻跟坏人一起干坏事容易，要洗手不干就难了。

烧的纸多，惹的鬼多

纸钱烧的越多，招来的野鬼就越多。比喻做事情考虑到的方面越多，招来的是非也越多。

烧香点茶，挂画插花，四般闲事，不宜累家

指富贵人家烧香、点茶、挂画、插花之类的事，自有指定的承办人去做，用不着主人费神。

艄公不摇橹，误了一船人

比喻领头人甩手不干，就会误了集体的事情。

少不癫狂老不板

指年轻人要稳重不能轻浮，老年人要灵活不要古板。

少吃咸鱼少口干

比喻少管事情就少麻烦。

少年偏信，老年多疑

年轻人阅历少，易轻信别人；老年人经验多，瞻前顾后，不容易做出决断。指不论年轻、年老，考虑问题都不可能

完全周到。

少所见，多所怪

意谓见识少的人，遇事总是大惊小怪的。

蛇有蛇路，鼠有鼠路

比喻每个人都有自己的生活手段。

蛇钻竹洞，曲心还在

比喻坏人的本性不可能改变。

舍命陪君子

指牺牲自己的生命来陪伴别人。也指为朋友做事，不辞劳苦，可以付出一切代价。

舍着金钟撞破盆

舍得用贵重的金钟去撞破盆。意谓不顾一切地去拼。

社鼠不可熏

社：指祭土神的地方。祭土神的地方都是竹木筑成，如果用烟火熏老鼠，会点燃社庙。比喻要清除君王左右的小人很难，弄不好会牵涉到君王。

赦者小人之幸，君子之不幸

赦：赦免。指国家对刑事罪犯实行赦免，只能对作恶小人有利，而对正直公民是不利的。也指惩处恶人，不能宽容。

涉浅水者得鱼虾，涉深水者擒蛟龙

比喻付出多大的劳作，就有多大的收获，要想做成大事业，就得下苦功夫。

身上有屎狗跟踪

比喻因自身存在某些弱点，而惹来坏人。换句话说，思想行为不端正，就会有坏人来引诱。

身在曹营心在汉

指蜀将关羽被曹操拘禁在自己的军营里，虽然受到优厚的待遇，但他仍想念着蜀汉。比喻人在这里，心却在那里。

深山藏虎豹，乱世出英雄

指动乱的年代会有杰出的人才出现或产生英雄豪杰。

深山藏虎豹，田野有麒麟

麒麟：古代传说中的走兽之冠。比喻在山林僻野间常常住有优秀的人才。

深山出俊鸟

比喻贫穷或偏僻的地方出了外貌俊秀的人才。

神不知，鬼不觉

觉：觉察。形容不容易察觉到。比喻有的人做事非常隐蔽，无人知晓。

神龙见首不见尾

传说神龙出现时，常常是露头不露尾的。意谓深沉的人物，行动往往令人难以捉摸。

生成皮，长成骨

指习性是天生的。多用于贬义的环境中。

生东吴，死丹徒

东吴：指今江苏南部苏州一带。丹徒：在今江苏镇江南部。指东吴因物产丰富是居家处，丹徒因土质坚实适宜安葬。比喻苏州的环境好，生活舒适；丹徒土质如蜡，适宜安葬。

生姜还是老的辣，八角还是老的香

比喻老年人经验丰富，做事老到。

生米成了熟饭

指生的米已经做成了熟的饭。比喻已成定局，无法改变。

生于忧患，死于安乐

忧患可以使人生存发展，安逸享乐可以使人颓废灭亡。意谓要勤奋学习，不可以怠惰。

绳从细处断

比喻麻烦往往发生在最薄弱的环节上。

圣人也有三分错

即使圣贤也不可能十全十美。指人难免会犯错误。

施恩不望报，望报不施恩

指正派的人施给人恩惠，并不是为了报答；为了得到报答才施恩，不是真正意义上的施恩。

湿柴难点头把火，软路难闯新车辙

比喻软弱无能的人，很难开拓创新。也指在闭塞的环境里很难接受和容纳新鲜事物。

湿柴怕猛火，猛火怕柴多

大火能烤干并点燃湿柴，但湿柴过多，也能压灭大火。比喻事物之间都存在一种相互制约的关系。

湿柴无潮饭，干柴无干水

柴再湿，煮的饭不会发潮；柴再干，烧的水也不会凝固。比喻客观环境再变，事物本身的规律不会改变。

十步之内，必有芳草

比喻自己身边就可能有杰出的人才。

十访九空，也好省穷

指如果多次向人借贷，虽常常落空，但也会得到一些资助救穷。也指若向亲友借贷，多少也可以得到一些资助。

**十分惺惺使九分，留着一分与儿孙**

惺惺：聪明智慧。比喻不论什么事不能做绝，要留有余地。换句话说，不要把自己的聪明才智全用尽了，不要把所有的事都包揽了，子孙后代会因得不到锻炼而变得愚笨。

**十个明星当不得月**

指明星再多，也顶不了月亮。比喻人手再多，也抵不了一个正主。

**十个指头有长短**

比喻人或事物都不可能完全相同，彼此之间总有差别。不可能用相同的方式、手段来对待。

**十家锅灶九不同**

比喻每个人所处的环境和际遇都不一样。

**十句谚语九句真**

指谚语都是老百姓在日常生活中总结出来的经验，所以大部分都是有道理的。

**十目所视，十手所指**

很多双眼睛盯着，很多只手指着。意指一举一动都受到人们的监督。

**十年生聚，十年教训**

说明作长期的艰苦奋斗。

**十事半通，不如一事精通**

指一知半解地知道很多东西，还不如只精通一件事。

**十指尖尖有长短，树木林莽有高低**

形容人与人不会完全相同。

**什么云下什么雨，什么水生什么鱼**

不同的结果都是由不同的原因导致的。

**石看纹理山看路，房子看的是橡柱**

指看玉石要看它的纹理顺不顺，看房子要看它的橡柱好不好。指了解事物要注意观察它的主要特征。

**时间无私，历史无情**

说明时间和历史对人都是公正的。

**时来谁不来，时不来谁来**

指人在运气好时就有人奉承、依附，运气不好时就会门庭冷落。

**时势造英雄**

指英雄是时代造就出来的。比喻英雄人物是时代的产物。

**识时务者为俊杰**

能认清客观形势，顺从事物的发展趋势，才是真正的英雄豪杰。

**实践出真知**

指正确的认识来源于实践。

**拾得孩儿落得摔**

指随意处置不是自己亲生的孩子。比喻不管不问与己没有关系的事情。

**使他的拳头，捣他的眼**

意谓以其人之道，还治其人之身。

**使心用心，反害其身**

指使用种种心机，想陷害别人，结果却害了自己。

**士别三日，当刮目相看**

读书人每天都在学习，几天不见，有的人就会发生很大的变化。泛指不可用老眼光看待别人。

**士为知己者死，女为悦己者容**

意谓士愿为深知自己的人献出生命，女子愿为喜爱自己的人打扮。

**士先器识而后辞章**

器：器度。识：见识。意谓人的思想品德比才能更为重要。

**世间没个早知道**

指世上的事很难预测。比喻人在世间，荣辱祸福，谁也不可能提前知道。

**世界之大，无奇不有**

意谓世界上什么奇特的事情都有。

**世情看冷暖，人面逐高低**

世情：人情世故。指世间人情势利，有钱有势的有人巴结他，失意无钱的遭到冷落，没有人理他。

**世上本无事，庸人自扰之**

意谓世界本来是平安无事的，都是那些平庸鄙俗的人自找麻烦，搅得不安宁。

**世上没有打不开的锁**

比喻不论什么问题总会有解决的办法的。

**世上万般悲苦事，无过死别与分离**

指与死者诀别和与生者分离是人间最为悲伤痛苦的事。换句话说，人世间的生离死别是最痛苦的事。

**世上有想不到的事儿，没有做不到的事儿**

指不管什么事情通过努力都可做得到。

**世无百岁人，枉作千年调**

指人生命短暂，没有必要白白地为名利和子孙后代费心费力地盘算。

**事不关己，高高挂起**

意思是不管不问与自己无关的事情。

**事不关己莫多问**

旧指与自己没有关系的事情，不要多问。

**事不过三，过三难办**

指任何事都不能重复多于三次，否则就没有意义或达不成效果。

**事不三思终有悔，人能百忍自无忧**

做事考虑周密就不会后悔，为人处世善于忍耐就不会遭受祸患。

**事从缓来**

指遇事不可急于求成，要从容处理。

**事大事小，到跟前就了**

指事情不管是大是小，到跟前总会了结。劝人遇到难事，不要退缩。

**事宽即完，急难成效**

事情从容办理，结果就会圆满；操之过急，反而难以达到结果。

**事实胜于雄辩**

意谓事实比雄辩更有说服力。

**事无大小，关心者乱**

意谓事情不论巨细都挂在心上，弄得心烦意乱。

**事无三不成**

没有很多次的努力，事情就做不成功。

**事要前思，免劳后悔**

事前要深思熟虑，免得事后懊悔。

**事有必至，理有固然**

意谓事物的发展变化有它固定的必然规律。

**事有凑巧，物有偶然**

指世间的事物，常常会出人意料地发生巧合。也指事情发生往往很凑巧，具有某种偶然性。

**事有千般，理有千层**

事情多种多样，道理也非千篇一律。指具体的问题要具体对待，要依照规律做事。

**事有因，话有缘**

指任何事情的发生总有一定的原因，任何流言的产生也总有缘由。

**事在人情在，事败人情坏**

意谓事业发达时，人都会向你聚拢过来；一旦事业衰败，众人便随即溃散。

**是非出在众人口**

指是非、对错经过大家的评说自会清楚。

**是非只因多开口，烦恼皆因强出头**

招惹是非只因为说话过多，招惹烦恼都因为逞强出头。劝诫人要谨言慎行，不要逞能。

**是鸡都长两只爪，是人都有两只手**

指人与人都是相似的，没有很大的差别。

**是马充不了麒麟**

麒麟：古人想象中的一种吉祥动物，像鹿。比喻普通的人冒充不了杰出人物。

**是马有三分龙骨**

意谓平凡的人也多少有些不平凡的地方。

**是人脸上都有四两肉**

指任何人都要面子。

**是山总有路，是河总有桥**

比喻不管什么事情，都有解决的办法的。

**是真难假，是假难真**

真的假不了，假的真不了。意谓真假不容混同。

**是真难灭，是假易除**

是真的，就不容易去除；是假的，就容易去除。

**是粥是水，揭开锅盖**

形容揭开表面现象，就能看到事物的本质。

**守过荒年有熟年**

熬过了灾荒之年就会迎来丰收之年。也说明坏到极点，就会向好的方面转化。

**守夜雁后有群雁**

有守夜雁的地方，肯定会有雁群。比喻有人放哨站岗的地方，肯定是重要的场所。

**受了卖糖公公骗，至今不信口甜人**

意谓曾经受过说好话的人欺骗，直到今天不再相信满口甜言蜜语的人。

受人一饭, 听人使唤

指吃了别人家的饭, 就得听人家使唤。也指如果得了别人的好处, 就需听命于人。告诉人们, 不要轻易接受他人的恩赐。

瘦狗莫踢, 病马莫骑

比喻不可以欺侮那些穷困潦倒的弱者。

树不成林怕大风

比喻单家独户难以抵抗大的灾害。

树从根上起

指树是从根上长起的。比喻不论什么事情都有它自身的根缘。

树大有枯枝

比喻人群聚集之处难免有坏人存在。

树大招风风撼树, 人为名高名丧人

意谓就像大树容易招风摇动树身一样, 人的名声过大就容易招来他人的嫉妒而受到残害。

树倒猢狲散, 兵无主自乱

猢狲: 猴子的一种。指树倒了, 树上的猴子各自散开离去了, 而士兵没有主帅, 就会乱阵脚。比喻首领垮台了, 其势力消失了, 依附他的人会一哄而散, 各自离去。

谁不是爹娘身上的肉

指任何人都是爹娘生爹娘养的, 应当牢记父母的养育之恩。

谁家灶囱不冒烟, 谁家锅底没有黑

比喻家家都有各自的烦心事或不好意思外漏的丑事。

谁人汲得西江水, 难洗今朝一面羞

意谓做了丢脸的事, 后悔也来不及了。

水帮鱼, 鱼帮水

指利害相关的人相互依存, 相辅相成。

水不跟木同, 人不跟人同

指物各有差异, 人各不相同。

水不激不跃, 人不激不奋

水不受阻就激不起波浪, 人不激励就不会奋发图强。

水冲石头山挡水, 今日不见明日见

指两者总有相逢的机会, 是恩是怨, 自会相报。

水从源流树从根

水从源头流出来, 树从根部长起来。比喻任何事物都有它发生的根源。

水大漫不过鸭子

鸭子游在水面上, 水再大也不会淹死鸭子。比喻地位高的人总是可以压倒地位低的人。

水多了什么虾蟹都有, 山大了什么鸟兽都出

比喻范围大了, 人多了, 什么样的人都可能存在。

水火相济, 盐梅相成

指烹饪赖水火而成, 调味兼盐梅而用。意谓人之才性虽各异, 而可以和衷共济。

水酒不能混为一谈 ( 坛 )

形容不同性质的事物不可以混为一谈。

水可行船, 水可覆船

水可以浮起船来, 也能将船打翻。比喻任何事物都有两面性。

水流千里归大海

水流再长，也要归入大海。比喻人离家再远也要回归故乡。也比喻人到临头要还原归本。

**水柳好看装不得犁，塑料花好看采不得蜜**

水柳：树名，木色光润但质地松软。犁：耕地工具。指犁底木要用最坚硬的木料制造。比喻好看的东西未必实用。

**水米两无交**

意谓两者之间没有任何关系。

**水浅不是泊船处**

指水浅的地方不能停船。比喻没有发展前途的地方，不能作为安身立命之处。

**水浅养不了大鱼**

说明水太浅了，养不了大鱼。比喻条件不好的地方，留不住好的人才。

**水浅鱼不住**

指水浅的地方养不住鱼。比喻条件太差的地方难留住人。

**水筲离不了井绳，瓦匠离不了小工**

指人再有本事，也得有帮手。

**水是流的，鱼是游的**

说明一切事物都在变化。

**水银渗地，无孔不入**

意思是抓住机会就可以钻空子。

**水中捞月一场空**

说明白费工夫，毫无所得。

**顺风的旗，逆水的鱼**

旗要顺风才会展开，鱼要逆水才会游动。比喻事物各有各自的特性，不能强求统一。

**顺藤能摸到瓜，跟踪能追到穴**

比喻根据线索分析调查就能找到目标。

**说到曹操，曹操就到**

曹操：三国时期政治家、军事家、诗人。世人称曹操是奸雄，谁议论他，他就会出现在谁面前。后指谈论到某人，碰巧某人就来到。

**思想开了窍，工作搞得好**

思想上想通了，才能把工作做好。

**厮杀不如父子兵**

指在生死搏斗中，父子之间的接应最为有力。

**死无葬身之地**

死后连个掩埋尸体的地方也没有。意谓结局悲惨。

**死猪不怕开水烫**

指猪已经死了，就不怕开水了。比喻已经下定决心，怎么对待都不怕。也比喻身处绝境，反正已经无计可施，干脆横着心任由事态的发展。

**四两拨千斤**

指在一定的条件下，弱者能战胜强者。

**寺老佛多，人老话多**

意谓人老了会变得唠唠叨叨，就像寺庙年代久了，佛像就会多起来一样。

**俗眼不识神仙**

凡人认不出神仙。比喻平庸的人目光浅薄，认不出谁是真正的人才。

**算命若有准，世上无穷人**

指打卦算命的话不能轻信。

**孙猴子的筋斗云，总跳不出如来佛的手掌**

孙悟空一个筋斗即使能翻出十万八千里，也跳不出如佛的手掌心。比喻本领再大的人，也会有人制服他。

孙猴子再会变，也瞒不过二郎神

比喻伪装得再隐秘，也会有人识破。

# T

踏破铁鞋无觅处，得来全不费工夫

花费很大的工夫去寻找却不能找到的东西，往往会在不经意间轻而易举地获得。

踏人一脚，须防一拳

意谓伤害了别人之后，要谨防别人报复。

贪食的鱼儿易上钩

比喻如果贪图眼前的利益就会上当吃亏。

摊着啥事办啥事

指事情多时，遇到什么事情就办什么事情。指问题一个一个解决，不要乱了头绪。

炭多火红，人多势众

指人多了，力量就强大。

塘中的泥鳅，能翻起多大的浪

比喻小人物成不了气候。

逃得了初一，逃不了十五

意谓可以躲避一时，但总有被发现的时候。

讨老婆看妻舅，买衣裳看衫袖

看妻舅就能推测未婚妻的品貌和才能；看衫袖，就知道整件衣裳的质地和做工。也比喻从已知的情况中，推测出未知的情况。

剃头担子一头热

剃头担子：古时街头理发担子，担子一头是理发用具，另一头用来烧热水。意谓一厢情愿。

天不盖，地不载

指天地不容。比喻作恶多端的人，天地不容，绝没有好下场。

天不言自高，地不言自厚

天不用开口说话，自然非常高远；地不用开口说话，自然非常深厚。指一个人的能力大小，自有公论，不用自我夸奖。

天不转地转，地不转河转

意谓事物总会不断地发生变化。

天地之大，无所不有

意谓世界非常大，什么样的奇特事物都有，什么样的奇特事情会出现。

天高皇帝远

指地处偏远，中央政令权力行使不到。换句话说，由于地处偏远，中央政府的法令管辖不到，人们可以无法无天，不受法律和制度的约束。

天没有总阴，水没有总浑

比喻人不可能一直处在逆境中。

天能盖地，大能容小

苍天能遮盖住大地，大人物能宽容小人物。指年幼的做错了事，年长的应多包涵。

天晴总有天雨时

意谓处境顺利的时候也有可能会遇上挫折。

天上的仙鹤，比不上手中的麻雀

比喻凡事要讲究实际，不要空谈。

天上雷鸣一个音

谚语大全

比喻同一种事物, 本质或特性都是一样的。

**天上鸟儿飞, 地上影儿过**

指鸟儿在空中飞过, 地上就投下它的影子。比喻人有什么行为, 总会留下痕迹。

**天上人间, 方便第一**

意谓办任何事情, 都要考虑"方便"两个字, 即方便自己, 又方便他人。

**天上无云不下雨, 地上无人事不成**

指离开人, 什么事情也办不成, 就像天上没云就不会下雨一样。比喻不论什么事都有它的成因。

**天上星多月不亮, 地上人多心不齐**

指星星多了月亮就不够亮堂, 人多了就不容易做到思想统一。

**天时地利人和**

天时: 时令、气候。地利: 有利的地形; 人和: 民心所向, 团结一致。意谓办事的外部条件好。

**天外有天, 山外有山**

天外还有更高的天, 山外还有更高的山。比喻强中还有更强的。常用来告诫人们不要妄自尊大。

**天无绝人之路**

指上天不会断绝人的生路。比喻人在困境中肯定能找到出路。也比喻无论遇到多大困难, 总是能想出解决的办法。

**天下本无事, 庸人自扰之**

庸人: 十分平凡的人。自扰: 自己搅乱自己。指天下本来安宁无事, 可平庸浅薄的人却常常制造事端, 自己找麻烦。也指许多不该发生的事儿都是人为造成的。

比喻本来没有什么事, 结果自己大惊小怪, 自寻麻烦。

**天下大势, 分久必合, 合久必分**

天下整个局势, 分裂时间长了必定会统一, 统一时间长了又必定会出现分裂。意谓事情有变化有发展是正常的。

**天下没有唱不完的戏**

指任何事情都有结束的时候。

**天下没有上不去的崖**

比喻不论多大的困难, 只要想办法总能解决掉的。

**天下钱眼儿都一样**

钱眼: 古时铜钱当中的方孔。比喻人的眼力、喜爱等都差不多。

**天下事抬不过个理去**

指不论什么事都要讲道理, 人人都得受"理"的约束。

**天下无难事, 只怕心不坚**

意谓世上本来就没有办不成的事, 许多事情是由于人缺乏决心和信心才办不成的。

**天下无难事, 只怕用心人**

意谓只要有决心、有毅力, 没有办不到的事。

**天有时刻阴晴, 人有三回六转**

指人的心思, 像时阴时晴的天气一样不断变化着。常指人有回心转意的时候。

**天与弗取, 反受其咎**

弗: 不。咎: 灾祸。不接受上天的恩赐, 反会遭受灾祸。意谓坐失良机将遭遇灾难。

**天灾好躲, 人祸难防**

意谓自然灾害容易躲, 人为的祸患防

不胜防。

**添个蛤蟆还多四两劲儿**

比喻增加一个人，好歹也能增添一份力量。

**添粮不如减口**

指在贫困地区，增添粮食不如减少人口，有利改善生活。

**跳下黄河也洗不清**

跳进黄河里也洗不干净。意谓无法洗刷耻辱和辩白冤屈。

**铁树也有硬虫钻**

比喻再坚硬的东西也早晚会遭受毁坏。

**听过不如见过，见过不如做过**

任何事情都要亲自去实践才能获得经验，只凭听说或眼见是不够的。

**听千遍不如见一面**

意谓不论什么事都要亲自实践或实地考察，不可以轻信传闻。

**听人说百遍，不如亲眼见**

听别人说的次数再多，也不如自己亲自看一看来得可信。

**铜盆撞了铁扫帚，恶人自有恶人磨**

比喻硬汉遇到了硬汉，厉害的人遇到了更厉害的人。也比喻坏人自然有坏人来惩处他。

**头忙脚忙，一忙百忙**

指当家主事的人一忙，下面的人就都会随之忙碌起来。

**头齐脚弗齐**

弗：不。意谓还没完全准备充分。

**头剃了一半，再疼也要剃光**

比喻事情已经开头，就是再难也不可

以半途而废，硬着头皮也得做下去。

**投亲不如访友，访友不如下店**

指出门在外，晚上在亲戚朋友家过夜，不如住旅店自由方便。

**秃爪子老鹰，抓不住芦花大母鸡**

指强敌失去了优势，连一般战斗力也丧失了。

**兔死狐悲，物伤其类**

指兔子死了，狐狸悲伤，动物也知道为它的同类而伤感。

**兔子不吃窝边草**

比喻坏人不在当地或附近干坏事。

**兔子急了还咬人**

比喻温和的人在逼急的情况下也会有过激的反应。也比喻弱者到了紧急的时候，也会挺直腰杆起来反抗。

**兔子靠腿狼靠牙，各有各的谋生法**

比喻不同的人有不同的生存方式。

**团结力量大，泰山也搬家**

只要齐心协力团结起来，再大的困难也可以克服。

**腿长不怕路远**

比喻自己有本事，就不害怕困难。

**退后一步自然宽**

指遇事后退一步反而能想出好办法，出现转机。也指为人处世不能一味争强好胜，要克制忍让。

**退一步风平浪静，让一分海阔天空**

意谓遇事如果能退让一步，纷争就会平息，心境也会开阔。

**拖人下水，先打湿脚**

想拉别人到水里，自己的脚会先湿。比喻拉别人做坏事，反而自己会先受害。

陀螺不抽不转

比喻对不自觉的人必须施加压力。

歪理千条，不如正理一条

指歪理邪说再多，在真理面前必然失败。

外鬼易挡，家贼难防

外面的坏人在明处，容易对付；内部的坏人在暗处，很难防备。

外明不知里暗

指局外人只看到表面现象，不了解内部实情。

外行看热闹，内行看门道

指外行往往只看表面上是否热闹有趣，内行才能看出行业的窍门。

弯过了头要折，拉过了头要断

指不论什么事超越了极限就会向反面发展。

玩火者必自焚

玩火的人必然会把自己烧死。比喻做坏事的人，会自食恶果，受到惩罚。

万般哀苦事，死别与分离

指死别与分离是人生当中最悲哀痛苦的事。

万变不离其宗

指不管形式上如何变化，其本质是始终如一的。

万事留人情，日后好相见

指处事要给人面子，是为了今后的相处。也指做事情不可以做得太绝，要给人留点情面，以便以后好见面。

万物土中生，万物归于土

世上万物都是从土地生长出来的，而最终还是要回归到土地中。

万盏明灯顶太阳

很多盏明亮的灯所发出的光芒比得上太阳。比喻大家合作会产生非常大的力量。

望山跑死马

指虽然看见山就在前面了，但要到达那里，还有很长一段路程。

为人不见面，见面去一半

从传闻中得到的印象，与见面时的认识是有很大差别的。指亲眼看见的远比耳朵听到的牢靠。

惟乱门之无过

指应该远离祸乱之地。

惟有感恩并积恨，万年千载不成尘

成尘：化作尘土。指世上只有感恩和怨仇两种感情，最难忘记。

尾巴长了，就会被人踩到

比喻经常做坏事就会露出马脚，最终会被人抓住尾巴。

位高身危，名高忌起

指人地位高了，就会身临险境；名气大了，就会遭来人们的忌妒。

闻名不如见面，见面胜似闻名

虽早已听说某人大名，总不如当面见得真切。

问谁毁之，小人誉之

指要问是谁毁了一个人的名誉，那就是小人对那个人的恭维。也指小人的阿谀奉承，会坏人名声。

乌狗吃食，白狗当灾

比喻替人受过。也比喻一个人犯法，

由另一个人来接受惩罚。

**乌龟不笑鳖，都在泥里歇**

比喻两人地位差不多，不要相互取笑。也比喻彼此的处境相似，不可以相互讥讽。

**乌龟王八一路货**

乌龟、王八都属于鳖类，原本是一路货色。比喻行为卑劣的人，尽管表现不一样，但其本质是相同的。

**乌龟有肉在肚里头**

比喻奸人的阴谋诡计都藏在内心里，外人是看不透的。

**乌鸦擦粉照样黑**

比喻坏人再粉饰也掩盖不住丑恶的本质。

**乌鸦抹上白灰，也变不成白鸽；狐狸跳进大海，也洗不尽骚臭**

比喻恶人再伪装也不能改变他的本性。

**乌有反哺之义，羊有跪乳之恩**

反哺：小乌鸦长大后，觅食仅哺老乌鸦。跪乳：羊羔吃奶时，双膝跪地。指乌鸦知道反哺，羊羔知道跪乳。比喻人应懂得孝敬父母。

**乌云遮不住太阳**

比喻光明最终要战胜黑暗，真理最终战胜谬误。

**屋里点灯外头亮**

比喻家庭内部的事情，外人看得很清楚。

**无毒不丈夫**

丈夫：指有志气有作为的男子。古时认为，心不狠、手不辣，遇事优柔寡断，就算不上是大丈夫。本指对仇敌打击要狠。现多指人心毒手辣。

**无风不起浪**

指没有风吹，就不会掀起波浪来。比喻事情沸沸扬扬地喧闹不休，总有发生的原因。

**无风不起浪**

比喻事情的发生总是有起因的。

**无火难成炊**

比喻没有最基本的条件，什么事也办不成。

**无假不成真**

没有假的就不能辨别出真的。

**无马狗牵犁**

指没有马，用狗来犁田。比喻在没人才的地方，庸才也可顶替。也比喻没有适当的好条件，只好拿次一点的来凑合。

**无钱吃酒，妒人面赤**

指自己没钱买酒吃，见到别人脸发红也妒忌。常指无能的人，往往多疑善妒。

**无钱买茄子，只把老来推**

指没有钱买茄子，只好说茄子太老。比喻自己不具备某种能力，却以客观理由作为推辞。也比喻没有钱办不成事，又怕没面子，只得找借口敷衍推脱。

**无巧不成书**

指事情常因巧合而成。也指没有凑巧就写不出书来。比喻事情不凑巧，就构不成说唱逗笑的故事情节。

**无心人对着有心人**

指无所意图人的言行触动了有内心隐秘的人。比喻一方无心而另一方有意，双方的想法有差距，会产生各种误会。

**无医枯骨，无浇枯木**

不能抢救的人就不要继续抢救了，已经枯死的树木就不再浇水了。指不要作没有任何希望、毫无用处的努力。

**无债一身轻**

指不欠债，就会感到非常轻松，精神愉快。

**五个指头按跳蚤，按住这个那个跳**

比喻有限的力量很难对付众多的敌手。

**五人团结赛猛虎，十人团结一条龙，百人团结像泰山**

只要团结一致，齐心协力，人越多力量就越大。

**物不平则鸣**

指有不公平的事发生，就会有人出来反对。

**物极则反，人急计生**

指事物发展到极点，必然会朝相反的一面转化；人在危急的时候，常常会想出好的对策。

**物以稀为贵**

东西太少，供不应求，便显得珍贵。

**物有不同物，人有不同人**

物品和物品之间有差异，人与人之间也有差异。指对人对物要有所区别，不可以一概而论。

**物有物性，土有土性**

任何事物都有其本质特性。

**物有一变，人有千变，若要不变，除非三尺盖面**

指事物总是在发展变化的，人更是千变万化，除非死去才不会有变化。

# X

**喜鹊叫三声，双喜降门庭**

旧时认为喜鹊连声叫，一定会有喜事临门。

**虾不跳，水不动**

比喻事情的发生肯定有原因。

**虾蟆促织儿，都是一锹土上人**

虾蟆：癞蛤蟆。促织：蟋蟀，亦叫蛐蛐儿。意谓彼此地位一样，命运相同。

**瞎闯过不了五关**

指盲目蛮干是渡不过难关的。

**瞎子的耳朵聋子的眼**

瞎子看不见，耳朵却特别灵；聋子听不见，眼睛却特别亮。

**下河才知水深浅**

比喻只有深入实际，才能真正明白事物的真相。

**先长的眉毛比不上后长的胡子**

眉毛一出生就有，但其长度不及后长的胡须。比喻后来者居上。

先搭台子后唱戏

比喻做任何事都要事先做好准备，才可以进展顺利。

先会走，才能跑

比喻做事情要由简单到难，一步一步来。

先捡西瓜，后捡芝麻

比喻先办大事，后办小事。指做事要有优先之分。

先进寺门一日大

指先进门的人应排行在先，受到尊敬。

先入者为主

以先入耳的话为主要根据。意谓怀有成见，听取不了不同的意见和主张。

先撒窝子后钓鱼

比喻先设下钓饵，然后动手让人中圈套。

先小人后君子

指做事前要先把涉及的问题找出来，然后再讲情面谈义气。

先扎笼子后养鸡

先有了鸡笼，才能养鸡。比喻做事情一定要准备充分，循序渐进。

闲官清，丑妇贞，穷吃素，老看经

贞：贞洁。指闲职的官员清白，丑陋的女子贞洁，穷人吃素食，年老读经书。比喻人的品德和行为是由客观条件造成的。换句话说，一个人的行为表现与其所处的客观条件有很大关系的。

闲觉日偏长

闲着无事，就会觉得时间过得很慢。

闲中点检平生事，静里思量日所为

空闲时要检查过去所做的事情，夜里要反省白天的行为。意谓行事处世要谨慎小心。

嫌人易丑，等人易久

由于心理作用造成的错觉，嫌弃谁便感觉谁处处不顺眼，等人会感觉时间过得特别慢。

乡里没有泥腿，城里饿死油嘴

指没有农民种地产粮食，就没有城里人的一日三餐。

乡下狮子乡下舞

比喻乡村的习俗只能在乡里行得通。

相马失之瘦，相士失之贫

观察马的好坏，会因只看马的消瘦而失误；考察人才能的高低，会因只看人一时贫困而失察。指观察人或事物不能只看表面现象，而应看内在素质。

相马以车，相士以居

指看马要看它拉车时的表现，看人要看他平常的为人表现。

相马以舆，相士以居

相：看，观察。舆：车。居：住处。指看马优劣，要看它拉车的车载量如何。看人好坏，要看他居住处的道德风尚如何。比喻通过环境条件优劣和当地社会风气的好坏，就可以判定人的爱好、志向和品德。

相生必相克，相克必相生

指世界万物能由此生成彼，也能由彼制服此。

想着容易做着难

凡事想起来容易，动手做起来却很难。指实践是件费力气的事情。

想自己，度他人

意谓做事情不能只考虑自己的得失，也应设身处地地为别人着想。

**小不能敌大**

意谓弱小的不足以同强大的相对抗。

**小不忍则乱大谋**

意谓小事不忍耐，则会妨害大计划。

**小才难大用**

意谓才能不大的人胜任不了大事。

**小坼不补，大坼难堵**

小的裂缝不及时填补，扩大后就很难堵塞。比喻刚出现的小问题应该及时解决。

**小池塘养活不了大鱼**

比喻小地方留不住大人物。

**小疮不上药，大了用刀割**

比喻忍受不了小的痛苦，日后就会吃大苦头。

**小孩嘴里讨实话**

讨：索取。指从小孩嘴里可以得到比较真实的情况。这是因为小孩思想单纯，不会讲假话，从小孩子嘴里往往能得到真实的情况。

**小河沟里练不出好艄公，驴背上练不出好骑手**

比喻不经大风大浪，培养不出杰出的人才。

**小河练不出排天浪**

比喻力量小，成不了大事。

**小马儿乍行嫌路窄**

比喻年轻人由于经验不多，无法坦然面对现实。

**小庙里的神没见到大香火**

比喻见识浅陋的人没见过大的场面。

**小人得志，不可一世**

指品格低劣的人，一旦有了好的际遇，就狂妄自大，什么也不放在眼里。

**小人喜干戈，君子容说话**

干戈：古时的兵器，这里指动武。指小人不明事理，动不动就打起来；君子总是以理服人。

**小蛇出大蟒**

比喻弱小的能变成强大的。

**小事不治，大事不止**

指小问题不及早解决，酿成大问题就不好解决了。

**小水不容大鱼**

指小的水量不可能让大鱼游来游去。比喻条件有限的小地方，不能容纳有大才干的人。

**小小石头，打坏大缸**

一块小石头砸破了一口大缸。意谓以小胜大。

**笑里暗藏刀**

比喻表面和善，暗地里阴险毒辣。提醒人们：要特别警惕那些笑里藏刀、冷笑里包藏着祸心的人。

**协力山成玉，同心土变金**

指同心协力就能创造奇迹。

**邪不能胜正，假不能胜真**

邪恶的战胜不了正义的，假冒的战胜不了真实的。

**鞋底离不了鞋帮，秤砣离不开秤杆**

比喻利害相关的人或紧密相连的物必须配合，如果不配合就会失去作用。

**鞋子合脚走得快**

比喻做事通力配合，进展就会顺利。

心不专一，不能专诚

意谓心中如果有很多杂念，就不可能集中精力。

心慈手软留后患

意谓对付恶人心慈手软的话，会留下后患。

心非木石，岂能无情

意谓人心不是木头、石头做的，总归是有感情的。

心慌行越慢，性急步偏迟

指心慌意乱，性急求快，反而会脚步迟缓行走缓慢。

心记不如墨记

指记在心里时间久了也会忘记，不如用笔和纸记下来。

心头不似口头

指心里想的和口头上表达的不一致。

心问口，口问心

形容反复考虑。

心有所思，便有所梦

意谓白天所想的事情，夜里常常会梦到。

新官上任三把火

指新官上任时，总要摆出架势做几件事，以显示一下自己的威力，时间长了也就一切如故。比喻人刚负责一项工作时态度积极热情。换句话说，有些人刚上任时很积极，干劲很大，时间一长就没有激情了。

新来乍到，摸不着锅灶

指刚到一个新地方，一切都是陌生的。

星星之火，可以燎原

一点小火星可以燃遍整个原野。原来比喻小乱子可以发展成为大祸患。现多比喻微小的新生力量，可以发展成为强大势力。

行百里，半九十

一百里路走了九十里，相当于走了一半。告诫人们越是快要成功的时候，越要坚持到底。

行得春风，便有夏雨

指春风过后，夏雨就会到来。比喻做了好事或你给过别人好处，别人也同样会有回报。

行短之人，一世贫穷

古时认为，做了对不起别人的事的人，将会终生贫穷。

行善获福，行恶得殃

做好事会得到福报，做坏事会招来灾殃。

行一棋不足以见智

下一步棋不足以判断一个人的智慧。意谓不能以一时一事的得失断定一个人有多大才能。

性急吃不了热豆腐

比喻过于急躁，办不好事情，达不到预期目的。

锈坏了镰刀不割麦

镰刀放的时间久了，就会生锈割不动麦子。比喻办事拖拉会导致无法弥补的损失。

须将有日思无日

意谓富裕的时候要想到匮乏时的困难。

虚了实不得，瘸了走不得

指虚假混淆不了，错误掩盖不了。

雪里埋不住死人

比喻真相终究要暴露。

**雪中送炭是君子，锦上添花是小人**

指能够周济贫穷困苦的，就是品格高尚的君子；一味巴结权势富豪的，就是趋炎附势的小人。

迅雷不及掩耳

形容来势迅猛，使人来不及防备。

## Y

压不住定盘星

定盘星：靠近支点的一颗秤星，秤杆所标起算点，秤锤绳垂压在这点上与秤盘平衡。意谓制服不了别人，压不住阵脚。

牙舌两不动，安身处处牢

旧指少说话便能过平安的日子。劝诫人不要乱说话。

牙硬磨不过舌头

再硬的牙齿也磨不过柔软的舌头。比喻可以以柔克刚。

严寒飞雪盼日暖，转眼桃花满树开

严寒时节盼望着天气变暖，转眼间就春暖花开了。喻指时间飞快。

严婆不打笑脸面

再厉害的人也不会打骂笑脸相迎的人。也指人都喜欢他人献殷勤和奉承。

言多必失

意谓话说得太多，定会有失误的地方。

言多语失皆因酒，义断情疏只为钱

指酒后容易失言，过分看重钱财会导致绝情无义。

言者无心，听者有意

意谓说话的人不是有意的，而听话的人却有心意会。

言者无罪，闻者足戒

意谓说的人没有过错，听的人应该引以为戒。

盐打哪咸，醋打哪酸

指盐的咸味，醋的酸味，是从哪里来的。指对事情要追根究底。

盐也只有那么咸，醋也只有那么酸

盐的咸和醋的酸都是有限度的，指事物都有其最大的极限。

眼饱肚中饥

看得见食物，但吃不到。意谓空欢喜。

眼不见，心不烦

指见不到让人心烦意乱的人或事，也就不会觉得烦恼。

眼不见为净

1. 指食物制作过程即使不卫生，吃的人没有看见，就会以为是干净的。
2. 指让人心烦的人或事，没有看见，心里便感到清净。

眼过千遍，不如手过一遍

看的遍数再多，也不如动手做上一遍。说明亲自动手实践的重要性。也作"眼见千遍，不如手过一遍"。

眼见方为是，传闻未必真

意谓亲眼看见的才是可靠的，传闻不一定真实。

眼见为实，耳听为虚

亲眼看见的才真实，耳朵听来的未必可信。指眼见比耳闻更可靠。

眼见之事犹恐不真，背后之言岂可尽信

眼看到的不一定是真的，背后的话更是不可全都相信。意谓判断事物要注重实实在在的证据。

眼睛是心灵的窗户

人的心思往往能通过眼神表现出来，观察人的眼睛就能了解其内心世界。

眼睛跳，晦气到

古时指眼皮跳，预示着不吉利，会有不好的事情发生。

眼睛一眨，老母鸡变鸭

意谓变化特别快。

眼孔浅时无大量

眼光短浅的人气量也不大。

眼里不揉沙子

意谓心胸狭窄，容不得别人欺负。

雁过有声，蛇过有路

比喻即便事情做得再周密，也会有蛛丝马迹留下。

雁怕离群，人怕单干

雁离开雁群就会迷失方向，人离开集体单干不易成功。

雁头先受箭，佳材早挨刀

领头雁常常先遭受箭射，好的木材经常先被砍伐。意谓爱出风头的人，总是先受到伤害。

燕子不大飞千里，秤砣虽小压千斤

燕子虽然不大，但能飞得很远，秤砣虽然很小但能压住重物。常比喻人小作用大。

羊羹虽美，众口难调

羊肉羹虽然口味鲜美，但不一定适合每个人的口味。意谓办好事，很难使每个人都满意。

羊和狼不在一个圈，雀和鹞不住一个窝

狼的本性要吃羊，鹰的本性要吃雀。比喻弱者和强者、迫害者和被迫害者永远不会和平共处。

羊酒不均，驷马奔镇

驷马：同拉一辆车的四匹马。酒肉分配不均匀的话，驷马就会乱跑瞎闯不听使唤。意谓解决问题不公平的话，人们就会造反。

羊皮盖不住狼心肝

比喻坏人装得再善良，也掩盖不住丑恶的本质。

羊群里丢了羊群里找

比喻在哪里丢失的还得从哪里找回来。

羊肉没吃成，弄得一身臊

意谓好处没得到，却招来了麻烦。

羊上狼不上，马跳猴不跳

意谓相互之间协作得不好。

杨梅暗开花

杨梅：常绿灌木。指杨梅开花不外露。比喻有心计的人做事不露形色。

养生不若放生

指把生灵养起来，不如放掉。也比喻把人供养起来，不如给他自由。

养小防备老，栽树要荫凉

意谓养儿育女为老时有人照顾，种植树木为盛夏时得到荫凉。

养正邪自退

扶植并培养正气，邪气自然就会消除。常用来指邪不压正。

养子方知父母恩

指人到了自己生儿育女时，方知道父母的恩情深厚。

养子方知娘生受

指只有自己生养孩子，才知母亲生养孩子的操劳和辛苦。

痒处有虱，怕处有鬼

瘙痒是虱子在叮咬，害怕是因为心里有鬼。指任何事情的发生都是有原因的。

妖由人兴，孽由自作

意谓妖异的兴起是人们自找的，灾祸的出现是自己导致的。

峣峣者易缺，皎皎者易污

峣峣：高高耸立的样子。皎皎：洁白的样子。指高耸的东西容易被折断，洁白的东西容易被污染。意谓高傲刚直的人容易受人诋毁，清白正直的人容易被人玷污。

咬人狗儿不露齿

比喻内心毒辣的人，从表面上却看不出来。

要饭三年懒支锅

意谓懒散成了习惯，什么事都不想干了。

要么就掏出心来，要么就拿出刀来

指对好人，要以诚相待；对恶人，要拔刀相拼。

要同香做伴，先与臭为邻

指要想实现美好的理想，先得和丑恶的事物打交道。

要学流水自己走，莫学朽物水上漂

比喻路要自己去走，不可以随波逐流。

要知父母恩，怀里抱子孙

指真正体会父母的养育之恩，常常在自己有了儿孙以后。

爷有娘有，也要开口

意谓任何东西都得自己拥有使用起来才方便。

野花不种年年有，烦恼无根日日生

令人心烦的事情总是一件接着一件，就像野花年年都会自己生长起来一样。

野鸡长不了凤凰毛

野鸡：山鸟。凤凰：鸟中之王。比喻品质差的人不会有高尚的行为。

野兽尽而猎狗烹，敌国破而谋臣亡

指敌国已被灭亡，曾经给帝王出谋划策的功臣良将就遭残杀，就像野兽打尽后，猎狗就被煮吃一样。

叶落各有期，花开自有时

叶生叶落，花开花谢，都有特定的时间。比喻任何事物都有其产生、发展和消亡的自然规律。

夜长梦多

意谓时间拖长了，事情容易发生不利的变化。

夜长梦多，好事多磨

指要想达成美好的事情，常常伴有阻力。

夜眠清晨起，更有不眠人

以为自己起得很早，但路上已有早出门的行人。意谓不要自满，任何时候都有胜过自己的人。

夜行莫踏白

意谓夜里走路不要走发白的地方，免得掉到水里或碰上石头等障碍物。

夜越黑，星越明

比喻有反面事物作陪衬，就更能显示出正面事物的正确性。

一把抓了，两头弗露

一把抓完，一点也不留。意谓十分吝啬。

一白遮九丑

意谓人皮肤白皙了，可以遮掩掉其他的缺陷。

一百饶一下，打汝九十九

形容宽恕少而惩罚重。

一报还一报，不差半分毫

报：报应。本指种善因得善果，种恶因得恶果。后来用以指作恶肯定有报应。比喻做坏事会遭到报应，一丝一毫都不会差。

一步八个谎

形容撒谎成性的人。

一步赶不上，步步赶不上

指重要的事情一步没有走好，就会落入困境。

一步九回头

指人在原地徘徊不前，形容犹豫不决。

一步领先，步步领先

起重要作用的一步领先了，就会步步领先，处处处于主动状态。

一步一个脚印

走路有明显的踪迹可寻。意谓办事踏实可靠稳妥。

一步走错，步步走错

意谓起关键作用的一步走错了，就会一直错下去。

一部二十四史，不知从何说起

二十四部纪传体正史卷帙浩繁，不知从哪里说起才好。意谓某些事情极其复杂，头绪万千，很难叙述清楚。

一草示风向，一草示水流

一棵草的摆动可以显示出风的方向，一棵草的晃动可以显示出水的流向。比喻局部特征可以表现出全局的动向。

一长便形一短

有长的就能显示出短的来。比喻有好的便能显示出差的来。

一尺水翻腾做百丈波

意谓言辞过于夸张。

一锄头挖不出一口井来

意谓做事得有个过程，不是一下子就能把事做成。

一锄头也是动土，两锄头也是动土

意谓既然已经开始做了就干脆大干一场。

一处不到一处迷

意谓没去过某地，对那里的情况自然不了解。

一处松，百处松

指如果有一处放松的现象出现，就会有处处放松的可能。

一处无恩，百处无恩

指一个人在一处无情无义，到任何地方也是无情无义。

一传十，十传百

意谓疾病或消息传播得很快。

一担灯芯草，烧不出一撮灰

指无用的东西即使数量再多，也不会

产生多大的作用。

一旦被蛇咬，三年怕草绳

比喻有的人遭到一次挫折后，就变得缩手缩脚。也比喻受过一次祸害后，往往心有余悸。

一点水一个泡

意谓实实在在，说话算数。

一点一滴，汇成江河

一点一滴的水汇集在一起可以汇成大的江河，指积少可以成多。

一动不如一静

万事以静守为上策，不必采取什么行动。意谓多一事不如少一事。

一堵墙挡不住四面风

比喻单凭一个人的力量不足以抵挡各个方面的攻击。

一顿饭养恩人，千顿饭养仇人

指给人的接济虽少，但能及时满足急需，对方会感恩；资助越多越不能满足欲望，对方反而会恩将仇报。

一番拆洗一番新

衣被等经过拆洗就焕然一新。说明世事的发展变化。

一番手脚两番做

意谓明明可以一次做完的事却分两次去完成。

一方水土养一方人

一地资源能养育一地的人。

一福能消百祸

意谓交一个好运，就能避免许多灾祸。

一个钱要掂掂厚薄

形容人特别小气，嗜钱如命。

一根单丝难成线，千根万根拧成绳

比喻个人力量小，成不了气候，众人团结起来力量大，就能办成大事。

一根肚肠通到底

意谓性格非常直率。

一根筷子容易断，拧成的麻绳拉不断

比喻单个个体奋战很容易被对手打倒，众人团结起来就会力量无穷。

一根麻不乱，十根麻扯成团

比喻事情要一件一件有条不紊地做，如果几件事扯在一起，头绪多了就容易出乱子。

一根木头支不了天

意谓个体力量弱小，不足以成大事。

一根竹竿容易弯，一把筷子折断难

比喻再优秀的个人，其承受力也是有限的，只有众人团结一起，才不会被困难吓倒。

一棍打一船

意谓全盘否定。

一好百好

意谓一样好，样样都好。

一鸡死，百鸡鸣

指一只鸡死了，其余的鸡就会鸣叫。比喻处在某个位置上的人不在了，或者死去了，就会有别人来接替他的位置。

一家不知一家，和尚不知道家

指各家有各家的情况，外人难以知晓。

一箭易断，百箭难折

比喻团结起来力量巨大，是不可战胜的。

一句虚言，折尽平生之福

旧时认为说一句不真实的话，会损害一辈子的幸福。

一口不能着两匙

指一张嘴内不可能同时享用两把匙子。告诫人们，切勿贪婪。

一口吃不成个大胖子

意谓事情有逐步发展的过程，不会马上就见结果。

一口气吃成个胖子

意谓急于求成。

一口唾沫灭不了火，一根柴火烧不热锅

比喻数量太少解决不成大问题，或一个人势单力薄办不成大事。

一块石头落了地

意谓心里非常踏实。

一力降十会

一个力气大的人能降伏十个会武功的人。指比武时体壮力大的人占优势。

一龙难戏千江水，一虎难登万重山

指英雄豪杰只凭自己单打独斗，不容易取得胜利。

一马不行百马忧

比喻局部出了问题会牵动全身。

一门不到一门黑

意谓每行每业都有各自的门道。

一面打墙两面光

意谓做一件事对双方都有利。

一面墙能挡八面风

意谓一个人是中流砥柱，能抵挡住众多的人。

一面墙砌不得，一面话听不得

只砌一堵墙，必定倒塌；只听一方之辞，必定片面。指兼听双方意见，才能作出正确的判断。

一亩之地，三蛇九鼠

指一亩地内，会有蛇、鼠等很多害人的东西。比喻任何地方，都会有坏人。

一年不如一年

比喻旧社会穷人受剥削，光景不好过，日子一年比一年差。现指境况越来越差。

一年之计，莫如树谷

意谓做一年的打算，最好的计划是种植谷物。

一年之计在于春，一生之计在于勤，一日之计在于寅

一年计划的实施主要在春季，一生计划的实现关键在于勤劳，一天的安排在寅时就要考虑好。指不论什么事要早做打算，早行动，靠辛勤劳作才能实现。

一年种谷，三年生金

意谓一旦投入，便能获得丰盛的回报。

一娘生九子，九子连娘十条心

比喻人多心不齐。

一窍通时万窍通

指一个关键性的问题解决了，其他的就可以触类旁通。

一犬吠形，百犬吠声

吠：狗叫。指一条狗看到自己的影子就叫，结果别的狗也都跟着叫。也指一只狗见生人发出叫声，别的狗听到声音也跟着叫。比喻辨不出真假的人往往随声附和。

一人打铁锤不响，两人打铁响叮当

一个人做事不会引起响应，很多人做事就会引起轰动。

一人难趁百人意

指一人做事很难使大家都称心满意。也指一个人做事很难合乎众人的心愿。

一人气力担一担，众人力量搬倒山

指一个人的力量微不足道，众人团结起来的力量就可以排山倒海。

一人摊重，十人摊轻

一项任务，一个人承担，负担就重；

谚语大全

大家分摊，各人的负担就变轻了。

**一人一把土，堆起万丈山**

每个人都动手做一件事，就会积少成多，成就大事业。

**一人做事一人当**

指一个人做的事，一个人承当，不推卸责任。

**一日功好做，百日功难磨**

指办事短时间内用功不难，长期坚持下去却很难。

**一石激起千层浪**

意谓一件事产生了强烈反应。

**一时比不得一时**

指时间不同，情况也会不同，不能用以往的情况与现在的情况作对比。

**一条毛毛虫，能把树蛀空**

比喻一个不起眼的小人物在人们不注意的情况下，也会做出危害整体的坏事。

**一条小泥鳅翻不起大浪**

比喻小人物成不了大事情。

**一条鱼，满锅腥**

意谓因为一个人的错误而影响了全局。

**一头人情两面光**

意谓替人做一次好事使双方都觉得满意。

**一头撞倒南墙**

意谓实心眼或任性、蛮干，碰了壁也不回头。

**一退六二五**

珠算斤两法口诀，旧制一斤为十六两，一除以六是零点零六二五。意谓把责任推卸得一干二净。

**一碗凉水看到底**

意谓一眼就可以看透彻。

**一言不实，百事皆虚**

意谓只要有一句话不是真的，那么许多事实也都不是真的。

**一言惊醒梦中人**

意谓一句话让脑子糊涂的人茅塞顿开。

**一言已定，千金不移**

意谓信守诺言。

**一叶落知天下秋**

一片树叶落下来，就可以知道秋天已经来到。意谓从细微的迹象得知形势的发展或事情的变化趋势。

**一叶障目，不见泰山**

一片树叶挡住眼睛，就看不到眼前的泰山了。比喻局部的或表面的现象可以迷惑人，使人看不见事物的全貌或本质。

**一饮一啄，事皆前定**

古时认为人即便是喝口水或吃口饭，都是生前注定的。

**一盏能消万古愁**

盏：小酒杯。意谓一杯酒能解除无穷的忧愁。

**一张口难说两家话**

意谓一张嘴不可能同时说两件事。

**一针不补，十针难缝**

比喻小错误不纠正，等到造成损失就无法弥补了。

**一之为甚，岂可再乎**

甚：过分。意谓一次已是过分了，怎可再做。指错误不可再犯。

一支针没有两头利

一支针不会两头都锋利。比喻一件事不可能带来两次好处。

一枝动，百枝摇

拉动一棵树上的枝条，别的枝条也会跟着晃动。比喻局部的骚动会引起全局的动荡。

一粥一饭，当思来处不易

喝粥吃饭时应该想一想得来不容易。意谓要爱惜粮食，尊重别人的劳动。

一竹篙撑到底

意谓做事一次性做成。

一爪落网，全身被缚

意谓极小部分受制，就会造成全局的被动。

依靠群众撼山易，脱离群众折木难

指再难的事只要依靠群众就不愁办不成，再容易的事没有群众就没法办。

以大化小，以小化无

意谓尽可能地缩小事态。

以管窥天，以蠡测海

蠡：用瓠制成的水瓢。眼睛通过竹管看天，用瓠瓢量海。意谓见闻狭隘。

易分雪里粉，难辨墨中煤

雪花和白粉混在一起，雪融化后白粉就分出来了；石墨和煤炭混在一起，就不容易区分开来。意谓事物相似就不好辨其真假。

易涨易退山溪水，易反易复小人心

指势利小人的心易反复无常，就像山间溪水一样易起易落。

因风吹火，用力不多

借着风势吹火，很小的劲儿就能把火吹大。比喻抓住有利时机就容易取得成功。

因嫌纱帽小，致使锁枷扛

意谓因嫌官太小而拼命往上爬，最终落得枷锁套在脖子上。

饮水要思源，为人难忘本

喝水的时候要想想水的来源，做人不要忘本。

英雄最怕受恩多

指英雄好汉最怕欠人情债。

婴儿眼里有天堂

指在婴儿纯洁的心灵里，世上一切都是神圣的、美好的。

樱桃好吃树难栽

比喻享受容易，但创业很艰难。

迎风儿簸簸箕

意谓随声附和。比喻言语行动与事理相违背。

庸医不信药，俗僧不信佛

庸医：医术低下的医生。指庸医不信药的功效，俗僧不信佛的神明。比喻无知的人不把高明的人放在眼里。

用人容易识人难

使用一个人容易，了解一个人却很难。

油锅内添上一指柴

意谓使事态更加严重。

油瓮里捉鲇鱼

比喻白出力气。

有比较，才有鉴别

通过比较，才能辨别出真假好坏。

有车就有辙，有树就有影

有车就会有车轮压出的印迹，有树就

会有日光照射的树影。比喻做事再隐秘，也会留下踪迹，总会被发现。

**有尺水，行尺船**

指有多大本事就做多大的事，要量力而行。

**有仇报仇，有冤申冤**

意谓冤仇一定要报。

**有多大脚，穿多大鞋**

比喻有多大本事，才敢办多大的事。

**有恩报恩**

指别人有恩惠于我，我一定要报答他。

**有恩不报非君子，有仇不报非丈夫**

指有恩仇不图报的人，算不得大丈夫。

**有风不可驶尽**

指乘风驶船，不能把船篷扯得太满。比喻人在得势顺利时，不可以过分嚣张。

**有风方起浪，无潮水自平**

有风才能掀起波浪；潮水不上涨，江面自然平静。比喻事情发生总有原因。

**有斧子砍得倒树，有理说得倒人**

指以理服人，就好比用斧子能砍倒树一样。

**有个唐僧取经，就有个白马来驮着他**

旧时认为世上的一切事情都早有安排。

**有骨头不愁肉**

有了骨头不愁长不出肉来。比喻保存骨干力量就不用担心发展壮大不起来。

**有棍子打得蛇，有赃证打得贼**

意谓掌握了足够的证据就可以惩治坏人。

**有过之而无不及**

意谓相比起来，只有超载而不存在赶不上这一说法。

**有鸡天也亮，没鸡天也明**

指有雄鸡报晓也好，没雄鸡报晓也好，天总是要亮的。比喻离开某个人或没有某个人都没有关系，事情照样能办成。

**有家难奔，有国难投**

意谓走投无路。

**有理不送礼，送礼必无理**

指有理的人不送礼求情，送礼求情的人肯定是理亏的。

**有理压得泰山倒**

有理才能战胜有权势的人。

**有理言自壮，负屈声自高**

有理说起话来自然气壮；受了冤屈，喊冤的声音必然响亮。

**有理走遍天下，无理寸步难行**

有理无论走到哪里都能行得通，无理无论走到哪里都会碰壁。

**有利能成好朋友，无利路遇不点头**

旧指以利衡量友情，有利益回报就是好朋友，无利益回报就是陌生人。

**有了老婆不愁孩儿，有了木匠不愁柴**

比喻有了条件就不要发愁会得不到想要的东西。

**有了梧桐树，不愁凤凰来**

比喻有好的环境就会引来好的人才。

**有龙就有擒龙汉，有虎就有打虎郎**

指强大或强壮的人总有制服他的高手。

**有钱买马，没钱置鞍**

意谓花钱不得当，舍得大额支出，却舍不得小的费用。

有钱难买经验多

经验是用钱换不来的。指经验极其宝贵。

有钱难买灵前吊

吊：吊唁。指人死后，能到灵前吊丧是非常难得的事。

有上梢，没下梢

比喻事情有好的开头却没有理想的结尾。

有说有的话，没说没的话

指人都是按各自的实际情况办事或解决问题的。

有天没日头

形容处境极为黑暗困苦。

有为才能有位

有所作为才能得到与之相匹配的职位。

有邪必有正，邪正不一道

意谓邪恶与正义毫不相容，但又相互依存。

有心不在迟

意谓有心去办某事，不管迟早，总能办成。

有一利必有一弊

指任何事情都有有利的一面，也有不利的一面。指事物总是有好有坏，利害相伴的。

有一说一，有二说二

指根据实际情况，实话实说。

有阴德者，必有阳报

意谓暗中多做好事，肯定会得到好报。

有枣儿也得一竿子，没枣儿也得一竿子

意谓做事不管有没有结果，都出力去做。

有智妇人，赛过男人

拥有智慧的女人往往胜过平庸无能的男子。

吃纣王水，又说纣王无道

纣王：商代最后一个君王，暴虐凶残。指既要依靠某人生活，又要说他的坏话。

又放羊，又拾柴

意谓同时得到两方面的好处。

又做巫婆又做鬼

指玩弄两面派的手法。

鱼大现形，树大招风

比喻目标大了，容易引起他人的注意，招来麻烦。

鱼儿挂臭，猫儿叫瘦

鱼儿挂在那儿腐烂发臭，猫儿吃不上饿得消瘦。意谓可望而不可即。

鱼过千层网，网后还有鱼

用细密的渔网捕鱼也总有漏掉的鱼。比喻搜捕再严密，也有漏网之鱼。

鱼离不开水，鸟离不开林

比喻离开赖以生存的环境，就失去了生存或生活的乐趣。

鱼落鼎里，死活由你

鼎：锅。指鱼落入沸水锅里，是死是活不是自己说了算。比喻身处绝境，无计可施。

鱼有鱼路，虾有虾路

比喻各人有各人的生活道路，彼此互不干扰。

鱼找鱼，虾找虾，王八找个鳖亲家

比喻同类的总是聚在一起。多用于贬义。也比喻好人和好人做朋友，坏人同坏人做朋友。

与其一人苦思，不如大家商量

指遇到问题最好和大家一起商量。

雨里孤村雪里山，看时容易画时难

比喻脱离尘世，出家隐居，看起来很清高，但做起来却非常难。

欲加之罪，何患无辞

意谓想加罪于人，不担心找不到借口。

欲人不知，莫若不为；欲人不闻，莫若勿言

不想让他人知道的事最好不要去做；不想让他人听到的话最好不要说。

欲行千里，一步为初

意谓要远行千里，就得迈好第一步。

欲要知究竟，处处细留神

意谓要弄清楚事情真相，必须处处留神，认真观察。

欲知山中路，须问打柴人

要知道山中的路径，应该向在山中打柴的人请教，意谓要了解事情的根底，就要向熟悉情况的人请教。

遇方便时行方便，得饶人处且饶人

能给别人便利时就多提供便利，能宽恕别人时暂且宽恕。劝诫人宽容，少与人争斗。

远观不如近睹

意谓从远处眺望不如在近处看得清楚。

远桥三里就落篷

船离桥还很远就开始收帆放倒桅杆。意谓未雨绸缪，及早做准备。

远水不解近渴

远处的水解决不了眼前的口渴。比喻缓慢的措施解决不了紧急的问题。

远在儿孙近在身

旧指作恶的人会有报应，远的应在儿孙身上，近的报应在自己身上。

远在天边，近在眼前

指要寻找的人或事物就在眼前。

**怨废亲，怒废礼**

指人在怨恨恼怒时常常顾不上亲情礼义。换句话说，人们在怨恨时，常常会不顾及亲人的情面；愤怒时常常会不顾日常的礼节。

**月满则亏，水满则溢**

月圆时就转亏，水满时就溢出。比喻事物发展到顶点就会朝相反的方向转化。

**月怕十五年怕半**

指时间只要过了一半，剩下的时间就会过得很快。

**越经过风雨的草越兴旺，越经过苦难的人越坚强**

指人的坚强和乐观是在艰难的环境中磨炼出来的。

**云从龙，风从虎**

指云跟着龙行，风随着虎起。比喻杰出人物总是应时而生。

**运去黄金失色，时来铁也生光**

古时认为，如果时运不再，再有能耐的人也无计可施；如果时运来临，没有本事的人也可以处处顺利。比喻运气不好的时候什么事都办不成，运气来的时候，什么问题都可以顺利解决。

## Z

**栽林养虎，虎大伤人**

比喻对坏人好心养育照料，往往会落得恩将仇报的下场。

**在家千日好，出门一时难**

意谓出门在外即便时间很短，也不如在自己家里方便舒适。

**在山泉水清，出山泉水浊**

指泉水在山间石上流，水是清的；一流出山，泥沙混杂，水就浊了。比喻旧时的仕子，未到官场，还是一派正气；一入官场，便利令智昏，同流合污。

**在势的狸猫欢似虎，落配的凤凰不如鸡**

比喻小人得势便无比嚣张，君子一旦陷入困境便受人欺侮。

**在一方，吃一方**

指人依靠所处的环境生活。

**赞人陷人皆是口，推人扶人皆是手**

同是一张嘴，既能称赞他人，也能陷害他人；同是一双手，既能把人推向深渊，也能帮助他人。劝人要多做赞人、扶人的好事。

**遭劫的好躲，在数的难逃**

劫：指抢劫。数：指劫数，佛教指早已注定的灾难。旧时认为遭受抢劫还可躲避，命中注定的灾难无法逃脱。

**早知水淹人，何必偏下水**

意谓早知道结果这么严重，当初就不该匆忙行事。

**贼没种，只怕哄**

意谓贼不是天生的，都是受人哄骗学坏去做贼的。

**贼难冤，屎难吃**

冤：冤枉。意谓冤枉他人做贼偷窃，就像叫人吃屎一样不容易做到。

**贼去关门**

意谓出了差错才作防范。

**贼人安着贼心肠，老鼠找的米粮仓**

意谓恶人不安好心，总会做损人利己

的坏事。

贼人心胆虚

意谓做贼的人心虚胆怯，唯恐被人察觉。

贼是小人，智过君子

盗贼虽然人品不怎么样，但智力却有过人之处。意谓对盗贼要谨慎防范。

贼偷一更，防贼一夜

意谓要时刻防范坏人捣乱破坏。

贼偷易家

贼专偷那些没有防范意识、容易下手的人家。

贼无赃，硬似钢

指坏人做了坏事，没有证据就不会承认。

贼咬一口，入骨三分

意谓受到坏人的诬陷，遭受沉重的祸害。

曾着卖糖君子哄，到今不信口甜人

指被人哄骗一次后，就再不会轻信别人的甜言蜜语。

乍入芦圩，不知深浅

芦圩：长着芦苇的洼地。指初到一个地方，不了解情况。比喻刚到一个新地方，或者刚做一件不曾接触过的事情，不熟悉情况，不了解底细。

占着茅厕不拉屎

比喻占着职位却不做事。

战斗环境出英雄，艰苦条件出智慧

指艰苦的环境能磨炼一个人的胆略、智慧和才干，能造就出优秀的人物。

站得高，看得远

立足点越高，看得就越远。比喻人的胸怀宽广，目光也会远大。

站得正不怕影子斜

意谓自身行为正派，就不怕别人说长道短。

站在干岸上怕湿鞋

意谓冷眼旁观，害怕惹麻烦。

站在锅边，看见锅沿；站在坡尖，看见天边

指人看问题立足点低，视野就会很狭窄；立足点高，视野就会很宽广，问题也会看得比较透彻。

站在江边上，必有望景心

意谓做每一件事，都有目的和意图。

站着说话不腰疼

意谓事情没发生在自己头上，站在一边说风凉话。

张公吃酒李公醉

指姓张的喝酒，姓李的醉了。比喻一方得到了实际利益，另一方却白担着罪名，代人受过。

张口不骂笑脸人

指人不会辱骂笑脸相迎的人。

掌舵的心不慌，乘船的才稳当

在大风大浪中，掌舵的人不慌乱，坐船的人就不会紧张。比喻遇事只要领头的人沉着冷静，众人的情绪才能平静稳定。

丈二和尚摸不着头脑

比喻事情来得太突然，使人莫名其妙。

丈夫有泪不轻弹

男子汉大丈夫不轻易流眼泪。意谓男子汉感情凝重，性格刚强。

招风的大树不遮寒

能招引风的大树挡不住寒冷。喻指是非之地不安全。

招惹虱子头上挠

意谓自找麻烦。

照样画葫芦

意谓只会模仿他人，没有创新性。

照着葫芦画不出瓢来

比喻相似的事物有本质的区别，不能随便模仿，或采取同一种处理方式。

折一枝荷，烂掉一窝藕

比喻不珍惜爱护细小的地方，会导致很大的损伤。

这山望见那山高

比喻总不满足已有的，企盼获得更多的东西。也比喻在岗位上容易见异思迁，对已得到的永远不会满足，总是羡慕着未得到的好东西。

贞良而亡，先人余殃；猖獗而活，先人余烈

指好人早死，那是先人留下的灾殃；恶人过得幸福，那是先人留下的恩泽。古时指祖先行为的善恶会直接影响到下一代。

真的假不了，假的真不了

指真假混淆是不可能做到的。也指真的就是真的，假的就是假的，二者无法混淆。

真话好说，假话难编

说真话容易，说谎话编得再好也会出漏洞。

真金不怕火

比喻真的东西经得起考验。也比喻真人经得起考验。形容货真价实的东西

不怕检验。

真金不怕火来炼

真正的金子不怕烈火煅烧，比喻意志坚定的人能经受得住种种考验。

真神面前烧假香

指在有识别能力的人面前说假话。

真心要吃人参果，哪怕山高路难行

人参果：传说中形状像婴儿的一种仙果。意谓决意要做某事的话，再大的困难也足以克服掉。

睁眼说瞎话

意谓不顾事实地乱说一气。

正担好挑，偏担儿难挨

指两头重量相当的担子好挑，一头重一头轻的担子不好挑。

芝麻开花节节高

比喻生活水平逐渐提高，生活一天比一天过得幸福。

知理不怪人，怪人不知理

懂得事理或了解底细就不会轻易责怪人，随便责怪人的往往不懂事理或不知内情。

知其一不知其二

意谓只知道事情的某个方面，缺少对整体的了解。

知情者不怪人，怪人者不知情

意谓了解事情缘由就不责怪别人，责怪别人往往是由于没有弄清情况。

知人知面不知心

意谓很难知道人的真实想法。

知人知面不知心，未可全抛一片心

指人心难测，不要把心里话全说出来。

112

直钩钓不了鱼

意谓方法过于直接简单，不能解决问题。

直木适作梁，弯木宜作犁

挺直的木材宜做栋梁，弯曲的木材宜做犁具。比喻任何东西都有与其特性相应的用途。

只可意会，不可言传

意谓只可以心领神会，不能用言语来表达。

只怕睁着眼儿的金刚，不怕闪着眼儿的佛

金刚：佛教称佛的卫士。比喻都怕外表凶恶的人，不怕慈眉善目的有真本事的人。也比喻怕硬不怕软。

只手难遮天下目

比喻妄想欺瞒众人是办不到的。

只听楼梯响，不见人下来

比喻只是嘴上说说，没有行动。

只要功夫深，铁杵磨成针

只要肯下功夫，铁杵也能磨成细针。比喻只要功夫下得深，再难办的事情也能办成。

只要桨花齐，不怕浪花急

意谓只要众人齐心协力，任何艰难险阻都可以战胜。

只要立得正，不怕影子歪

意谓只要品行端正，就不怕别人说长道短。

只要人手多，牌楼抬过河

牌楼：做装饰用的建筑物。意指人多力量大，再不好办的事也能办得到。

只要先上船，自然先到岸

意谓行动早就能早达到目的。

只有冻死的苍蝇，没有累死的蜜蜂

意谓懒惰的人会冻得死去，勤劳的人则会筋骨强壮。

只有锦上添花，哪有雪中送炭

指人们通常只肯做好上加好的事，而不愿帮助有急难的人。比喻有权有势的人，会有人来巴结；穷苦的人很难得到他人的帮助。这是反映旧社会的世态炎凉。

只有上不了的天，没有过不了的关

意谓天底下没有解决不了的难题。

只有鱼吃水，没有水吃鱼

比喻凡事都应遵循常理。

只知其一，不知其二

意谓只了解其中的一部分，而不了解其他的情况。

只重衣衫不重人

指对待一个人只注重他的衣着，而不注重他的人品。这是一种世俗势利的行为。

纸虎儿吓不得人

意谓表面令人害怕，实际上一点都不厉害。

**纸里包不住火，雪里埋不住人**

比喻事物的真相难以隐瞒，总会暴露出来。

**纸鸟经不住风吹，泥人架不住雨打**

比喻虚假的东西经不起考验。

**纸上的烧饼不充饥**

意谓徒有虚名而没有实实在在的好处。

**指佛穿衣，靠佛吃饭**

出家人衣食全靠佛赐予。意谓听天由命。

**至诚金石为开**

只要心诚，再坚硬的东西也可以打开。指诚心诚意可以感动人，使人回心转意。

**治表容易治本难**

不论什么事从表面上处理很容易，要从本质上解决却很难。

**治大者不治细，成大功者不成小**

具有做大事的才干的人不做小事，具有建立大功才干的人不立小志。意谓大才不能小用。

**中间没人事难成**

意谓没有中间人参与，事情就不容易办成功。

**中看不中吃**

中：适宜。比喻外表好看的东西，实际上并不一定有多大用处或价值。

**忠臣择主而侍，君子择人而交**

指忠臣常常选择有作为的人侍奉，品德高尚的人也常常选择品行好、才学高的人交往。

**钟在寺里，声在外边**

指事情发生在内部，外界却尽人皆知。比喻事情或人的名声，总免不了要传播出去。也比喻事情隐瞒不住，终究会被外人知道。

**种豆防饥，养儿防老**

古时认为就如同种庄稼为的是填饱肚子一样，生儿育女的目的是为了有人可以养老送终。

**种瓜得瓜，种豆得豆**

指播种什么就会收获什么。原为佛教语，比喻因果报应。指有什么样的前因，就会有什么样的后果。也比喻做了什么样的事情，就会得到什么样的后果。

**种花一年，看花十日**

种花得很长时间，供人观赏时间却很短。指观赏花容易，种花却难。

**种牡丹者得花，种蒺藜者得刺**

蒺藜：一种带有尖刺的草本植物。比喻好有好报，恶有恶报。也比喻有什么原因就有什么结果。

**种田不熟不如荒，养儿不肖不如无**

意谓养的儿子不成才不如不养，就像种庄稼无收成，不如让田荒芜一样。

**众口毁誉，浮石沉木**

很多人的诽谤和赞扬可以颠倒黑白，使石头漂浮起来，木头沉入河底。意谓流言蜚语可以颠倒是非，黑白不分。

**众口难调**

调：调理。每个人的口味不同，饭菜很难使众人都满意。意谓做一件事，很难使每个人都满意。

众口销骨，三人成虎

众人说的都一样，可以置人于死地，一连有三人谎报街头有老虎，就会让人信以为真。意谓谣言或讹传反复重复，就会以假乱真，蛊惑人心。

众盲摸象，各说异端

一群盲人去摸象，摸腿的说像木柱子，摸鼻子的说像粗绳子，摸耳朵的说像大扇子。意谓看问题不应该像盲人摸象那样以偏概全。

众怒难犯，专欲难成

意谓不能触犯众人的愤怒，独断专行会导致什么事也做不成。

众人的眼睛是杆秤

意谓人们对事物有公正的评论。

众人拾柴火焰高

大家都捡柴火，火势就会大。指参与的人数多，力量就大。

众人是圣人

指群众的智慧和力量是不可估量的。

众人心里有杆秤

意谓大家的评论是公平、正直的。

众人一条心，黄土变成金

只要大家团结合作，同心协力，什么事情都可以办成。

众生好度人难度

众生：指人以外的各种动物。度：佛家语，超度脱离苦难。指动物容易超度，而人却不好超度。指人心险恶，会有恩将仇报的举动，所以救人不如救动物。比喻人远比动物要复杂、险恶。

众志成城，众口铄金

万众一心，坚如城墙；众口一词，可熔化金属。意谓心齐力量强，舆论影响巨大。

众议成林，无翼而飞

许多人说平地变成树林，没有翅膀的鸟会飞翔，大家都相信。意谓谣言传的人多了，就会以假乱真，蛊惑人心。

众志成城，众力移山

靠众人的力量什么事都能办到。

重恩不言谢

指别人有重恩与我，我要以生死报答，不能只从口头上表示感谢。

周身是刀没一把利

周身：浑身，全身。意谓办法很多，但没有一个是有效的。

猪急了蹿圈，狗急了跳墙

蹿圈：向上或向前跳。意谓人被逼急了，就会为达到目的无所顾忌。

猪羊走入屠户家，一步步来寻死路

意谓自寻死路。

猪爪煮了一千滚，总是朝里弯

意谓人总是袒护关心自己的人。

竹篮打水，劳而无效

比喻徒劳无功。

竹子根多，小人心多

意谓卑鄙小人的坏心眼同竹根一样多。

煮饭要放米，说话要讲理

意谓就像煮饭不放米就煮不成饭一样，说话不讲理就不算人话。

住场好，不如肚肠好；坟地好，不如心地好

指住地或坟地的风水好，都不如心地善良重要。

住的青山寺，哪知殿里僧

意谓生活条件优裕的人，体会不到贫穷人的艰难处境。

住久人心淡

指在别人家住的时间长了，相互之间的感情就会变得很淡薄。

助祭得食，助斗得伤

意谓帮助祭祀的人能得到食物，帮助别人斗殴的人会受到伤害。

妆未梳成不见客，不到火候不揭锅

比喻时机不合适不采取行动或不发表见解。

装下的不像，磨下的不亮

比喻再巧妙的伪装也不过都是假的。

着急吃不上焖火饭

意谓做事没耐心就不会得到圆满成功的结果。

着三不着两

意谓说话做事没有中心，不分轻重缓急。

着意栽花花不发，等闲插柳柳成荫

着意：用心。等闲：不经心。意谓存心要办成的事，往往办不成，无意间做的事却取得很好的效果。

子用父钱心不痛

指儿子花父亲的钱不会心疼。也指所花费的钱不是自己的，所以不知节约。

自古嫦娥爱少年

指从古到今，少女爱恋的是年少英俊的男子。

自古感恩并积恨，万年千载不成尘

成尘：化为尘土。指恩仇最让人难忘。

自古红颜多薄命

意谓自古以来美貌女子大多命运不好。

自古饶人不是痴

指宽恕他人并不是犯傻的举动。意指人应该宽宏大量。

自己的耳朵看不见

比喻自己做的事，自己认识不清。也比喻自己的缺点不容易被自己发现。

自己的梦自己圆

圆：圆梦，解说梦的吉凶。自己的问题需要自己去反省纠正。

自己各扫门前雪，休管他人瓦上霜

旧指凡事自己只管自己，别人的事，不论事大事小，一概别管。

自己贪杯惜醉人

意谓怜悯与自己有相似经历的人。

自己有马好备鞍，自己有毡好挡雨

比喻做事自己必须拥有实力，这样才能独立自主，不受人控制。

自家掘坑自家埋

意谓自食其果。

自家有病自家知

比喻自己的情况、自己的问题等，自己心里最有数。

自酿苦酒自己喝

意谓自己造成的祸害自己承受。

自谦则人愈服，自夸则人必疑

意谓自己谦虚，别人就会信服你；自己夸自己，别人就会怀疑你。

自然来的是福，强求来的是祸

意谓顺其自然，容易得福；勉强追求，容易招祸。

自身心事自身知，各人自有各人事

指每个人都有自己的心事，只有自己最清楚。

**自是桃李树，何患不成蹊**

本身是桃树李树，就别怕树下不成路。意谓只要有真才实学，人们定将争相任用。

**自推自跌自伤嗟**

嗟：叹息。意谓因自己的过失导致的结果，只能自己悲伤感叹。

**自心无邪，鬼避三舍**

三舍：古时行军三十里为一舍。意谓只要自己正直无邪，鬼怪也会远远避开。

**自作孽，不可活**

意谓自作自受。

**纵有大厦千间，不过身眠七尺**

指住处不必十分宽大奢华，只要能住下就足够了。比喻虽然拥有很多财富，但个人生活所需要的东西，只是其中很小的一部分。劝诫人对财富的追求要适可而止，不可以过分贪婪。

**走不走留路，吃不吃留肚**

留路：留退路。留肚：不过饱。意谓说话做事要留有余地。

**走的夜路多，难免遭到鬼**

意谓坏事做多了，总有一天会被人发现。

**走尽天边是娘好**

意谓走遍天下，只有自己的亲娘最疼爱自己。

**走了一步说一步**

走到哪儿算哪儿。意谓心里没底，只能试着来。

**走路防跌，吃饭防噎**

走路要小心摔倒，吃饭要防止被噎着。意谓凡事不能粗心大意。

**走马有个前蹄失，急水也有回头浪**

比喻无论做什么事情都可能会有闪失、挫折。

**走三家不如坐一家**

到处求人不如坐守一家。指求人都忙要一求到底。

**嘴强争一半**

意谓能言善辩的容易占便宜。

**嘴上无毛，办事不牢**

牢：牢靠。意谓年轻人没有经验，常常办不好事情。

**最毒妇人心**

旧时认为女人的心最狠毒。

**最甜家乡水，最亲故乡人**

意谓家乡的山水最可爱，家乡的父老乡亲最可亲。

**最希望市场混乱的是扒手**

指秩序越混乱，对坏人越有好处。也指坏人常浑水摸鱼。

**醉是醒时言**

意谓一个人喝醉酒时说的话是清醒的时候最想说的真心话。

**醉翁之意不在酒**

意谓本意不在这方面而在别的方面。

**左右没是处，来往做人难**

指不论怎样做都是错的，非常为难。

**佐酒得尝**

意谓在旁边出力的人会得到好处。

**作啥吃啥，卖啥吆喝啥**

指从事哪一行，就得做哪一行的事情，靠它吃饭。

作舍道边，三年不成

在路边造屋，和人商量，三年也造不成功。意谓众说纷纭，难以成事。

做事必须踏实地，为人切莫务虚名

做事、为人都要踏踏实实，不要追求虚荣。

作贼人心虚

意谓做了坏事，因担心被人察觉而惶恐不安。

坐得船头稳，不怕浪来颠

意谓行为端正或拿正主意，就不怕他人说三道四。

做饭瞒不了锅台，挑水瞒不了井台

意谓做任何事情都瞒不住最了解底细的人。

做事勿可强求，说话勿可过头

意谓说话做事都要顺其自然，适可而止。

做事要在理，煮饭要有米

指做事要合乎情理，就如同煮饭要有米一样。

做一日和尚撞一日钟

撞钟是和尚的职责。意谓不求进取，得过且过地混日子。

做贼三年，不打自招

意谓做坏事时间长了，就会自我露馅。

做贼者心虚，说谎者理屈

意谓做贼说谎的人，经不住三查六问。

做着不避，避着不做

意谓做事光明磊落，不逃避责任。

# 卷七 生活 饮食 起居

## A

**爱美之心，人皆有之**

说明在生活中每个人都对美好的事物充满热爱之情。

爱之深，妒之切

说明男女之间爱得越深，越是排他。

## B

八成饱健身，十成饱伤身

说明合理控制饮食有益于身体健康。

八十四，懂人事

说明上了年纪的人生活阅历丰富，非常明白事理。也说明人到了一定的年龄才会真正地懂得事理，感悟人生。

白菜萝卜汤，益寿保健康

说明多吃白菜萝卜汤，对自己的健康长寿有很大的帮助。

百金买房，千金买邻

说明选择好邻居比购置好房子更为重要。

百岁不为高，无病寿更长

说明活到百岁也不算是高寿，只要没有病就会更加长寿。

不经厨子手，没有五味香

说明如果没有经过厨师的烹调，就不会有饭菜的香甜。

不怕慢，就怕站，不走弯路就好办

说明走路或做事不怕行动得慢，就怕停顿，就怕走弯路。

不怕人老，只怕心老

说明年岁大并不可怕，意志衰退才是最可怕的。意谓不怕人年岁大，就怕人的心情老，意志衰退。

## C

才子佳人，一双两好

说明才子和佳人相配，是极为合适的。意谓才子配上了佳人，正好是一桩好姻缘。

草活一秋，人活一世

说明人的一生虽比草活的时间要长，但也是短暂的。比喻人应该珍惜光阴，不要虚度年华。

茶喝多了养性，酒喝多了伤身

说明茶味清爽，喝多了能静心养性；酒性浓烈，喝多了有害身体。

茶喝二道酒喝三

说明二道茶味正浓，三杯酒后便会兴奋起来。

茶水喝足，百病可除

说明常喝茶水对身体健康是非常有益的。

茶越泡越浓，人情越交越厚

说明人情交往如同茶叶越泡越浓一

样，越交往感情越深厚。

**长兄如父，长嫂如母**

说明父母去世后，大哥与大嫂代替父母亲行使职权，承担起家庭的责任。

**长者赐，不敢辞**

说明对长辈的赏赐，晚辈应恭敬接受，不应推辞。

**肠里出来肠里热**

说明自己生养的孩子自己关爱。意谓是亲生的儿女，母亲总是疼爱自己的骨肉。

**吃不了辣椒汤，爬不上高山冈**

说明受不了辣椒汤的冲刺，便没勇气爬高山顶。也说明喝下辣椒汤，能增加体内热力，才能爬上高山。

**吃菜要吃心，听话要听音**

说明吃菜要吃菜心，才能尝到最鲜嫩的部分；听话要听音，才能体会到对方的真正意图。

**吃葱吃白胖，吃瓜吃黄亮**

说明白胖的葱有味道，外形黄而发亮的黄瓜好吃。

**吃得筵席打得柴**

说明既能在宴席上当上客，也能去深山老林中打柴。也说明人要能享得富贵又能受得住穷苦。

**吃饭先喝汤，不用请药方**

说明吃饭前先喝几口汤，能滋润肠胃，提高消化功能。

**吃惯了嘴，跑惯了腿**

形容贪吃贪玩一旦成了习性，就由不得自己了。

**吃过黄连的人不怕苦**

说明黄连味最苦，能吃黄连，其他的苦就不怕了。也说明受过大苦的人不怕吃苦。

**吃酒不吃菜，必定醉得快**

说明光喝酒不吃菜便容易醉。

**吃酒不言公务事**

说明聚饮时不要谈论政事的好坏。也就是说，酒后情绪容易失控，谈论政事易偏激，会出乱子。

**吃苦菜，莫吃根；交朋友，莫忘恩**

说明朋友之间要讲恩情，忘恩负义终究要吃亏。

**吃了萝卜菜，百病都不害**

说明萝卜有顺气、助消化、镇咳、祛痰的功效，常食用可强身健体，预防疾病。

**痴心女子负心汉**

说明男女婚恋，女子心眼实，多相思入迷，男子多喜新厌旧，无情无义。

**迟饭是好饭**

说明饭吃得迟了，肚子很饿，因此食欲就强，便会觉得饭特别香。

**初生牛犊不怕虎**

说明刚生的小牛不怕虎。意谓刚涉足世事的青年人敢于作为，毫无畏惧。

**穿鞋不知光脚的苦**

意谓条件优越的人体谅不到处在困境的人的苦处。

**穿衣吃饭量家当**

说明要根据自己经济状况，决定吃穿的好坏。

**穿衣戴帽，各人所好**

说明穿什么样的衣服，戴什么样的帽

子，每个人都有自己的喜好。比喻不要干预别人的衣着打扮。

**船看风头车看路**

说明行船要看风向，行车要走正确的道路。意谓出行要处处小心。

**春不忙减衣，秋不忙加帽**

说明春天的气温不稳定，不要急于脱掉外衣，以防感冒；秋天不要急于添加衣装，冻一冻，能够增强抗寒能力。

**春困秋乏夏打盹，睡不醒的冬三月**

说明人春暖易困倦，秋凉易疲劳，夏热易打瞌睡，寒冬三个月易贪睡。

**粗粮杂粮营养全，既保身体又省钱**

说明吃饭时，只有粗粮细粮搭配，才能营养均衡，身体强壮。

## D

**打打闹闹，白头到老**

说明夫妻之间难免发生一些小的摩擦冲突。

**打断骨头还连着筋**

说明亲人之间即使出现了纷争，但亲情仍是割不断的。意谓如果关系亲密，即使出现了一些矛盾，也总是割舍不断。

**打虎还得亲兄弟，上阵须教父子兵**

说明完成生死攸关的大事，最可靠的伙伴是自己的血亲。意谓危及生命的事，只有亲如兄弟、父子的人才会一起干。

**打是疼，骂是爱**

说明长辈严厉管教晚辈是出于关心。有时用于夫妻或恋人之间的嬉戏或吵架。

**打油的钱不买醋**

用来打油的钱，不能同时去买醋。意谓做一件事时不能分心去做别的事。

**打在儿身，痛在娘心**

说明对于父母来说，子女遭受灾祸是最为痛心的事。

**大不正则小不敬**

说明做长辈的行为不端，当小辈的就不会敬重他。

**大锅饭，小锅菜**

说明用大锅煮饭，因为米较多，所以饭香更浓；用小锅炒菜，因为菜相对少、油相对多，所以菜更香。

**大火开锅，小火焖饭**

指做饭时先用大火把锅里的水烧开，再用慢火把米焖熟。意谓做事该快就快，该慢就慢。

**大事瞒不了庄乡，小事昧不了邻居**

说明乡邻最知道情况，无论大小事都瞒不了他们。

**当家才知柴米价，养子方晓父母恩**

指当了家才懂得柴米的价贵，自己有了子女才懂得父母的恩情。比喻只有亲身经历，才能体会到其中的甘苦。

**低头不见抬头见**

指低头干活，抬头见人。比喻经常在一起，互相总有机会相见。

**碟碗也有磕碰时**

指碟碗放在一起会互相磕碰。比喻人与人相处，免不了会发生纠纷的时候。

**多年的媳妇熬成婆**

指媳妇经过多年的苦熬，成为婆婆。比喻随着时间的流逝，最终会取得某种资格。

**多则半月，少则十日**

指时间长的话就半月，时间短的话就十天。比喻日子不会长久。

# E

**恶虎不食子**

意谓再凶恶的人也不会伤害自己的孩子。

**恩爱不过夫妻**

说明人际关系中，数夫妻之间的感情最深厚。

**儿不嫌母丑，狗不怨主贫**

说明亲生的儿女不嫌弃自己的母亲丑，家狗不嫌主人贫穷。也说明人不会嫌弃、抱怨对自己有养育之恩的人。

**儿大不由娘**

说明孩子长大了，他的事就由不得父母来做决定。

**儿孙自有儿孙计，莫与儿孙作马牛**

说明后代自有他们自己的生活，当父母的不必为他们过度操劳。意谓子孙后代会有自己的打算，长辈不必为他们当牛做马，劳神操心。

**儿行千里母担忧**

说明儿子出门在外，做母亲的总是为其担心，寝食不安，时刻记挂着儿子的安危，不放心。

# F

**发怒的母豹赛猛虎**

说明在母豹哺乳期，如果遇到威胁小豹仔的险情，为了保护小豹，母豹发起怒来比老虎更厉害。

**饭饱肉不香**

说明饭吃饱了之后，即便吃肉也不觉得香甜。意谓东西多了，就不珍贵了。

**饭前便后洗净手，各种病菌不入口**

指饭前、便后洗手能预防疾病。

**饭前饭后一碗汤**

说明饭前饭后喝汤，有润肠化食的功能。

**分家如比户，比户如远邻，远邻不如行路人**

说明兄弟分家后就成了两户人家，关系越来越疏远。

**佛要金装，人要衣装**

指佛像要靠金粉来服饰，人要靠衣服来打扮。说明衣着打扮对展示人的外表、仪容十分重要。

**夫唱妇随**

旧社会认为妻子没有独立性，丈夫怎样引导，妻子就怎样附和。后也常用来形容夫妻和谐相处。

**夫妻本是同林鸟，大限来时各自飞**

说明到了生死关头，即使是亲密的夫妻，也会各奔东西，互相难以顾及。

**夫妻不和，子孙不旺**

说明夫妻不和睦，后代也不兴旺。

**夫妻恩爱苦也甜**

说明夫妻俩只要亲热，即使生活上苦一点，思想上也是舒畅的。

**夫妻交市，莫问谁益；兄弟交憎，莫问谁直**

说明夫妻间买卖，不必问谁得了利；兄弟间争斗不必问谁占着理。也说明夫妻、兄弟毕竟是一家人，没有必要争高低，论曲直。

**夫妻相思爱，久别如新婚**

说明恩爱夫妻久别相逢，如同新婚之夜一样幸福。也说明久别重逢的夫妻特别亲热。

**夫妻一条心，黄土变成金**

说明夫妻团结得如一个人似的，就没有创造不出来的业绩。

**夫有千斤担，妻挑五百斤**

说明妻子总是为丈夫分忧解愁。

**伏天吃西瓜，药物不用抓**

说明伏天吃西瓜可以解暑泻火，有益于身体健康。

**父债子还**

说明父亲欠的债由儿子来偿还。意谓儿子应该承担偿父亲的债务，这是义不容辞的责任和义务。

**父子不和家不旺，邻居不和是非多**

说明一家老少和睦相处，家业才能兴旺；邻里之间和睦相处，才不会有是非。意谓和睦相处不管对家庭，或对邻居都很重要。

## G

**盖棺论始定**

旧社会人死了以后对他一生才能作出合适的评论。

**干大则枝斜**

指树干大了，上面就会长出倾斜的枝条。比喻一个大家族中难免会有不肖的后代，或一个集体当中难免会有落伍的人。

**高门不答，低门不就**

说明女子择偶攀高不成，也不想往低迁就，左右为难。也指选择职业困难。

**胳膊折了往袖子里藏**

意谓家中出了问题，相互体谅，不要向外宣扬，让外人看笑话。也意谓自家人出了问题，要加以袒护。

**隔山隔水不隔亲**

说明相距再远，也阻不断亲戚关系。

**隔山如隔天**

指隔着一座山如隔着一重天一样。说明旧社会的山区交通极不方便，信息不通畅。

**隔夜茶，毒如蛇**

说明假如饮用放了一晚的茶水，就对身体造成很大的损害。

**公鸡抱窝，母鸡司晨**

指公鸡孵出小鸡，母鸡司晨打鸣。比喻男女性别、角色倒换，或说明根本不可能的事情。

**公说公有理，婆说婆有理**

指公婆争论是非，做媳妇的不好表态。比喻双方各持己见，旁人无法断定是非曲直。

**孤柴难烧，孤人难熬**

比喻一个人过日子，没有人关心饥寒饱暖，生活十分困苦。

**骨鲠在喉，不吐不快**

指骨头卡在喉咙里，不吐出来难以忍受。比喻闷在心里的话不讲出来不痛快。

**管闲事，落不是**

比喻爱管闲事的人往往会招惹抱怨。

**锅边拴不住金马鹿**

马鹿：也叫赤鹿，产于东北、内蒙古、山西等地，毛皮可做褥垫或制革，鹿茸可入药，为我国二类保护动物。意谓有能力的妇女，不能捆在家务琐事上。

**锅盖揭早了煮不熟饭**

比喻时机不成熟时不能硬着去做，不然达不到目的。

**锅里馒头嘴边食**

指锅子里的馒头马上就能送往嘴里。比喻某种东西必定无疑地属于自己的了。

## H

**孩子嘴里无瞎话**

说明小孩儿思想单纯，不会说谎。

**好饭不怕晚**

比喻大的成就晚一点取得也没有关系。

**好狗不拦路**

意谓好人不拦挡别人行事。此语含有叱责之意。

**好话不瞒人，瞒人没好话**

指好话不怕别人听见，怕人听见的不是好话。

**好话不说二遍**

指好话讲过之后不再重复。比喻再好听的话，一经重复就变得乏味了。

**好货不怕看，怕看没好货**

比喻东西的质量好，就不怕人仔细看；怕人仔细看的东西，质量一定不好。

**好了伤疤忘了痛**

指伤疤愈合了，便忘记了疼痛。比喻条件变好了便忘了过去所受的痛苦。

**好马不备二鞍，好女不嫁二夫**

旧社会宣扬封建礼教，以为好女子应该从一而终，不嫁第二个丈夫。

**好男不跟女斗**

旧社会认为有出息的男子不与女子计较。

**好亲不如近邻，近邻不如对门**

说明对门比亲戚、邻居相互帮助更便利。

**好人多难，好事多磨**

比喻好人的一生常常有不少坎坷，做成一件好事往往多磨难曲折。

**好人还得好衣装**

比喻面貌再好的人也得有漂亮的衣服来打扮。

**好事多磨难**

指令人如意的事情常常要经过许多磨难。多指爱情、婚姻上的困难。

**好事做到底，送佛送西天**

比喻帮助人要帮其彻底摆脱困境。

**横草不动，竖草不拿**

指横着的草不动一动，竖着的草不拿一拿。比喻人极为懒惰，啥都不想干。

横挑鼻子竖挑眼

指横着挑别人鼻子上的缺陷，竖着挑别人眼睛上的缺陷。比喻绞尽脑汁地挑剔别人的短处。

花花轿子人抬人

说明人和人之间要互相支持、帮助。

花轿领到场，媒人跨过墙

说明结婚以前，媒人是红人；结婚以后，媒人便被冷落了。

花木瓜，空好看

指带有花纹的木瓜外表好看，但不可食用。比喻徒有其表，中看不实用。

花香飘千里，有女百家求

说明姑娘到了应婚年龄，上门求婚的人自然接连不断。

花须叶衬，佛要金装

说明红花要绿叶衬托才艳丽，佛像要金装披身才庄严。意谓人有得体的服装，形象才显得完美。

换了钥匙对不上簧，夫妻还是原配的好

说明另换的钥匙和原锁簧难配合得好，再婚的夫妻总不如原配夫妻和睦恩爱。

患难夫妻到白头

说明共过患难的夫妻，才能相依为命，白头偕老。

患难朋友，艰苦夫妻

说明患难中建立的友谊最牢靠，困苦中生活过来的夫妻最恩爱。

黄金难买乡邻情

说明乡邻间的情谊最值得珍重。

# J

急行无好步

指走得快了便会跌跌撞撞。意谓仓促行事常常会把事情办坏。

佳人自古多命薄

旧社会认为美貌女子容易招惹灾祸。

家不和，外人欺

比喻家庭不和睦，必会受到外人的欺侮。

家常便饭吃得长，粗布衣裳穿得久

指勤俭持家，不求奢华，细水长流，日子过得虽然清贫却能平安持久。

家大担子重

指家庭人口多，生活负担就重。

家和万事兴，家衰吵不停

说明家里人和睦团结，所从事的事业就会兴旺发达。如果家里人不和睦，经常争吵不断，家庭就会衰落。意谓内部的安定团结才能使各项事业兴旺发达。

家家有一本难念的经

意谓各家各户都有各自的愁事。也就是说，哪家都难免有一些难以解决的问题，都难免有一些烦心的事。

家里事，家里了

指家庭内部产生的纠纷，就在家庭内部处理。比喻内部发生的问题就在内部处理，不必张扬出去。

家贫思贤妻

说明清贫人家，要有贤明的主妇才能维持生活。

家私不论尊卑

比喻家里的财产不管地位高低，每人都有份。

家无住，屋倒柱

指房屋长期没人住，就会遭受损坏，破烂不堪。

家有患难，邻保相助

比喻一家有难处，四邻八舍都来帮助。

家有千口，主事一人

说明家中人口再多，只能有一个主持家务的。

嫁鸡随鸡，嫁狗随狗

旧社会认为女子出嫁之后，无论丈夫好坏，都要从一而终。这是三从四德的封建礼教对妇女的束缚。

见路不用问，小路就比大路近

说明小路通常比大路离目的地要近，因此最好走小路。

今朝有酒今朝醉，明日愁来明日愁

指今天有酒，今天便喝个痛快。明天有啥犯愁的事情明天再说。比喻只顾及眼前，不作长远谋划。

今日不知来日事

比喻以后的事情不可揣摩。

金花配银花，西葫芦配南瓜

意谓男女婚配，好的配好的，差的配差的。也意谓婚姻要门当户对。

金钱儿女，柴米夫妻

说明旧社会人情淡薄，父母没钱，儿女就不孝顺；丈夫没钱，夫妻就不和睦。

金窝银窝，不如自家的草窝

比喻别处环境再好，也比不上自己家里舒适自在。

紧火粥，慢火肉

指煮米粥应用快火，因慢了会焦锅；炖肉应用慢火，快了会不入味。

久别如新婚

说明夫妻久别后相聚，恩爱就像新婚一样。

久病床前无孝子

说明长时间有病卧床不起，连孝子也没耐性伺候了。意谓病得时间长了，在床前长期伺候的儿女们也有厌烦情绪。

久住邻居为一族

说明多年的邻居就像一家人。

久住令人厌

比喻在别人家住时间长了，会让人厌烦。

酒不在多，只要醇；蜜不在多，只要甜

意谓好的东西不在数量多，而在于质量高。

酒不醉人人自醉，色不迷人人自迷

说明酒色本身并不迷乱人，是因为人自己去靠近，迷恋其中，才造成烦恼的。意谓在酒和美色面前，心荡神迷，是自身不能把持造成的，是主观上的缘故。

酒肠宽似海，色胆大如天

说明好酒的人心胸宽阔、有气量，讲义气；好色的人，胆量极大，无所顾忌。

酒多伤身，气大伤人

说明喝酒多了会伤害身体，火气大了会伤害别人或伤害自己的身心。

酒好不怕巷子深

说明只要酒的质量好，即使酒店在偏远的深巷里，也有人去买。也说明不怕吸引不来顾客。

酒壶虽小胜大海，淹死多少贪杯人

说明过量饮酒会丧命。也说明贪杯会导致身败名裂。

**酒令不分亲疏**

说明喝酒行令时，一切都得依酒令的规定办，不能迁就人的关系。

**酒怕牛肉饭怕鱼**

说明牛肉最适宜佐酒，有了牛肉，喝酒就越有兴趣；大米饭就鱼吃饭最香，有了鱼，饭就吃得多。

**酒肉朋友，柴米夫妻**

说明有酒有肉就能维持朋友关系，有柴有米就能维持夫妻关系。也说明人际关系总不免建立在物质条件的基础上。

**酒肉朋友短，患难夫妻长**

说明酒肉朋友缺少真情，久不了；患难与共的夫妻，感情深厚，能白头到老。

**酒色祸之媒**

说明贪杯与贪女色，是祸患发生的因素。

**酒是穿肠毒药，色如刮骨钢刀**

说明酗酒如穿肠的毒药一样有损健康，好色如刮骨的钢刀一样有损人的品格。意谓不可贪酒好色，毒害自身。

**酒是高粱水，醉人先醉腿**

说明醉酒首先是腿软走不稳路。

**酒是解乏的良药**

说明喝酒适量，能消除人的疲劳。

**酒在肚里，事在心头**

指酒喝在肚里，事藏在心头。说明人有心事就烦闷，就会去喝酒；因此喝酒的人多有心事。

**酒斟满，茶倒浅**

指斟酒要斟满，表示热情；倒茶却不能倒满，表示文雅。

**酒壮英雄胆**

说明酒能使人精神振奋，胆量大。

**酒醉话多**

说明醉酒的人，大脑极度亢奋，话语就多。

**酒醉心里明，银钱不让人**

说明人喝醉了酒心里还是清楚的，不会把金钱白给人。

# K

**开门七件事，柴、米、油、盐、酱、醋、茶**

说明人们日常过日子，离不开的必需品。

**靠山吃山珍，靠海食海味**

旧社会说明靠近山区的人能常吃到山里的飞禽走兽，靠近海边的人能常吃到海洋里的各种鱼虾。

**靠水识鱼性，近山知鸟音**

指在水边长大的人熟知各种各样的鱼，在山里长大的人能明白各种鸟的叫声。意谓人总是对自己所处的环境非常熟悉。

**可着头做帽子**

指按头的大小做帽子。比喻过日子精打细算。

**口子大小总要缝**

意谓有了问题，不管大小，总要想法处理。

**快刀割不断的亲戚**

比喻双方关系密切，不可分开。

**捆绑不成夫妻**

说明婚姻要出于对方自愿，不能用强迫手段。意谓不能用强硬措施把人结合在一起。

**困难九十九，难不倒两只手**

比喻困难再大，只要坚定信心动手去做，就一定能够征服。

# L

**癞蛤蟆想吃天鹅肉**

意谓男子想得到自己所爱恋的女人。也指一味幻想难以实现的事。

**老蚌出明珠**

说明年老的父母生养了才貌出众的子女。意谓老年人生活阅历丰富，常常能出一些好主意，提一些好建议。

**老不拘礼，病不拘礼**

比喻老人、病人不必受制于礼节。

**老不以筋骨为能**

说明老年人应量力而行，不能再硬撑逞能。意谓老年人体质下降，决不能不服老，在体力方面不要不服气。

**老儿不发根，婆儿没布裙**

说明丈夫不赚钱，妻子也跟着过艰苦生活。

**老将不讲筋骨威，英雄还在少年堆**

说明老年人不能以体力逞强，英雄人物还是在年轻人中。

**老将刀熟，老马识途**

意谓老年人阅历深，经验丰富。

**老马不死旧性在**

意谓有本领的人即使年纪大了，也还想着要发挥一定的作用。

**老米饭捏不成团**

指陈米煮的饭再捏也不成团。比喻感情破裂的人难以聚合在一起。

**鸾凤只许鸾凤配，鸳鸯只许鸳鸯对**

古代用鸾凤比喻夫妇。意谓有才能的男子只能和美貌的女子相配。

**萝卜就茶，气得大夫满地爬**

说明多吃萝卜，又饮用茶水，有益身体健康。

**萝卜青菜，各有所爱**

比喻每个人都有各自不同的所好。

**落花有意，流水无情**

指落花有意跟随流水，而流水却没有留恋落花的情意。比喻男女恋爱中一方有情，一方无意。

# M

**马老腿慢，人老嘴慢**

指马老了跑得就慢了，人上了年纪说话就啰唆了。

**满堂儿女，当不得半席夫妻**

说明儿女再多也代替不了夫妻之间的关照。也说明夫妻之间的感情远远超过儿女对父母的感情。

**美不美，泉中水，亲不亲，故乡邻**

说明家乡的水最甘甜，家乡的邻里最亲密。意谓人对家乡与邻里都有着深厚的情感。

**美酒不过量，好菜不过食**

说明酒菜再好也不能过多吃喝，不然会影响健康。

**莫饮卯时酒，莫食申时饭**

说明卯时饮酒、申时吃饭有损于身体健康。

# N

## 男大当婚，女大当嫁

说明男女到了一定的年龄应当结婚。意谓不论男孩女孩，只要长大了，该成婚了，就应当结婚。

### 男儿无妻不成家

说明男子到了年龄应该结婚成家。意谓主妇在家庭里是一个重要的角色，没有主妇，便不成其家。

### 男女授受不亲

旧社会礼教规定男女之间不准亲手接递东西。

### 男子痴，一时迷；女子痴，没药医

说明对待爱情，男子没有女子专一。

### 南风不及北风凉，旧花不如新花香

说明北风比南风凉，新花比旧花香。意谓男子常常喜欢新结识的女性。

### 南人北相，北人南相

旧社会认为南方人与北方人的长相各有特点，南方人聪明秀气，北方人粗犷憨厚。如果南人有北相，北人有南相，就会兼南北之所长。

### 能隔千山，不隔一水

说明隔水比隔山更不容易通行。

### 年年有储存，荒年不慌人

说明每年储备好粮食，即使碰上灾荒年月，心里也不发慌。

### 年轻的夫妻爱钉磕，年老的夫妻爱啰唆

说明年轻夫妻互不相让，常常顶嘴吵架；老年夫妻嘴零碎，遇事总爱唠叨。

### 女人是家庭的灵魂

说明家务靠妻子主持，若无主妇，便不像个家庭。

### 女婿有半子之劳

说明女婿是半个儿子，因此女婿应尽半个儿子的义务。

# O

### 藕断丝不断

说明藕折断了，丝还连着。意谓男女之间的恋情不容易完全割断。

# P

### 怕问路，要迷路

说明懒于说话请教人，常常会走弯路或失败。

### 怕走崎岖路，莫想攀高峰

说明怕走难行的路，就甭想登上山的顶峰。意谓不经过磨炼便不会成功。

### 贫贱夫妻百事哀

说明身处贫贱之中的夫妻，应付啥事情都困难。意谓穷苦人家的夫妻，社会地位低，日子不好过，往往受愁苦的困扰，难得有欢乐。

### 贫穷患难，亲戚相救；婚姻死丧，邻里相助

说明搞好邻里关系和搞好亲戚关系同样重要。

### 破家值万贯，一搬三年穷

指搬一次家总会扔掉一些生活用品。说明搬家损失很大。

# Q

### 妻是枕边人，十事商量九事成

说明夫妻同床共枕，遇事商量，大多能取得一致。

**妻贤夫祸少，子孝父心宽**

说明妻子贤惠，丈夫祸患就少；子女孝顺，父母的心便觉得安慰，心情就会舒畅。

**欺山莫欺水**

指宁可登山，不要涉水。说明涉水比登山危险得多。

**千金难买两同心**

说明夫妻一起生活，最难得的是两人同心同德。

**千金置家，万金置邻**

置家指购买宅院。意思是选择一个好邻居比建造房屋更重要。

**千里之行，始于足下**

走千里远的路程，是从脚下的第一步开始的。

**青春过去无年少**

指青春岁月一去不复返。

**清官难断家务事**

指清正廉洁的官吏也难公正地断决家庭的小事。比喻家庭纠纷虽然都是鸡毛蒜皮的小事，但十分复杂，外人难以干涉。

**清明前后乱穿衣**

指清明节气前后，气候处在冷热不定的时期，人们衣着厚薄各不相同。

**情人眼里出西施**

西施：春秋时越国的美女，泛指美女。指自己所钟爱的人，总是最漂亮的。意思是男子对爱慕的女子，即使长相平平，也认为她处处美丽。

**情有情根，冤有冤种**

古时候认为爱情与冤仇都是前生注定的。

**热不过火口，亲不过两口**

意谓夫妻间的感情是最亲密的。

**热饭不能热食**

烫嘴的饭吃下去后会对肠胃有伤害，因此不能吃。说明做事不能过于急躁，要有耐心。

**人不立家身无主**

指男子不娶妻成家，自身生活就无所依托。

**人到中年万事和**

意谓人到了中年，有了丰富的社会经验，待人处世，深知以和为贵。

**人非草木，谁能无情**

指人不是草木，谁都有情感。通常形容男女青年相聚，彼此萌生的爱恋之情。

**人过五十，就该修桥补路**

修桥补路：这里指做对公众有益的好事。旧指人过五十，在世上的时光已不多，应多做些积德的善事，以修好来生。

**人靠衣服马靠鞍**

身着漂亮的衣服，人会显得格外精神；备一副耀眼的雕鞍，马会显得非常威风。说明衣服对人的形象有极大的影响。

**人老骨头硬，越干越中用**

指老人经历了生活的磨炼后，会十分坚强，什么困难都能承受。

**人生七十古来稀**

古时候认为人能活到七十岁是很难

得的，说明自古以来，能活到七十岁的人就很少见，很不容易。

**人闲生病，石闲生苔**

无所事事的人容易生出病来，就像闲置的石头很容易长出青苔一样。说明人要生活得充实而有意义。

**人行千里，处处为家**

指远离家乡的人，到处都可作为自己的家。

**人在世间，日失一日**

指人的生命是有限的，活一天便减少一天。

**人争一口气，鸟争一口食**

说明人活着要争一口气，不能活得太窝囊。

**人作千年调，鬼见拍手笑**

指人生不过短短几十年，却一直想着活千年，连鬼也会讥笑。

**忍得十日破，忍不得十日饿**

意思是衣服破旧受冻还能忍受，连续挨饿却难以忍受。

**日有所思，夜有所梦**

说明白天所想的事情，晚上就会梦见。

**三百六十行，行行吃饭着衣裳**

指无论做什么工作，第一要解决的是吃饭穿衣的问题。

**三杯和万事，一醉解千愁**

指不管有什么矛盾，喝酒往往能使矛盾化解；不管有什么忧愁，喝醉了就会忘记。意谓酒有和事、解愁的作用。

**三餐莫过饱，无病活到老**

指吃饭不要吃得过饱，这样能健康长寿。

**三分画儿七分裱**

指好画也需要好的装饰。比喻人的形象好坏很大程度上取决于着装打扮。

**三条腿的蛤蟆没见过，两条腿的人有的是**

指三条腿蛤蟆人世间没有，但要找人，到处都是。比喻男女寻求配偶不必发愁，可以任情挑选。也通常指招募人员，不怕没有来源。

**十七十八一枝花**

指十七、十八岁的女子，青春年少，充满活力，就好像一朵娇艳妩媚的鲜花惹人喜爱。

**食多伤胃，忧多伤身**

指吃多了对肠胃有害；忧愁多了对身体健康有害。

**是亲必顾，是邻必护，沾亲带故，暗中相助**

指亲戚、邻里之间有一定关系的都要相互维护、相互帮助。

**是亲三分向**

说明有亲戚关系，办事总要有些袒护。

**是药三分毒**

指凡是药物都带有毒性，均会有副作用。

**是一亲，担一心**

说明有了事情，亲人总是牵挂在心的。

**是姻缘棒打不开**

指命中注定结为夫妻的两个人，就是用棒子打，也不会使两人分开。说明有姻缘的男女是拆不散的。也比喻经过许多波折结合在一起的婚姻，感情很牢固。

**手背也是肉，手心也是肉**

比喻同两方有同样密切的关系，不分彼此，同等对待。

**手中有粮，心中不慌**

只要有粮，民心就能安定而不慌乱，因为民以食为天。

**树大分枝，儿大分家**

意思是树长大了，自然要分枝；儿子长大了，自然要分家过日子。比喻做长辈的要想得开，孩子长大了，分家过日子是自然现象，如同树大分枝是一个道理。

**树大枝散**

指树大了枝权就扩张分散。意谓一个家族庞大，难以约束成员。

**双相思好害，单相思难挨**

指男女双方相互思恋爱慕，自然有相爱成功的希望；单方面的思恋，很难走到一起，很容易造成悲剧。

**睡如弓，立如松，行如风，声如钟**

意思是，睡觉像弓一样弯曲，站立像松树一样笔直，行走像风一样敏捷，声音像钟一样洪亮。

**说媒三家好，过后两家亲**

旧社会男女婚姻，全依仗媒人说合。意指未成亲时，男方、女方和媒人三方都亲热，成亲之后，便把媒人遗忘了。

## T

**他乡虽好，终非久留之地**

异乡的风景再美，也不是长期居住的地方，比喻游子思念故乡。

**太平年月寿星多**

在安定环境中生活，长寿的人就越多。贪吃贪睡，添病减岁；少吃多餐，益寿延年

意思是吃睡过多，会引起疾病减少寿命；少吃但吃的餐数多一点，有利于健康长寿。

**贪多嚼不烂**

一下子吃太多了，不容易嚼烂，对脾胃会有伤害。比喻单方面追求数量，就会影响质量。

**桃饱杏伤人，李子树下抬死人**

桃子不会伤身体，可以多吃；杏子吃多了会伤害肠胃；李子吃多了对身体有害。

**天生一对，地产一双**

指两人非常合适。通常指夫妻或恋人。

**天下无不是的父母**

旧社会指父母总是对的，做儿女的不得反对。也说明世上当父母的人所说所做都没错。意谓父母总是对的，子女要无条件服从，即使父母有错也要原谅。

**甜不过少年夫妻，苦不过鳏寡老人**

鳏：无妻或丧妻的男子。寡：死了丈夫的妇人。指年轻夫妻的生活非常幸福甜蜜，孤寡老人的日子最困苦难熬。

**头锅饺子二锅面**

说明饺子是头一锅煮出来的味道好，面条是第二锅煮出来的香甜。

**投亲不如住店**

指在亲戚家食宿不如住到旅馆自由自在。

## W

**晚饭少一口，活到九十九**

指晚饭少吃一点，有利于身体健康。

**未晚先投宿，鸡鸣早看天**

不要等到天黑先找好住店的地方，早晨鸡叫的时候就看天气好坏准备赶路。古时候旅店门口常贴这副对联，以招揽旅客。

**无事一身轻**

说明人没有事务缠身，就会感到一身轻松。

**无药可延卿相寿，有钱难买子孙贤**

意指一个家族最难得的是子孙后代贤良孝顺。

**五十不造屋，六十不种树**

旧时错误的观念认为人进入老年后不必作长远打算。意谓人活到六十岁不要栽树，已经享受不到栽树的好处了；人活到五十岁不要盖房，享受的日子不多了。

**五十五，下山虎**

形容男子五十多岁时，仍然精强力壮，犹如下山猛虎一般。

**西瓜一只，好酒数滴，味甜且香，寒温相宜**

西瓜能清热解暑，除烦止渴，但脾胃不健康的人不宜多食，否则积寒助湿，容易生病。如果加入几滴好酒，既能增加西瓜的甜度，又可防止对肠胃的刺激。

**惜衣有衣，惜食有食**

指爱惜衣服才有穿的，爱惜粮食才有吃的。说明人要爱惜衣食财物。

**闲饭难吃，闲话难听**

指没有正当工作吃闲饭的日子很难过，背后议论的闲言碎语叫人听了难受。

**闲人愁多，忙人活多**

意指闲散无聊的人愁苦最多，忙碌的人过得最充实。

**闲人有忙事**

说明空闲的人也有忙碌的时候。

**险山不绝行路客，恶水仍有渡船人**

比喻旅途艰难险再多，行人总会想方设法地前行。

**相逢漫道恩情好，不是冤家不聚头**

古时候认为相互聚合的青年男女，并不是先有爱慕之情，而是注定非聚合不可。

**香花不一定好看，好人不一定漂亮**

说明人和事物的好坏，不能光看外表。

**香油拌藻菜，各人心中爱**

比喻每人都有自己所爱。说明每个人的爱好各不相同。

**心急马行迟**

意指心里着急，总嫌骑的马行得慢。

135

心宽出少年

说明心胸宽阔的人不易衰老。比喻心情舒畅，无忧无虑，人就能延年益寿。

行要好伴，住要好邻

指出门旅行要有个好旅伴，居住要有个好邻居。意谓周围环境的好坏对人的生活影响很重要。

性急嫌路远，心闲路自平

指心里有急事，自然会埋怨路远；心里无事，走路也觉得自在从容。

兄弟逸阋，侮人百里

谰：指说别人的坏话。说明兄弟间虽有争吵，但依旧共同抵抗外人的侵侮。形容兄弟之间即使存在纠纷，在关键时刻也能携手一心。

## Y

养儿防老，积谷防饥

生儿育女可以在年老体衰时有个依靠，积蓄粮食可以防备饥荒。

腰中有钱腰不软，手中无钱手难松

指腰包有钱就能挺直腰板，手中没钱就不敢放开手脚办事。

要饱还是家常饭，要暖还是粗布衣

只有家常便饭才能让人吃饱，只有粗布土衣才能让人感到暖和。告诫人们吃饭、穿衣但求舒适，不求奢侈。

要和人家赛种田，莫与人家比过年

过年时节，当然吃好穿好，悠闲自在，但过日子要勤劳节俭，不要和人家攀比吃喝玩乐。

一白遮百丑

意思是皮肤白净能够掩掉长相上的许多缺陷。

一般树上两般花，五百年前是一家

同姓本是一家人。说明同姓的人，都是一个宗族的，具有相同的宗族特征。

一不积财，二不结怨，睡也安然，走也方便

一不积累钱财，二不与人结下仇怨，生活得就非常悠闲自在。

一朵鲜花插在牛粪上

通常比喻美女嫁了丑男。

一儿一女一枝花

指一对夫妻只生一儿一女，是很幸福的。

一分酒量一分胆

指有一分酒量就增添一分胆量。也指酒能壮胆。

一家人不说两家话

说明自家人不必拘于礼节，过于讲究。

一家有女百家求

即指上门求亲的人很多。意谓一家有女儿，许多家都会来上门提亲。

一日不见，如隔三秋

秋：借指一年。指一天没见面，就如相隔了三年似的。比喻离别后的思念之情深切。

以财为草，以身为宝

意思是把钱财看得像杂草一样一文不值，把身体看得像宝贝一样贵重。经常劝勉人不要看重钱财。

姻缘本是前生定，曾向蟠桃会里来

蟠桃，指三千年一熟的仙桃。蟠桃会，第一种意思是指旧历三月三日是西王母的祭日，另外一种意思是指仙人蟠桃聚会。比喻姻缘是前生早就注定了。

姻缘配合凭红叶，月老夫妻系赤绳

红叶：唐朝卢渥在御沟中拾得红叶，上有"殷勤谢红叶，好去到人间"之句，后宫中发放宫女，卢渥持此叶与题红叶诗的宫女配婚。月老：月下老人，传说月下老人用红绳系男女足，使成配偶。旧社会认为男女婚配都是命中注定而由月老做媒介的。

英雄难过美人关

多指有才能的人很难拒绝美色的诱惑。比喻有志向的英雄人物常容易被年轻美貌的女子所迷惑，因而丧失理智不能自拔。

英雄气短，儿女情深

指英雄气概不足，恋爱中的男女情意绵长。也通常说明英雄人物往往沉湎情爱，失去奋发进取的气概。

有缘千里能相会，无缘对面不相逢

指有缘分的人，远隔千里也能相见；无缘分的，即使在眼前也难碰到。古时指人的相聚，特别是男女姻缘，是靠缘分的。

愿天下有情人皆成眷属

祝愿情投意合的男女都能结成夫妻。常用来对未婚青年的祝词。

# Z

在家千日好，出门一时难

意思是离家外出即便时间很短也不如在家舒适方便。比喻在家做什么事都方便，到了外面就会感到处处不便。

站有站相，坐有坐相

指人无论站还是坐，都要讲究姿态美。

丈母娘看女婿，越看越喜欢

说明丈母娘疼爱闺女，看到女婿自然也就喜欢。

知冷知热是夫妻

说明夫妻间生活上应互相关照，彼此体贴。

知子莫若父，知女莫若母

指最了解儿子的是父亲，最了解女儿的是母亲。

自古红颜多薄命

红颜：指年轻漂亮的女子。薄命：指短命。自古以来，貌美的女子大都遭逢悲惨的命运。

# 卷八　教育　文化　常识

## A

矮子队里选将军

比喻在能力差的人中间选择一个比较好的。

爱而不教，禽犊之爱

禽：鸟类。犊：小牛。指对下属和子女只溺爱而不注重教育，是一种动物式的"慈爱"。也指爱要表现在对子女的严格要求上。

爱徒如子，尊师如父

老师要像爱护子女一样爱护学生，学生要像尊敬父母一样尊敬老师。指师生感情极为深厚。

爱在心里，狠在面皮

指父母对子女的爱是藏在心里的，尽管在外表上却对子女很严厉。换句话说，教育子女要把爱埋在心中，平时要严肃认真，严格要求自己的子女，这样子女将来才能有所作为。

爱之愈深，责之愈严

责：要求。指对孩子越是喜爱，要求就越要严格。

暗中设罗网，雏鸟怎生识

雏鸟：幼小的鸟。比喻年轻人没有处世的经验，容易中他人暗设的圈套。

## B

八仙过海，各显神通

八仙：民间传说中的铁拐李、汉钟离、吕洞宾、张果老、何仙姑、蓝采和、曹国舅、韩湘子八位神仙，他们曾各施法术，渡过海去。后用来比喻各人展示各自的本事。

把式要常踢打，算盘要常拨拉

武术要经常练，算盘要经常打。意谓任何本领都要经常练习才能更熟悉、更精通。

百炼才成钢

比喻人要经过反复的磨炼才会成才。

百星之明，不如一月之光

指一百颗星星的光，也不如一轮明月亮。比喻平庸的人再多，也不如一个能人起的作用大。

拜此人须学此人

指如果拜某人为师，就得谦虚地朝他学习。

拜德不拜寿

指敬人重在德高望重，而不在于年长。

拜师如投胎

指师父好比再生父母。

板凳上学不会骑术，澡盆里学不会游泳

比喻要学习真的本领就必须勇于实践。

棒教不如言教，言教不如身教

棍棒式的体罚不如言语上的教育，言语上的教育不如行动上的以身作则。

**宝剑不磨要生锈，人不学习要落后**

宝剑不磨砺就会生锈，人不学习就会落在他人的后面。意在说明学习的重要性。

**宝石不磨不放光，孩子不教不成长**

宝石不经过磨砺就不会折射出光芒，孩子不经过教育就不会茁壮成长。

**蓓蕾在枝叶上孕成，知识在学习中积累**

蓓蕾：没有开放的花，花骨朵。花骨朵是在枝叶上孕育成的，知识是在日常学习中积累到的。

**本领是学出来的，功夫是练出来的**

本领：技能；能力。功夫：技能。高超的本领通过刻苦学习才能够获得，出色的功夫通过刻苦练习才能够得到。

**笨鸟先飞**

比喻能力不强的人，做事应比别人先行一步。常用作谦辞，说自己能力差，不得不比别人早动手。

**比赛必有一胜，苦学必有一成**

比赛中肯定会有一个胜利者，刻苦地学习终究会有所成就。

**笔是智能之犁，书是攀登之梯**

指勤于写作能锻炼人的思想，博览群书会使人不断进取。

**臂力大，胜一人；知识多，胜千人**

指知识的力量远非人的臂力所可比拟。强调学习知识的重要性。

**扁担从竹笋长大，博学业从无知起步**

指从竹笋长到扁担，从无知以博学需要一个成长和学习的过程。强调坚持学习的重要性。

**别君三日，当刮目相看**

指读书人三天不见，就要另眼看待。比喻读书人的进步很快。

**伯乐一顾，马价十倍**

伯乐：相传是秦穆公时期的人，擅长相马。马只要被伯乐看一眼，它的身价就会提高十倍。比喻经过有声望的人提携，人的身价就会大大提高。

**不挨骂，长不大**

指孩子难免犯错误，只有接受批评改正错误，才能健康地成长起来。

**不吃苦中苦，难得甜上甜**

指只有经受艰苦磨炼，才能得到事业上的成功或生活上的改善。

**不吃馒头也要争口气**

比喻即使达不到目的，也要奋发努力。

**不打不成才**

旧时认为体罚是促使孩子成才的必要的教育手段。

**不到黄河心不死**

比喻不达目的决不罢休。

**不到西天，不知佛大小**

西天：阿弥陀佛居住的国土。比喻不经过亲自实践，就不知事情的轻重。换句话说，不亲身实践就不知道真实的情况。

**不读哪家书，不识哪家字**

意谓没有学过就不会知道。

**不读书，不识字；不识字，不明理**

指不认识字、没有文化，有些事理就

谚语大全

不明白。

不耕种，耽误一年；不学习，耽误百年

强调学习文化知识的重要性。

不患老而无成，只怕幼而不学

指人年老的时候一无所成并不可怕，可怕的是年少的时候没有学习。

不会撑船赖河弯

比喻自己没有本领却推说客观条件不好。

不会做官看前样

如果不知道怎样做官，不如看看以往历史的成败教训。也指人们对待自己不会做的事情，可参考从前的例子仿照着做。

不经霜的柿子不甜，不过九的皮毛不暖

指没有经过霜打的柿子不甜，没有经过数九寒天的皮毛不暖和。比喻没有经受过锻炼的人不成熟、不老练。

不经一师，不长一艺

没有老师的教导，学会一门技艺很难。

不怕不懂，就怕不问

不怕不懂不会，只怕不虚心请教别人。

不怕千着会，只怕一着熟

指棋下到末尾之时，也得保持冷静。

不怕千着巧，就怕一着错

指在下棋时，每一步棋都要走得非常巧妙，如果关键的一步走错了，就会导致前功尽弃。

不怕学不会，只怕不肯钻

世上的事，只要用心钻研，没有学不会。

不怕衣衫破，就怕肚里没有货

货：这里指知识、学识。指身上穿着破旧的衣服并不怕，可怕是没有一点知识。

不是一番寒彻骨，怎得梅花扑鼻香

指不经历寒冷的冬天，就不会有梅花的开放。也比喻只有经历了艰难的磨炼，才会有美好的结果。

不受苦中苦，难为人上人

指不受过艰苦磨难，是不可能出人头地的。

不受磨炼不成佛

指人不经受磨难就不会有长进，达到新的一个境界。

不为良相，当为良医

指不能做好宰相，就应当做一个好医生。也指以解除天下的困苦为自己的志向。换句话说，辅佐天子治国，可以活天下命；探究医家奥旨，可以治人之病。

不严不成器，过严防不虞

不虞：不测。指对人要求不严就不会成才，而要求过严则要防备意料之外的事发生。

不因渔父引，怎得见波涛

渔父：以打鱼为生的人。指不是因为有了渔父引导，怎么能够有机会领教波涛呢？比喻若无内行人指点引见，就不会有某种见识。换句话说，要想知道根底缘由，或想见到某人某物，必须有适当的人指引。

不遇盘根错节，不足以成大器

指要成为杰出的人才，就必须有失败

和挫折的磨炼。

**不琢磨，不成大器**

琢磨：雕刻和打磨。比喻人没有好的培养教育就不会成为栋梁之材。

**布衣可佐王侯，秀才可任天下**

布衣：旧时称平民。指出身微贱的人可以辅佐王侯成大业，读书人可以担当救国治天下的重任。

# C

**才高必狂，艺高必傲**

意谓有学问、技艺高超的人，经常会狂傲不羁。

**才高遭忌，器利人贪**

才能出众的人会遭人忌妒，锐利的器械人人贪用。意谓人与物一样，一旦亮丽出众，就会遭人忌妒。

**草莽存英雄，江湖多义士**

草莽：指民间。民间存在着英雄豪杰，江湖中有许多的侠义之人。指民间有各种各样的人才。

**草有茎，人有骨**

指人要有骨气，就像草要有韧茎一样才能生存得好。

**草字出了格，神仙认不得**

草字不按规律书写，神仙也辨认不了。指草书也是有一定规律的，不能随便乱写。

**长他人志气，灭自己威风**

指高抬别人，贬低自己。

**常读口里顺，常写手不笨**

指学习要常读常写，才能朗读顺口，书写流利。

**唱戏的不忘词儿**

从事哪一行，就精通哪一行。

**朝忘其事，夕失其功**

早晨忘记某事不去做，到了晚上就不可能把事办成。指学习、工作要勤勉。

**成大事者，不惜小费**

指有做大事这种理想的人，不计较花费些钱财或承受些损失。换句话说，要做成大事，就不要吝惜，做事总是要付出一些代价的。

**成功无难事，只怕心不专**

意谓要做好一件事情并不难，关键在于专心致志。

**成人不自在，自在不成人**

成人：成才。自在：安逸舒适。指要成为有用的人就不能不受种种约束，自由放任的人不会成有用之才。比喻如果贪图安逸舒适，不刻苦努力，就不会成才。

**吃得苦中苦，方为人上人**

指能吃大苦的人，才能成为大才。

**虫蛀木断，水滴石穿**

虫可以蛀断木头，水可以滴穿石头。比喻做事只要日积月累，持之以恒，就会达到目的。

**初生牛犊不怕虎**

指刚生的小牛不怕虎。比喻刚涉足世事的青年人，敢作敢为，无所畏惧。

**初生牛犊跑大，学步伢子摔大**

伢子：小孩儿。摔：跌跤。指刚出生的牛犊是通过自己跑大的，刚学步的小孩是经过多次跌倒长大的。比喻要放手让年轻人承担重任，让他们在实践锻炼中成长。

谚语大全

除了灵山别有佛

灵山：佛教称灵鹫山为灵山。指除了灵山之外，别处也有佛。比喻除了此地还有其他地方也有机会。也比喻不要死守一条出路，其他地方也会有出路。

除了死法还有活法

指事情的成功在于人的努力，人遇到困境总会有摆脱的办法的。比喻做事情既要按部就班，又要灵活处理。

雏鸟不练飞，是永远振不起翅膀的

雏鸟：刚出窝的小鸟。比喻年轻人不在社会上闯荡就坚强不起来。

处处留心皆学问

学问：知识。只要用心留意，到处都有知识可以学习。

处处有路通长安

长安：今西安，汉、隋、唐的都城。比喻达到目的的途径很多。

慈父教孝子，严师出高徒

意谓仁慈的父亲教育出来的儿子孝敬父母；要求严格的师傅教育出来的徒弟技艺肯定高超。

慈母多败子，严家无格虏

格虏：强悍不驯的奴仆。心肠仁慈的母亲往往会惯养出败家的儿子，家风严厉的家庭中不会有强悍不驯的奴仆。

从师如从父

师徒间的关系就像父子关系一样。意指要像尊敬父亲一样尊敬老师。

从小看大，三岁看老

意谓从一个人童年时的表现就可推断其老年时的情形。

错走一步棋，满盘皆是输

指在关键时刻出现失误，往往会导致全局失败。

# D

打出来的铁，炼出来的钢

比喻坚强意志是从艰苦的实践中磨炼出来的。

打是亲，骂是爱

指对后代严格管教才是真正的爱护。

打着灯笼儿也没处找

提着灯笼到处去找也没找到。意谓人或物非常出众。

大不正则小不敬

年长的行为不端正，小辈就不会尊敬他。

大才必有大用

意谓真正有才能的人肯定会受到重用。

大材不可小用，小材不能大用

大材小用，屈才；小材大用，误事。

大虫不吃伏肉

大虫：老虎的别称。伏：降伏。伏肉：受惊吓而驯服的动物。比喻本领高超的人不欺负弱小者。换句话说，真正的强者不欺负已经降伏了的人。

大海不嫌水多，大山不嫌树多

比喻有志于学有所成的人不应该自满自足，而应该广泛吸取知识。

大匠无弃材

指技艺高强的匠人手中是不会有废料的。比喻物尽其用或人尽其才。

大能掩小，海纳百川

掩：遮掩。指大人物能宽容小人物，

大海能容纳百川之水。也指人要气量大。比喻胸怀宽广的人，能宽容他人。

大器多晚成

指成就大事业的人往往成功较晚。

大人办大事，大笔写大字

指有大才能的人应去成就大事。

大丈夫报仇，十年不迟

意谓有志气的人等待时机报仇雪恨。

大丈夫报仇，三年不迟

指有志气的人会等待时机成熟后，才报仇雪恨。比喻有大作为的人，报仇不会急于求成，会等到时机成熟时，再采取行动。

担水向河里卖

意谓在行家面前卖弄自己。

耽误了庄稼是一季，耽误了孩子是一代

指教育后代事关重大，一旦耽误了，会影响到下一代。

胆大如斗，心细如发

意谓胆大心细，遇事不慌，有勇有谋。

胆量是斗出来的，志气是逼出来的

意谓艰苦的环境可以磨炼出坚强的意志。

胆是吓大的，力是压大的

意谓胆量是在惊吓中变大的，力气是从锻炼中增长的。

但存方寸地，留与子孙耕

方寸地：指良好的精神品质。指把良好的精神财富留给后代是最重要的。

当家方知柴米贵

指当了家才知道生活的不易。

刀钝，石上磨；人钝，世上磨

指刀如果不锋利，要放在砥石上磨砺；人如果不明智，要放到社会上锻炼。

刀快不怕脖子粗

比喻有本领就不怕工作棘手。

到处留心皆学问

指所到之处，只要用心观察，都能学到知识。

道高龙虎伏，德重鬼神钦

指道行高能使龙虎降伏；德高望重就连鬼神都钦佩。

道化贤良释化愚

道：指道教。释：指佛教。指人是可以被教育被感化的。

道在圣传修在己

道：学问。圣：老师。指学问由老师教给，而真正的掌握并用于实践则要靠自己的努力。

得十良马，不若得一伯乐；得十利剑，不若得一欧冶

得到好马再多，不如得到一个伯乐；得到利剑再多，不如得到欧冶一人。指人才比什么都重要。

灯不亮要人剔，人不明要人提

指人有时需要他人的提醒才会明白一些事理。

冻死不烤灯头火，饿死不吃猫剩食

形容宁愿死掉也不会接受屈辱的施舍。

冻死迎风站，饿死不弯腰

形容人在困境中宁死不屈的精神状态。

读哪家书，解哪家字

谚语大全

指做什么营生，就要打算什么事，讨论什么道理。

读书不离案头，种地不离田头

意谓干任何事情都要专心致志。

读书不知意，等于啃树皮

指读书如果不能领会其中的内容含义，那就同啃树皮一样没有滋味，得不到好处。

读书人怕赶考，庄户人怕薅草

薅草：用手拔草。指读书人怕的是考试，庄户人怕的是弯腰拔草。也指各个行业的人都有自己最头疼的事。

读书人识不尽字，种田人识不尽草

任何一个读书人也认不全所有的字，任何一个种地人也认不全所有的草。意谓学习知识是没有尽头的。

读书三到：心到口到眼到

指读书要求聚精会神，心要领会，口要朗诵，眼要凝神。

读万卷书，行万里路

指既要懂书本知识，又要亲身参加社会实践，获得实际的现场经验。

## E

**儿女情长，英雄气短**

指沉湎于男女私情的人，其雄心壮志势必被销蚀。比喻英雄常会因儿女之情，失去进取之心。

儿女做坏事，父母终有错

指儿女做了坏事，做父母的要承担一定的责任。

## F

焚香挂画，未宜俗家

指焚香料，挂字画，不是普通人家做的事。比喻焚香挂画过于铺张浪费，普通人家承受不起。

夫子门前读孝经

比喻在行家里手面前卖弄本领。

扶不起的刘阿斗

比喻扶植无法培养的庸人。

父强子不弱，将门出虎子

虎子：指勇猛的儿子。指父辈出类拔萃，儿女不会平庸。

父兄失教，子弟不堪

指父亲兄长家教不严，家中的小辈就很难有作为。

富不教学，穷不读书

指教学太清苦，读书费钱财。

# G

甘吃苦中苦，果为人上人

指甘愿经受艰苦的磨炼，以后才可以出人头地。

赶鸭子上架

比喻被逼着去做超过自己能力的事。

高门出高足

高足：指好学生。指技艺高超的师傅能培养出优秀的徒弟。

高山出俊鸟

指山高了才会有俊美的鸟。比喻偏远地方往往会孕育出许多优秀的人才和美妙的事物。

高者不说，说者不高

指本事大的人不炫耀，炫耀自己的人本事不大。也指有学问、高明的人不说大话，爱说大话、爱吹牛皮的人并不高明。

各师父各传授，各把戏各变手

指每一个师傅都有自己独特的传授方法，就像不同的戏法有不同的变化一样。

给学生一杯水，教师先要有一桶水

指只有老师拥有了丰富的知识，才能更好地教育他的学生。

根子不正秧子歪

比喻如果长辈的品行不端正，就会给晚辈造成不良的影响。

工多出巧艺

指工夫花费得多，技艺自然精湛。

公修公得，婆修婆得，不修不得

修：指修行。得：指佛教所谓的得到正果。比喻谁努力谁就能得到他想要得到的东西，不努力就什么也不会得到。也比喻只要做了努力就会有收获。

功不成，名不就

没有建立功业，也没有名声。意谓功名一无所成。

功到自然成

只要功夫到家了，事情自然会成功。意谓只要认真踏实地做事情，一定会有所成就。

功夫不负有心人

意谓只要勤学苦练，就一定会办好事情。

狗肉上不得台盘

比喻人的能力或品质差，不够基本水准。也比喻卑劣的东西在庄重正式的场合是没有地位的。

苟有恒，何必三更眠五更起；最无益，莫过一日暴十日寒

暴：同"曝"。一日暴十日寒：晒一天，冻十天，比喻勤奋的时候少，懒惰的时候多，没有恒心。指做事情如果能坚持到底，就用不着晚睡早起搞突击，最不好的就是时勤时懒没有恒心。

关公面前耍大刀

比喻在行家面前卖弄本领。

观棋不语真君子，把酒多言是小人

把酒：端起酒杯。指看他人下棋不给任何一方出主意才是真正的君子，喝醉了酒胡乱瞎说是小人。

观千剑而后识器

千：形容多。指看过许多剑之后才能识别出真正的宝剑。比喻只有在反复学习和阅读中才能提高鉴赏力。

惯子如杀子

惯：纵容子女养成不好的习惯或作

谚语大全

风。过分宠爱孩子就如同亲手杀了孩子一样恐怖。告诫不要过分溺爱自己的孩子。

**蝈蝈多了显不出你叫，八哥多了显不出你俏**

比喻在人才聚集的地方，普通人不容易显露出来。

# H

**孩子长成人，转眼一瞬间**

指孩子成长得很快。

**孩子提娘，说来话长**

指孩子的长大成人，全靠母亲的哺育，提起母亲就有说不完的话。也指事情复杂曲折，一言难尽。

**汗水换来丰收，勤学取得知识**

指只要辛勤劳动，努力学习，就可以取得成功学到知识。

**好刀要在石上磨，好钢要在火中炼**

比喻人要想有所作为，必须在实践中锻炼成长。

**好舵手会使八面风**

好舵手：此处指有经验有才能的领导者。使：用，控制。八面：指多方面。风：指风浪、风险。比喻有经验的领导者能处理各种艰难的局面。换句话说，有经验有才干的领导，能控制来自方方面面的艰难险阻，不论出现什么样的异常情况都足以应付。

**好汉不怕出身低**

指只要人的才能出众，出身低微是无关紧要的。也指只要人品高尚，有才能，不必担心出身低微，自会展现杰出本领。

**好汉不提当年勇**

指有作为有志气的人不夸耀以往的业绩，应该在新的形势下创立新功，为开创新的局面而努力前进。

**好汉识好汉**

比喻有作为的人赏识有才能的人。

**好汉做事好汉当**

指谁做的事就由谁来担当责任。换句话说，正直的人或敢作敢为的人，做事敢于承担责任，即便有过错，也不诿过于人。

**好记性弗如烂笔头**

弗如：不如。指记忆力再好，也不如用笔记下来准确。比喻应勤于用笔记录应该记住的东西，否则容易遗忘。强调积累知识，充实头脑，不能只靠好记性，而要靠用笔勤记录，把好的有益的东西随时记下来。

**好马不吃回头草**

比喻有志气的人不走回头路。也比喻有作为的人处事果断，不会反悔。

**好马不停蹄，好牛不停犁**

指好马不停蹄地奔驰，好牛不停步地拉犁。比喻勤劳的人终生不会停止为社会作奉献。说明有志向的人就应该不断进步。

**好男不吃分家饭，好女不穿嫁时衣**

指有志气的人不依赖父母的钱财生活。换句话说，有志气的男子和女子不依靠婚嫁时父母的赠予而生活，而是自己勤奋劳作，自创基业。

**好书不厌百回读**

百回：很多遍。指好书要多读，读得越多收获越多。

**好树结好桃，好葫芦开好瓢**

意谓一个人成才与否，与先天条件有很大的关系。

**好铁不打不成钢**

意谓人必须经过艰苦的磨炼才能成才，就像铁经过千锤百炼才能成钢一样。

**好铁靠千锤，好钢靠火炼**

钢铁是经过千锤百炼而成的。意谓优秀的人物是从实践中经受磨炼而产生的。

**行家看门道，外行看热闹**

指内行的人注意的是行业的窍门，而外行人只看外表的热闹情况。比喻懂行的人才能看出问题的关键，不懂行的人只能是看看表面现象。

**行家莫说力巴话**

力巴：外行。指内行人不要说外行话，不要故意兜圈子，应直截了当地说明白。

**行家一伸手，便知有没有**

意谓内行人经验丰富，一看就能知道真实的情况。

**行行出状元**

指不论是哪一种行业都可以出人才。也指每个行业都会有优秀的人才。

**河界三分阔，计谋万丈深**

棋盘虽小，但摆阵厮杀的棋术却非常深奥。

**河深海深，最深莫过父母恩**

意谓天底下最为深厚的感情是父母的养育之恩。

**黑发不知勤学早，白头方悔读书迟**

指年轻时不勤奋学习，年老了再后悔就来不及了。

**恨铁不成钢**

怨恨铁不变成钢。意谓对所期望的人不求进步而表现出焦急不满。

**虎父无犬子**

比喻父亲杰出，儿子也不会平庸。换句话说，如果父亲的本领高强，他的儿子在其影响教育下，本领也不会差。

**花开在春天，读书在少年**

指少年是读书的最好时期，应努力学习文化知识。

**花盆里长不出栋梁，鸡窝里练不出翅膀**

比喻只有在广阔的天地里，在艰苦的环境中，才能锻炼青年成长为有用的人才。

**花有重开日，人无再少年**

花谢了到来年还会再次开放，人老了却不会返老还童。意谓人应珍惜青春年华。

**画鬼容易画人难**

指鬼是虚无的，想怎么画就怎么画；人是现实存在的，不可以乱画。

**画匠不信神**

指画匠知道神像是人画的，所以不信神。比喻假的事物骗不过知道底细的人。

**槐花黄，举子忙**

举子：古时参加科举考试的读书人。古时指槐花开时，正是举子忙于考试的季节。

**皇天不负读书人**

旧指只要下苦功攻读诗书，终有飞黄腾达的一天。

**皇天不负好心人，皇天不负苦心人**

指心肠好的人会得到好的回报；勤奋

刻苦的人终归会成功。也指读书人只要肯下苦功夫学习，总会有出头之日。

**皇天不负苦心人**

指上天不会辜负辛勤努力的人。比喻勤劳刻苦的人做事终会成功。

**黄金要纯靠烈火，钢刀锋利要勤磨**

意谓只有经过艰难的磨炼才可以成才。

**黄狸黑狸，得鼠者雄**

狸：山猫。比喻不管是谁，能办成事情的就是能人。换句话说，不管采取哪种办法，效果好、能达到目的就是好办法。

**浑身是铁打得多少钉儿**

指能力有限。比喻一个人的能力再大再强，也是有限的。提醒人们不要恃强自满。

**活到老，学到老**

指学无止境。比喻世上值得学习的知识非常广博，学习是没有尽头的，每个人都需要不断地学习。

**活人还能叫尿憋死**

指困难难不倒人，总会有办法去克服。比喻遇到任何困难总有解决的办法。

## J

**鸡窝里飞不出金凤凰**

比喻荒山僻壤里出不了杰出的人才。也比喻在普通的环境中产生不了优秀的人才。这句谚语有片面性，因此有反其意而说的"鸡窝里飞出了金凤凰"，是说穷山沟里也会出有本事的人才。

**积财千万，不如薄伎在身**

伎：同"技"。指积累成千上万的钱财，不如学会点小技能在身上。也指有一专长胜过有很多积蓄。告诫人们，不可长期依靠父母，钱财也不可能永聚，应该学一技之长而自立，以应不时之需。

**积丝成寸，积寸成尺，寸尺不已，遂成丈匹**

把蚕丝一根一根地积累起来，不停地纺织，就能织成成丈、成匹的绸缎。比喻学习日积月累，持之以恒，肯定会有很大的收获。

**既成童，经义通；秀才半，纲鉴乱**

童：童生，明清时称秀才以下的学子。纲鉴：明清人仿宋代朱熹《通鉴纲目》体例编的史书。指在做童生时，儒家经书的义理已经通晓了；秀才还没考上，纲鉴等史书已经反复读过了。旧时指治学首先从经书史书上下功夫。

**家富小儿骄**

指家庭富有，孩子性格就骄横。比喻家庭富裕的孩子容易养成骄奢放纵的性格。

**家里有了梧桐树，不愁招不来金凤凰**

意谓俊男俏女自能吸引异性追求，就像凤凰专择梧桐树栖息一样。也指好的条件自能吸引有才能的人。

**家无读书子，官从何处来**

读书才能当官。古时指读书是做官的主要途径。

**家有三斗粮，不当孩子王**

旧指只要家中还能勉强度日，就不要选择教师这个职业。这是因为旧社会给孩子当老师既不容易，又无社会地位。

家有一老，黄金活宝

指老年人丰富的阅历，比金银财宝还珍贵。

肩不能挑担，手不能提篮

比喻没有任何能力。

见不尽者天下事，读不尽者天下书，参不尽者天下之理

指人的阅历和知识有限，不可能见尽天下的事，读遍世上的书，参透世上的理。

箭头虽利，不射不发；人虽聪明，不学不知

比喻再聪明的人也要不断学习才能得到新知识。

江湖一点诀，莫对妻儿说

指江湖上的诀窍，连妻子儿女这样亲近的人也不可以说。

江山风月，本无常主

自然景观不是某个人专有的，人人都可以享受拥有。

将门出虎子，名师出高徒

指世代为将的门第会产生英武的子弟，有名的师傅会带出技艺超群的徒弟。

将帅无能，累死三军

指领导者没有本事，下属便会受苦遭殃。

将相本无种，男儿当自强

指将军、宰相都不是天生的，男子汉应当努力进取，奋发向上。也指才干、本领不是靠遗传得到的，作为男子汉理应奋发图强。

娇养不如历艰

对子女娇生惯养，不如让他们到艰苦的环境中去磨炼他们。

浇花要浇根，教人要教心

指教育人要从根本上，即从思想上入手。也指解决问题要从根本上着手。

浇树要浇根

给树浇水，要浇在树的根部。常用来比喻教育人要先从根本抓起，从提高人的思想素质入手才会奏效。

蛟龙得云雨，终非池中物

蛟龙：传说中的无角龙。指蛟龙得到云雨就会飞腾，不会一直在水池中。比喻有才能的人一旦有好的机遇，就会充分发挥他的才干，有所建树。

教不严，师之惰

指管教不严是老师的失职。

教妇初来，教儿婴孩

指教导媳妇的好时机是她刚嫁来的时候，教育儿子最好是在他还在婴孩的时候。比喻教育宜早不宜迟。

教会徒弟，饿死师傅

师傅的手艺给了徒弟，徒弟就会变成师傅的竞争对手，抢师傅的饭碗。

**教人先要知心**

指教育者要首先了解受教育者的思想情况，才能有效地施教。

**教奢易，教俭难**

教人奢侈浪费容易，教人勤俭节约却不容易。

**教学相长**

指教育者与受教育者应互相促进。

**教子不严父之过，养女不周娘之错**

意谓对儿子教诲不严是父亲的过失，对女儿培育不周是母亲的过错。

**教子之法，莫叫离父；教女之法，莫叫离母**

教育子女的有效办法，就是不要让他们离开父母。指父母对子女的教育作用最大。

**界河三寸阔，智谋万丈深**

指棋盘上的界河虽然只有三寸宽，但摆阵厮杀出来的棋术却相当深奥难懂。

**金玉其外，败絮其中**

表面上像金玉一样美好，而里边却是破棉絮一堆。意谓人光有其表面而没有真才实学。

**经一番挫折，长一番见识**

经过一次失败，就会吸取一次教训，增长一些知识。意谓失败可以使人从中吸取教训。

**井水越打越来，力气越使越有**

指人的力气越锻炼越大。

**井淘三遍吃甜水，人从三师武艺高**

指井多淘几遍就能会有甘甜的水，人多跟几个师傅学习，就会见多识广，本领高超。比喻多下功夫就有收获。说明只要不辞劳苦，广识多学，功夫下到家，就会有所成就。

**井要淘，儿要教**

儿女要经常教育，就像水井要经常淘淤泥一样。

**镜愈磨愈亮，泉越汲越清**

镜：这里指铜镜，古时以铜作镜，故须常磨。汲：提取水。比喻技艺或为人处世，越磨炼越纯熟。

**君子不夺人之所爱**

意谓有道德修养的人不抢走别人所喜爱的东西。

## K

**开卷有益**

卷：书卷。指只要打开书本，就会有好处。也指书能给人教益。劝诫人应当多读书。

**砍了头，碗大的疤**

常用来视死如归的一种态度。

**看好样，学好样**

意谓看见好样的人就向他学习。

**看戏问名角，吃饭问名厨**

指名角主演的戏会吸引众多观众，名厨掌勺的饭店会招来大批顾客。

**炕头上练不出千里马，花盆里长不出万年松**

比喻要想成为栋梁之材，必须在实战中经受磨炼，经受考验。

**空心萝卜大肝花**

意谓人外表壮实内里却没有真才实学。

**孔子家儿不识骂，曾子家儿不识斗**

孔子家的子弟不骂人，曾子家的子弟不打架斗殴。指知书识礼人家的孩子讲文明懂礼貌。

**口服千句，不如心应一声**

指口服比不上心服。

**口上仁义礼智，心里男盗女娼**

意谓嘴上说得冠冕堂皇，实际上却道德极其败坏。

**苦海无边，回头是岸**

原是佛家用语，指尘世间的苦难就像大海一样无边无际，但只要皈依佛法修身悟道，就可以获得超脱。现今多用来劝诫人改恶从善。

**快刀不磨是块铁**

指快刀不磨，和一块废铁一样无刃。比喻人不学习、不磨炼，纵然聪明也不能成才。

**快刀斩乱麻**

意谓处理复杂的问题迅速果断，有魄力。

**快马不用鞭催，响鼓不用重锤**

比喻有头脑的人物，不用多说就明白事理。

**快马跑断腿**

比喻能干的人多做事多受累。

**快棋慢马吊，纵高也不妙**

指下棋时，切忌出子太快，否则会连连失误。

**筷头上出忤逆，棒头上出孝子**

指父母对子女过于溺爱，子女长大后不会孝顺父母；只有严加管教，才能培养出孝子。

**困境识朋友，烈火辨真金**

指艰难的环境中才能识别出谁是真正的朋友，在艰苦的磨炼中才可以分辨出谁是品德高尚的人。

## L

**来者不拒，去者不追**

对来求学的人一概不拒绝，对自愿离去的人也不勉强。

**烂肉煮不出香汤**

比喻在不好的环境里，造就不出好的人才。

**粮不粮，莠不莠**

既不像粮又不像莠。意谓人平平庸庸，碌碌无为不成才。

**老将出马，一个顶俩**

指经验丰富的人，一个人能起到两个人的作用。

**老人不讲古，后生会失谱**

古：过去的传统。谱：指标准。指老年人如果不告诉年轻人以前的传统，年轻人做事就会没有标准。

**老人发一言，后生记十年**

指老年人的话对年轻人有深远的教

育指导作用。

**老子偷瓜盗果，儿子杀人放火**

如果父亲的行为不检点，儿子就会变本加厉。指父母的行为对子女的影响极大。

**老子英雄儿好汉，强将手下无弱兵**

父亲优秀能干，儿子也肯定是好样的；将领武艺高强，士兵就没有胆怯懦弱的。

**历经苦中苦，才为人上人**

意谓人只有经过各种艰难困苦的磨炼，才能够出人头地。

**良贾深藏若虚**

良贾：善于做生意的人。指善于经商的人经常深藏有财物不外露。比喻有才学有本领的人不炫耀自己的才能。

**良马不窥鞭，侧耳知人意**

窥：察看。指好马不等驾车人挥起鞭子，侧耳就能领会驾车人的心意。比喻才智高的人，善于体会领导者的意图，办事不用督促。

**良马见鞭影而行**

比喻有才干的聪明人做事不需要催促，就能领会意图，主动去做。

**两耳不闻窗外事，一心只读古人书**

比喻不关心世事，只顾埋头读书的人生态度。

**烈火才见真金**

意谓只有通过严峻的考验才可以发现优秀的人才。

**烈火炼真金**

比喻严峻的斗争，才能锻炼出意志坚强的人。

**烈火识真金，百炼才成钢**

比喻只有经过严峻的考验才可以显出真正的强者，经过千锤百炼才可以成为有用的人才。

**临渊羡鱼，不如退而结网**

渊：深潭。结网：制作捕鱼的工具。指走到深潭边，看到鱼肥鲜美，羡慕空想得到，不如返回去结网捕鱼。比喻要想达到某种目的，与其空想，不如实际去做。

**龙归沧海，虎入深山**

比喻有才干的人要到适合自己、能发挥自己优势的地方去。

**路遥知马力，日久见功夫**

遥：远。指路途遥远才能知道马力的强弱，时间长了才可以看出一个人的功夫是否精湛。

**路遥知马力，事久见人心**

指路途遥远方能检验出马力的强弱，时间久了自然能看出人心肠的好坏。

## M

**麻布袋做不出漂亮的衣服**

比喻素质差的人是很难培养提高的。

**马上不知马下苦，饱汉不知饿汉饥**

指骑马的人不知道步行人的辛苦，吃饱饭的人不知道饿肚子人的饥饿。比喻条件好的人不知条件差的人的苦衷，没有需求的人理解不了有需求人的感受。说明如果不深入群众，亲身实战，也就体恤不了下情。

**马行千里，无人不能自往**

指马行路的能力再强，若无人驾驭自己也不能前往。常比喻人在推动事态发展中所起的作用。也比喻杰出的人才如果没有人举荐，也发挥不了才能，无法建功立业。

马要骑，人要闯，生铁不炼不成钢

指人不经过实践锻炼是不会成长起来的。

马异视力，人异视识

指马之间的差异是看力气的大小，人之间的差异要看见识的多寡。比喻有才能的人往往见多识广。

蚂蚁爬树不怕高，有心学习不怕老

劝勉人们不要怕困难，要坚持不懈，活到老、学到老。

慢工出巧匠

指慢慢地精心细作，就可以锻炼出能工巧匠。也指精心细作，能显示出巧匠手艺之高超。

忙家不会，会家不忙

比喻会干事的人能干得有条不紊，不显得忙乱，而不会干事的人往往就显得手忙脚乱。

毛羽未成，不可以高飞

指小鸟的羽毛没有干，翅膀没有硬，不能展翅高飞。比喻力量还没有壮大，不足以成就大事。

没吃过猪肉，也见过猪跑

比喻虽没亲身经历过，但曾经见到过。

没风难下雨，无巧不成书

没有狂风就不会下雨；没有巧合的情节，就构不成精彩的故事。指经常会有非常巧的事情发生。

没有打虎将，过不得景阳冈

景阳冈：在山东省阳谷县城东南景阳冈村，是《水浒》里描写武松打虎的地方。比喻要解决困难问题还得需要有特殊本领的人才行。

没有功劳，还有苦劳

指虽然没有太大的成绩，但也出过一些苦力。

没有修成佛，受不了一炷香

比喻还没有达到一定的水平，承受不起别人的礼遇和给予的责任。

没有严师，难出高徒

指没有严格的师傅，很难培养出高明的徒弟。

**眉头一皱，计上心来**

眉头一皱：人思考问题时的样子。计：计划，主意，办法。比喻多思考，出智慧。也比喻计谋很快就考虑成熟。

**门里出身，自会三分**

指家庭环境对孩子成长的影响很大。

**民生于三，事之如一**

三：指君王、父亲、老师。指人一生中对君王、父亲和老师的侍奉要始终如一。

**名师出高徒**

指有名望的师傅教导出的徒弟也是高水平的。也指水平高、有名气的老师能够培养出技艺高强的徒弟。

**明人点头即知，痴人拳打不晓**

指聪明人只要稍微给予暗示就能心领神会，愚笨的人即使打他他都不能明白。

**磨墨如病夫，握管如壮士**

指写毛笔字时，磨墨不要用力宜轻缓，拿笔写则要用大力。

**莫嫌知事少，只欠读书多**

不要抱怨自己知道的事情太少，是因为自己读的书不多。劝勉人们要多读书。

## N

**哪个鱼儿不会识水**

比喻一个行业有一个行业特有的技能。也比喻干哪一行业，就会熟悉哪一行业的事情。

**男儿不得便，刺头泥里陷**

指男子汉大丈夫没有好机会，就如同尖刺陷在泥坑里一样。比喻才干被埋没。

**男儿膝下有黄金**

指男人不该轻易下跪。

**男要勤，女要勤，三时茶饭不求人**

三时：指三餐。指家中男女都勤劳，就不用发愁日常生活。比喻一个家庭里，如果夫妻都很勤劳，一日三餐就没有困难。

**男子汉不激不发**

指男人受到激励才会奋发上进。

**男子汉志在四方**

指男子汉应该立志天下，建功立业。比喻有志气的男子汉应该树立雄心壮志，以四海为家，成就一番事业。

**难者不会，会者不难**

指做任何事感到困难就学不会，已经掌握的就不觉得难了。告诉人们，任何难做的事，只要用心学，都能由不会做到会做。

**能人之外有能人**

指有能力的人很多。也指在能力强的人中间，还会有更高强的人。比喻学识、本领无止境。告诫人们要谦虚谨慎，千万不要骄傲自大。

**能书不择笔**

擅长书写的人，从来不在乎笔的好坏。比喻真正有能力的人，决不会受客观条件的限制。

**能者为师**

指谁有真才实学，谁就可以为人师。

**泥鳅掀不起大波浪**

比喻小的骚动闹不了大的乱子。换

句话说，力量弱小者成不了大事。

**泥人儿还有个土性**

指人总得有点儿个性，有点儿与他人不一样的地方。

**泥胎变不成活佛**

比喻素质差的人难以变成出众的人。

**逆水行舟，不进则退**

意谓学习就如同逆水行舟一样，应不停地前进，否则就会顺水而退。

**年年防俭，夜夜防贼**

俭：指歉收。比喻费尽心思地筹划、经营。

**宁扶旗杆，不扶井绳**

指为有志气、奋进向上的人提供帮助才有价值。

**宁可身骨苦，不叫面皮羞**

指宁可生活清苦，也不受侮辱。

**宁输一子，不失一先**

下棋时输掉几个棋子没什么，关键不能没有全局的主动权。也比喻不论什么事都要努力争取主动。

**宁为玉碎，不为瓦全**

玉：珍贵之物。瓦：一般的东西。指宁愿作为珍贵的美玉被人打碎，也不愿当作一般的瓦块而保全无损。比喻宁愿保持民族气节而牺牲，不愿丧失坚贞气节而活命。也比喻宁可为保全清白或坚持正义而死，也不苟且偷生。用以赞誉忠贞不屈的英雄。

**宁养顽子，莫养呆子**

宁可养育顽皮的孩子，也不愿意养育痴呆的孩子。因为顽皮的孩子智力正常，只要养育得当，就会成才。

**宁养一条龙，不养十个熊**

比喻养育孩子或培养学生，宁可只出一个英才，也不要出十个蠢材。

**宁愿站着死，决不跪着生**

指宁可为正义事业丢掉性命，也决不可跪着向敌人乞怜求生。比喻宁死不屈。

**牛要耕田马要骑，孩子不管要赖皮**

指孩子要从小管教才能成才，就像牛马要调教才能听人使唤一样。

# P

**捧不起的刘阿斗**

捧：用双手托，指扶助。刘阿斗：三国蜀汉后主刘禅，刘备的儿子，小名阿斗，懦弱无能。刘禅不思进取，刘备死后，虽然诸葛亮等人尽全力扶助，仍然无所作为，不能振兴蜀汉。比喻资质差、碌碌无为的人，想扶助他都没有用。

**平时不肯学，用时悔不迭**

迭：及，赶上。平时不肯用功学习，到时候知识不够用，后悔也来不及。

**平时车走直，事急马行田**

车、马：象棋棋子。指按规定，车走直线，马走日字格。也指平常时按部就班，遇到紧急情况，马走了田字格。比喻人遇到紧急情况时就会手忙脚乱。

**破罐子破摔**

比喻自暴自弃，不求上进。

**破蒸笼不盛气**

蒸笼：用竹篾、木片等制成的蒸食物的器具。盛气：容纳蒸汽。"盛气"跟"成器"谐言，借指成为有用的人。指破烂的蒸笼留不住蒸汽。比喻人素质低下，没有什么出息。也比喻如果没有志气，就不会有所成就。

# Q

**七分人事，三分天资**

意谓事业的成功，七分靠勤奋，三分靠天资。

**七讨饭，八教书**

指古时教师的社会地位还比不上乞丐。

**棋不看三步不捏子儿**

指下棋时不先看准三步，便不要拿起棋子。比喻办事情应该先看准再动手。

**棋差一着便为输**

指棋局中一步走错就会输棋。比喻做事情时关键性的一步走错，就很难在竞争中取胜。

**棋错一步，全盘输光**

指下棋走错关键性的一步，全盘棋都会输掉。比喻办事如果在关键处失误，会造成全局失败。

**棋错一步，一步输，就步步输**

指下棋时走错一步，就会步步被动。比喻在做事时一步失误，会步步赶不上。

**棋错一着满盘输**

一着：一步棋。指只要走错了关键性的一步，整盘棋就赢不了了。

**棋低一着，碍手碍脚**

指棋艺低人一等，便步步被动。

**棋逢敌手难藏行**

行：行迹，这里指计谋。比喻足智多谋的人相遇了，双方都难于施展诡计。

**棋逢敌手难相胜，将遇良才不敢骄**

指双方本领相当，都不敢轻视对方。

**棋逢对手难摘离**

摘离：分开。比喻双方武艺差不多，打起来就难分难解。

**棋高一着满盘赢**

指在双方较量中，本领高的总是胜利者。

**棋高一着难对敌**

指下棋双方，一方棋高一着，对方就难于交手。比喻在武术较量中，不是同一个级别的就很难应对交手。

**棋局既开，终有了时**

指一盘棋既已开始，无论时间多长，终有下完的时候。比喻一件事既已开始做，迟早总有个结果。

**棋输棋子在，摆开再重来**

指输了一局棋，还可以再决胜负。劝诫人不要因为一次的失败就灰心丧气。

**棋无一着错**

一着：一步棋。指对弈时一步也不能走错，否则会输掉全局。比喻做事情关键时刻不可有一点失误。

**棋争一着先**

指下棋时要争取先手。比喻做事要运筹在先，掌握主动权。

**棋中无哑人**

指人们看下棋时，总是忍不住要发表意见。

**千般易学，千窍难通**

般：种。窍：窟窿，指窍门。指千种本事容易学，千种窍门却不容易精通。也指任何事要学会它容易，但要精通其中的诀窍就不容易。

干部一腔，干人一面

多种乐队演奏的全是一个腔调，许多人都是同一个脸谱。意谓文艺作品千篇一律、公式化，没有新意。

干锤成利器，百炼成纯钢

利器：锋利的刀剑等。炼：烧。指生铁经过千百次锤子的敲打，才能制成锋利的刀剑；经过千百次的烧炼，才能炼出精纯的钢材。比喻经过反复磨炼才能获得优秀的才能。

干个师傅万个法

指不同的师傅，各有不同的方法。也泛指物品种类不同，用法和效果也就不同。

干斤念白四两唱

念白：戏曲中的道白。指念白比演唱更重要。

干金难买心中愿

指人心甘情愿地做事是最难能可贵的。

干军易得，一将难求

将：将领，指有领导才能的人。指千万人的军队容易组建，能统率千军万马的优秀人才，却极难寻觅到。比喻杰出的人才难以寻找。

干日琵琶百日琴，告化胡琴一黄昏

告化：叫花子，乞丐。指精巧技艺的不好学，粗浅的容易学会。

干羊之皮，不如一狐之腋

腋：野兽腋下之毛皮，较珍贵。比喻众多平庸之辈抵不上一个杰出的人。

干招要会，一招要好

指人应会多种技能，并且对其中的一门要掌握精通。

钱财如粪土，仁义值千金

粪土：粪便和泥土，指不值钱的东西。千金：很多的钱，指珍贵的东西。指不要把钱财看得太重，仁义才是最宝贵的。比喻轻视钱财，看重人的情面和名誉。

青柴难烧，娇子难教

青湿的柴不容易燃着，娇惯的孩子不好教育。

青成蓝，蓝谢青；师何常，在明经

青：这里指靛青，一种用蓼蓝的叶子发酵而制成的青蓝色染料。蓝：即蓼蓝，植物名，古时用此提炼靛青。谢：逊色，不如。指青出于蓝而蓝反不如青之色深；老师怎能一直当老师，谁通晓经术谁就是老师。这是北魏时人们对孔瑶、李谧互相为师的评论。

青出于蓝而胜于蓝

指靛青是从蓼蓝里提炼出来的，但是颜色比蓼蓝更深。比喻学生胜过老师。

清明不拆絮，到老不成器

清明：二十四节气之一，在四月四、五或六日。絮：棉絮，指棉袄棉裤。成器：指有所作为的人。指清明节天气转暖，年轻人如果还穿着棉袄棉裤，不及时换下来拆洗，就容易养成懒散的习惯，身体穿得过暖不利于抵御风寒的侵袭，娇生惯养，就是活到老也不会有什么作为。比喻过分追求舒适，会养成懒惰的习气，丧失志向，将来不会有出息。

穷不读书，富不教学

指古时穷人读不起书，有钱人因书中

道理对他不利，不愿意教学。

**穷秀才人情纸半张**

人情：指赠送的礼物。古时指读书人因没钱送不起厚礼，只好作画写字，充当赠品。

**求人不如求己**

指请求别人帮助，不如依靠自己。也指依赖别人，还不如靠自己的能力去努力。

**拳不打少林，脚不踢武当**

指少林派擅长拳术，武当派精通脚功。

**拳不离手，曲不离口**

指练习唱歌要经常不断，练习拳术要坚持不懈。也指只有经常反复练习才能掌握某种技能。比喻熟能生巧，多练就能提高技艺，持久不断功夫就会到家。

**群众过百，能人五十**

比喻群众中有才能的人多的是。

## R

**热练三伏，冷练三九**

指练功贵在坚持，特别是一年中最热和最冷的时节不能间断。也泛指在最艰苦的环境中锻炼才能出好成绩。

**人必自侮，而后人侮**

指一个人肯定是自己看不起了自己，然后才会受到别人的侮慢。

**人不论大小，马不论高低**

指人不能只依据年龄的大小来判别人的能力，就像马不能只依据个头高低来判断马的优劣一样。说明存在有年纪轻轻、本领却很高超的人。

**人不怕低，货不怕贱**

指出身低微的人仍有机会成功。

**人不劝不善，钟不敲不叫唤**

劝：劝诫。指人如果不劝诫，就不能改恶从善，就像钟不敲不响一样。比喻人只有听从别人的劝导，才能变好。告诉人们，对犯错误的人要进行教育，才能使他改正错误，步入正途。

**人才对了口，必能显身手**

有才能的人到了合适的环境中，做利于发挥其特长的事，就必定能显出本领，做出成绩来。

**人到知羞处，方知艺不高**

知羞：技艺不如人，感到羞愧。指人到了有羞愧感的时候，才能认识到自己技艺上的不足，需要虚心学习，努力前进。

**人多一技有益，物裕一备有用**

裕：富余。备：准备。指人多学一门技术总有好处，多准备一些东西总有用得着的时候。比喻多学一些技能有备无患，总有益处。意在提醒人们，多学几种本事，以备万一。

**人各有志，不可相强**

强：勉强。指各人有各人的志向，他人不能勉强他改变。比喻人的兴趣志向不同，不能强迫别人改变。

**人过三十不学艺**

指人到中年后再学习技艺有比较多的不便。

**人生在勤，勤则不匮**

匮：缺乏，短缺。指人贵在勤劳，只要勤劳，就不会缺少钱财。也指勤劳是最可贵的，不勤劳就会穷匮。说明只有勤劳才可以富足。

**人受一口气，佛受一炉香**

指人都不愿忍辱受气。

**人往高处走，水往低处流**

指人都有向上求发展的愿望，这种本性，与水总往低处流淌是相通的。比喻人都愿意向更好的方向去发展。

**人无钢骨，安身不牢**

安身：指立身处世。指人如果没有刚强的性格，就难以立身处世。

**人无三天力巴**

力巴：生手，不懂内行的人。指人只要勤学苦练，很快就会成为内行。

**人心都是朝上长**

指人们都希望生活越过越好。

**人心无刚一世穷**

刚：刚强。指人若没有刚强的意志或要强的志气，就会一辈子受穷。

**人要闯，刀要磉**

磉：带花纹的石头，这里指在磨刀石上磨。指人要在社会中经受磨炼，就如同刀要在磨刀石上磨一样。

**人有薄技不受欺**

薄技：简单的技艺。指人哪怕掌握了一点薄技，生活中也不会受困。

**人有古怪相，必有古怪能**

古时指相貌奇特的人，肯定有奇特的本事。

**人有人门，狗有狗窦**

窦：洞。指人走为人而设的门，狗钻为狗设的洞。也指为人处世应保持人格尊严，不能做辱没自己人格的事情。

**人有一技之长，不愁家里无粮**

指人只要精通一门技艺，就能维持生计，不用担心家人挨饿。

**人在世上炼，刀在石上磨**

指人必须经受磨炼才能成熟，就像刀要在石头上磨才能变锋利一样。换句话说，人在社会上生活只有经受锻炼，才能增长才干，就像钢刀只有在石头上反复磨砺，才能锐利一样。

**日日杭州，夜夜床头**

指每天都向往杭州，想去杭州看看，却每天待在家里，不愿远行。比喻有抱负，想做一番事业，但因恋家却实现不了。讥讽只有愿望而没有行动的人。

**如鱼饮水，冷暖自知**

本为佛教禅宗用以喻自己领悟的境界。指鱼生活在水中，对水的温度高低，自己当然清楚。常用以喻学习的心得，各人自己有数。比喻生活在其中，又亲身体验过，其中的滋味自己清楚。

**若无破浪扬波手，怎取骊龙颔下珠**

骊龙：黑色的龙。颔：下巴。指如果没有在水中搏击波浪的好身手，怎么能取下黑龙下巴上的明珠呢？比喻只有在某方面具备过硬的本领，才能担负责任，取得令人满意的成绩。

## S

**洒多少汗水，有多少收获**

意谓在学习或工作中，下多大的工夫，就会有多大的收获。

**三朝媳妇，月里孩儿**

指对新媳妇和新生的婴儿都要定规矩，进行教育，以免被娇宠惯坏。

**三代不读书会变牛**

谚语大全

意谓一户人家如果几代都没有读书人，就会变得愚昧无知。

**三翻六坐九拿爬，十个月的伢儿喊爸爸**

指出生三个月后的婴儿能翻身，六个月后能坐起，九个月后能拿东西也能爬动，十个月后能发音喊爸妈。也指一般婴儿周岁内的成长情况。

**三分画儿七分裱**

裱：裱装。指好画还需要有好的装裱。比喻人要想有好的外表还需要适当的装饰打扮。

**三分教，七分学**

学习本领三分靠老师的传授，七分靠自己的勤学苦练。

**三分诗，七分读**

意谓朗读技巧有窍门，能为诗作增色添彩。

**三更灯火五更鸡**

三更：夜间十二时。五更：天将拂晓的时候。三更时房间里还亮着灯，五更鸡叫时就已起床。指起早摸黑，惜时努力。

**三更灯火五更鸡，正是男儿立志时**

指每天早上五更鸡叫就起床，三更了房间里还点着灯，这正是少年立志奋斗的时间。比喻要利用有限的光阴，刻苦读书，才会成就大事。

**三军可夺帅，匹夫不可夺志**

三军：对军队的统称。匹夫：泛指平常人。指可以夺得三军的元帅，但却改变不了平常人的志向。形容意志坚强、不可动摇。比喻要坚守自己的志气和节操。

**三日不弹，手生荆棘**

荆棘：山野中带刺的小灌木。三天不弹琴，手上就会长出荆棘。指技艺需要常常练习，否则就会荒废。

**三日打鱼，两日晒网**

指打三天鱼。晒两天网。比喻做事或学习没有恒心，时断时续，就将一事无成。

**三岁学，不如三岁择师**

指用三年的时间自学，不如用三年的时间选择老师。也指投奔名师是学业中比较重要的一步。

**三天不唱口生，三天不演腰硬**

指掌握唱功和演技贵在勤学苦练，稍有停歇，就会生疏。也泛指一切技艺都需要勤学苦练。

**三天不打，上房揭瓦**

上房揭瓦：比喻捣乱生事。指对调皮的孩子如果不严加管教，就会经常惹是生非。

**啥师带啥徒**

指什么样的师傅就会教育出什么样的徒弟。

**山山出老虎，处处有强人**

比喻到处都有才能出众的人或出类拔萃的人。

**山要绿化，人靠文化**

山要绿化，才能保持住水土；人有文化，就可以把握住前进的方向。

**山再高也高不过两只脚**

比喻困难大，决心更大，即使是高山骇浪，也吓不倒生活的强者。也比喻邪不压正，即使困难再大，也能够战胜它。

**杉木尾子做不了正梁**

谚语大全

比喻人才使用不当，小材大用。也比喻小才派不上大用场。

**上有天堂，下有苏杭**

苏杭：指苏州和杭州。指苏州和杭州风景秀丽，和神话中的天堂一样美好。

**少所见，多所怪**

形容人因见识少，遇事总是大惊小怪的。比喻人见识少，碰到以前没有见过的新鲜事，就容易大惊小怪。

**身教重于言教**

指以身作则比泛泛而谈更有效。

**神仙下凡，先问土地**

土地：掌管一个小区域的神。比喻位高权重者来到一个地方也需要向该地的当权者请教。

**生有涯，学无边**

涯：边际，界限。指人的生命是有限的，而学习知识永远没有尽头。

**圣人府里没文盲，老师手下没白丁**

白丁：封建时代指没有功名的人，现今指没有文化的人。指在良好环境的熏陶下，在教师的指导下，人们的文化水平逐步提高。

**圣人门前卖字画**

比喻在内行面前卖弄本领。

**圣人门前卖字画，佛爷手心打能能**

比喻浅薄的人总爱在高人面前卖弄自己，表现出无知。

**师访徒，徒访师，各三年**

指师傅要花费时间挑选好的徒弟，徒弟要花费时间寻访好的师傅。也指师访徒、徒访师是件严肃而认真的大事，不可草率行事。

**师父是镜子，徒弟是影子**

指师傅的品德和技艺集中在徒弟身上反映出来。

**师傅不明弟子浊**

浊：糊涂。师傅平庸一般，徒弟也就糊涂无能。

**师傅教不了自家儿**

指为师再严，教导再有方，也不一定能教好自己的儿子。比喻官位再高，在自己家里也难施威力。

**师傅领进门，修行在个人**

修行：佛门用语，这里泛指自我进修学业。指师傅把人领进门里来了，学好与否，全凭自己。也指师傅只起着启发、引导的作用，深入探讨钻研还得靠自己的努力。

**师高弟子强**

指师傅高明教出来的徒弟也一定是强手。

**师徒如父子**

指师傅和徒弟的关系，就好比父子关系，非常亲密。

**十步之内，必有芳草**

芳草：香草，指贤人或才士。比喻人才济济。换句话说，到处都有贤能的人或出色的人才。

**十个读书九个呆**

古时指读书人多死读书，不懂世事，不明事理。

**十磨九难出好人**

指经历过许多磨难，才能锻炼出有作为的人才。

**十年窗下无人问，一举成名天下知**

古时指读书人长期埋头读书，默默无闻，无人知晓，一旦取得功名便扬名天下。

**十年树木，百年树人**

培育树木需要十年的时间，培养人才却需要百年的时间。指培养人才是漫长而艰巨的任务。

**十室之邑，必有忠信**

指即使是仅有十户人家的小城中也一定有忠信的人。比喻处处都有品行优秀的人。

**石头是刀剑的朋友，障碍是意志的朋友**

指石头能磨砺刀剑，使刀剑锋利；困难能锻炼人的意志，使意志坚强。也指逆境往往能磨炼人的意志。

**士别三日，即更刮目相待**

指读书人三天不见面，就要另眼看待。也指读书人时时在进步，不可等闲视之。

**士各有志，不可相强**

指读书人各有各自的志愿和抱负，不可以勉强。

**士可杀而不可辱**

指有气节的人宁可被杀也不愿受侮辱。也指读书人重节操，宁可被杀死，也不可以蒙受耻辱。

**世上无难事，只怕有心人**

有心人：意志坚决，又肯动脑筋的人。指只要有决心和恒心，不论什么事都可以办成功。

**事非经过不知难**

指没有亲身经历过这件事情，就不知道事情的难处。

**手大遮不过天来**

比喻能力有限。

**手下一着子，心想三步棋**

下棋时要从全局着眼，走一步，就要想到后面的三步。也比喻做事要把眼光放长远，想得周全。

**受得苦中苦，方为人上人**

指能经受得住常人难以忍受的艰难困苦的磨炼，才能出人头地。

**书到用时方恨少**

指只有在实际运用时，才会觉得自己读的书不多，知识有限。劝人多读书，多学习知识。

**书到用时方恨少，事非经过不知难**

知识到了用的时候，才知道学得太少；事情没有亲身体验，不知道困难。指书要勤读，事要实践。

**书读百遍，其义自见**

见：显现。反复多次地读一本书，自然就会明白书中蕴含的深刻道理。

**书囊无底**

指书是读不完的，学习就无止境。

**书三写，鱼成鲁，虚成虎**

三：多次。文字经过多次传抄就会出错，"鱼"可能写成"鲁"，"虚"可能写成"虎"。

**书山有路勤为径，学海无涯苦作舟**

径：门径，道路。指勤奋是读书的路径，刻苦是学术的航船。也指要掌握丰富的知识，只有勤奋、刻苦学习。

**书生不离学房**

古时指读书人死守书房读书。

书生不知兵

书生：指只有书本知识的人。兵：行军用兵。指只有书本理论而没有实际领兵经验的人，是不能指挥作战的。

书生治兵，十城九空

治兵：领兵作战。十城九空：十座城就有九座守不住。指书生指挥战斗，非遭惨败不可。

书无百日工

指练习写字在短时间内不可能见效。也指学习书法，必须长期坚持，方能取得明显的成绩。

书真戏假

指书上记载的都是真实的，戏剧编演的都是虚构的。

书中车马多如簇

簇：聚集。比喻诗书中的车马很多。古时认为，读书可以当官，当了官就会有很多车马簇拥着自己。

书中自有千钟粟，书中自有黄金屋，书中有女颜如玉

千钟粟：非常优厚的官俸。黄金屋：非常富丽的房屋。颜如玉：容颜美如玉的女子。旧指男子只要专志攻读诗书，就可从书中获得荣华富贵。

输棋不输品，赢棋不赢人

指输棋不可以输掉人品，赢棋不可以傲气凌人。换句话说，下棋要有棋德。

熟读《唐诗三百首》，不会吟诗也会吟

指熟读《唐诗三百首》一书，自会领悟到写诗的要领。

熟读王叔和，不如临症多

王叔和：名熙，魏晋时名医，著有《脉经》《伤寒杂病论》等书，这里借指王叔和的医书。指即使把王叔和的医书读熟了，也不如多看病症。也指多读医书比不上多积累临床经验。说明治疗疾病中临床经验的重要性。

蜀中无大将，廖化作先锋

廖化：三国襄阳（今湖北襄樊）人，开始在关羽手下当主簿，关羽失败后投靠吴国，后来又逃回蜀汉。三国后期，蜀汉名将相继死亡，廖化就成为突出人物。比喻没有合适的人才，只好将就使用差一点的人。

树不打杈要歪，人不教育要栽

指人不受教育就会栽跟头犯错误，就如同树不经过修剪就会歪斜一样。

树不修不成材，儿不育不成人

指子女只养不教就成不了人，就像树木只长不修就成不了材一样。

树大分杈，人大分家

指兄弟成年后就要分家立业，就好比树木长大以后树枝要分杈一样。

树苗好栽成材难

指栽棵树苗容易，要使它长大成材很难。也指树要成材，必须要精心修剪护理。也比喻要培养一个人才，必须长期下功夫。

霜打过的柿子才好吃

比喻经过艰苦磨炼才能成为有用之才。

谁走的路长远，谁能到西天佛地

比喻谁有毅力有恒心，谁就能达到目的。也比喻谁能一直有善心做善事，谁就

能得到好的结果。

**水大漫不过鸭子去**

比喻力量超不过一定的限度。也比喻困难再大，也难不倒有本领、有办法的人。

**水浅养不住大鱼**

指水太浅了，养不了大鱼。比喻小地方盛不下大人物。也比喻环境或条件不好的地方留不下人才。

**水深不响，水响不深**

比喻有真才实学的人不在人前张扬。

**水深见长人**

指高个子站在深水里不会被淹没，才能显出个子高。比喻在实践中方能显现出人的才能。也比喻在关键时候才能显现出一个人的才能来。

**睡着的人好喊，装睡的人难叫**

比喻真正不懂的人好施教，有意不接受的人难施教。

**说书的嘴，唱戏的腿**

说书靠的是嘴上的功夫，唱戏靠的是腿上的功夫。指每个行业都有自己的独到之处。

**死狗扶不上墙**

比喻无用的人，想扶植他也扶植不起来。

**死棋腹中有仙着**

死棋：无步可走的棋。着：下棋时的走步。指看起来是死棋，却有一步高着能使棋局转活。比喻陷入绝境时，常常还会有使局势起死回生的上策妙计。

**四两拨千斤**

比喻使巧劲能获得更大的效果。换句话说，只要掌握好要领，用很小的力气，借用对方的力量，可以克敌制胜，以轻敌重，以弱胜强。

**四书熟，秀才足**

意谓只有熟读四书，才能考中秀才。

**苏李居前，沈宋比肩**

汉苏武、李陵开拓诗风在前，唐沈佺期、宋之问革新诗律在后。指沈、宋对诗歌发展贡献很大。

苏文熟，吃羊肉；苏文生，吃菜羹

苏：苏东坡，唐宋八大家之一。苏文：指苏东坡的文章，一说指"三苏"（苏东坡和他的父亲苏洵、弟弟苏辙）的文章。指熟读苏东坡的文章，就可以考取功名，就会有好吃的食物；如果不读熟苏东坡的文章，就考取不了功名，自然就没有好吃的。比喻苏东坡的文章写得非常好，风行一世，影响非常大。

# T

台上一分钟，台下十年功

舞台上的成功表演是台下多年勤学苦练的结果。也泛指一切成就都是经过长期艰苦奋斗得来的。

泰山高还有天，沧海深还有底

比喻强手背后还有更强的人。

泰山压顶不弯腰

形容勇于承担繁重任务的气魄。比喻人不怕困难，迎着困难上，表现出一种坚忍不拔的英雄气概。

塘里无鱼虾也贵

比喻没有好的人或物，差劲儿的也显得非常珍贵。

讨饭怕狗咬，秀才怕岁考

岁考：也叫岁试，是清代的一种科举考核制度。指秀才怕岁考就像讨饭的怕狗咬一样。比喻人各有为难之处。

天不生无禄之人

禄：古代官吏的俸给。指世上的人只要肯努力，都会有吃有穿。也指不管境遇多么糟糕，只要人活在世上，总会有办法走出困境，会有出头之日的。

天地君亲师

指天、地、国君、双亲、师长是人们所必须尊重的。

天地为大，亲师为尊

指天和地是最伟大的，双亲和老师是最尊贵的。

天上下雨地下滑，各自跌倒各自爬

比喻每个人都要依靠自己的力量去解决困难。

天外有天，人外有人

指天地广阔，能人之外还有能人。意在告诉人们，还有比能人本领更高强的人。

天下名山僧占多

天下著名的风景山区，大多建有佛家寺庙。

调皮的骡子能拉套

比喻淘气的孩子灵活机警，只要引导正确，就可以担当重任。

铁不炼不成钢

比喻人不经过实践锻炼就不能成才。

铁打房梁磨绣针

比喻只要努力下功夫，再困难的目的也可以达到。也比喻工夫到家了，事情自然就会办成。

听君一席话，胜读十年书

指听了对方一次谈话，比自己长年读书的收获都大。多用作对人讲话的赞语。比喻同知识渊博的人交谈，能获得很大的教益，胜过死读书。

听蝼蛄叫还不耩芝麻喽

蝼蛄：昆虫，生活在泥土中，专吃农作物的嫩茎，通称"蝲蝲蛄""拉拉蛄"。

比喻不能让闲言碎语影响了正事，认准了目标，就要排除一切干扰，努力干下去。

**偷来拳打不倒师傅**

指不是通过正道从师学艺练出来的，往往本领有限。

**偷去的拳头打不死本人**

指没有经过苦练，轻易得来的技术，算不得上是真本事。

**投师不如访友，访友不如交手**

习武之人与其拜师学艺，不如拜访友人相互切磋；与友人切磋，不如找对手实练。指相互交流实践，本领提高得快。

**兔子多咱也驾不了辕**

多咱：任何时候。辕：驾车子用的直木或曲木。指兔子什么时候也驾不了辕。比喻力不胜任，做不了事。换句话说，能力差的人无论怎么也担当不了重任。

## W

**弯木要过墨，横人要过理**

墨：木工用来打直线的墨绳。指蛮横的人要经过说理才能转变，就像弯曲的木头要用墨绳才能取直一样。

**万般皆下品，惟有读书高**

下品：下等。古时认为各行各业里，只有读书最为高尚。

**万般事仗少年为**

指人一生事业的成就，都应当在青少年时期打下基础。

**万宝全书缺只角**

万宝全书：指无所不知的人。指自以为什么都知道，可还是缺乏一部分知识。常用于讽刺自以为什么都知道的人，也有

不懂的事情。

**为老不正，带坏子孙**

做长辈的行为不端正，后辈也会随着变坏。

**惟大英雄能本色**

惟：只有。只有杰出的英雄才可以保持住英雄本色。

**文不能像秀才，武不能当兵**

指在文武两方面都没有本领。比喻什么也没学会。

**文场之上无父子**

文场：科举考场。指考场上无尊卑之分。也泛指文人会友，彼此之间平等切磋。

**文如其人**

文章的思想内容或艺术风格，体现作者的思想作风。

**文章不妨千次磨**

文章可以而且应该经过很多次修改。

**文章自古无凭据**

意谓评定文章的好坏，自古以来就没有一定的标准。

**文字看三遍，疵累便百出**

疵累：指语病或文字不简练。多看几遍文字，其中的瑕疵就会暴露出来。

**屋里驯不出千里马，炕上养不成万年松**

指要驯千里马就得在广阔的原野上，要植万年松就得在高山深涧中。比喻对青年的培养，必须放在火热的斗争中，放在广阔的天地里，让他们锻炼成长。

**无君子不养艺人**

艺人：旧时江湖上靠卖艺为生的人。

指江湖艺人全靠观众慷慨解囊相助。旧时艺人献艺时请观众赏赐的常用语。

**无巧不成话**

话：话本，宋代兴起的白话小说，是民间艺人说唱的底本。指缺少巧合，就构不成说唱的故事情节。古时说书人的口头语。

**无志之人常立志**

指只有没有志气的人才经常树立志向。换句话说，没有志气的人经常立志，但缺乏持之以恒的决心，很难达到目的。

**五谷不熟，不如荑稗**

五谷如果成熟不了，还不如稗子一类杂草。比喻富家子弟若不能成才，还不如贫穷人家子弟。

**五岳归来不看山，黄山归来不看岳**

游览过衡山、泰山、恒山、华山、嵩山之后，就会觉得其他山都不值得欣赏；而当游览过黄山之后，觉得连这五岳也不值得看了。

# X

**嬉笑怒骂，皆成文章**

说笑、谩骂，随口说出的话，都是好文章。意谓不拘题材形式，任意发挥，皆成妙文。

**习善则善，习恶则恶**

指学习好的行为就成好人，学习坏的行为就变为恶人。

**习武不在老少，拜师不怕年高**

指练武拜师不受年龄限制。

**戏包人，人包戏**

戏剧团体依赖好演员才可以兴盛，好演员又必须依赖优秀的团体才能发挥出他的才能。

**戏不够，神仙凑**

指戏剧的故事情节编不下去，往往请出神仙鬼怪来打圆场。

**戏场小天地，天地大戏场**

戏场中的戏是社会的缩影，社会则是人生进行表演的大舞台。

**戏唱得好不好，不在开锣早**

开锣：开场锣鼓。戏演得好坏，不在于开场锣鼓打得早。比喻事业上的成功，不在于时间的早晚。

**戏台三尺有神灵**

指演戏不仅仅是为了娱乐，而是一件很庄重的事情，要起到教化世人的作用。

**戏有戏德，台有台规**

指演员有艺德，戏台有台规。

**下棋看三步**

指下棋要有全局观念，每下一子，都要想到后面的几步该怎么走。比喻做事不能只顾眼前，要有长远的眼光。

**下棋千着，全看最后一着**

指下棋时开盘布子、中间行棋固然重要，但能否取胜却在最后几步。比喻做事情要有始有终，最后的步骤一定要做好。

**夏虫不可语冰**

指同夏天的虫子不可以谈论有关冰的事。比喻人见识浅陋。意在提醒人们，不可跟见识浅薄的人谈论深奥的问题。

**先进山门是师傅**

山门：佛寺大门。指先当和尚的是师傅，后当和尚的是徒弟。

**闲时不烧香，急来抱佛脚**

比喻平时不努力，问题来临时才匆忙对付。

**响鼓不用重锤敲**

比喻聪慧的机灵人一点就透，一说就明白，不必费多大的力气进行教导。

**小错护短，大错不远**

指子女有了小错而一直护着，小错就会酿成大错。

**小鬼不曾见过大馒头**

比喻人见识少，没见过大世面。

**小孩要管，小树要砍**

指小孩不管教就不会成才，小树不修剪就不会长成参天大树。

**小河沟里练不出好艄公，驴背上练不出好骑手**

艄公：船上掌舵的，比喻久经锻炼有指挥能力的人。指不经风险，练不出好的本领。

**小脚不中看，小孩不中惯**

就如同小脚越看越丑一样，小孩则是越宠越任性。

**小马乍行嫌路窄，雏鹰初舞恨天低**

乍：刚刚开始。雏：幼小的，刚生下不久。指小马刚开始行走时，总是嫌路太窄；雏鹰刚学飞时，总是恨天太低。比喻青少年思想解放，敢想敢干，无所顾忌。也比喻刚见世面的年轻人自命不凡，不知天高地厚。

**小曲好唱口难开**

在旧社会，卖艺人在开口唱歌时总会感到很难堪。

**小人要管，小树要砍**

小人：小孩。砍：指修剪。意谓对待小孩要严加管教，就如同小树要经常修剪一样。

**小时不防，大了跳墙**

跳墙：指偷窃作案。指孩子小时不加防范，不严格管教，孩子长大后就有可能做坏事触犯法律。

**小时不禁压，到老没结煞**

结煞：结果。指如果小时候没有管教好，到年老时就不会有什么好的结果。

**小时偷针，大了偷金**

小时敢偷一根针，长大就敢偷金银财宝。指从幼年就应该注重对孩子的教育，以防小的恶习酿成以后的大祸。

**小小卒子吃大将**

指象棋到了残败阶段，小卒常常能将死对方。

**小卒过河赛如车**

指象棋对局时，卒子一旦攻过河界，威力就像车一样，尤其在残局时，胜败往往取决于一卒之差。也比喻小人物在一定条件下能做出大事来。

**孝顺还生孝顺人，忤逆还生忤逆人**

忤逆：不孝。孝顺父母的人所生养的孩子也孝顺，不孝顺父母的人所生养的孩子也不会孝顺。意谓父母的一举一动都会成为孩子效仿的对象。

**写字像画狗，越描就越丑**

指中国书法讲究意在笔先，一气到底，如有败笔，描画只能越描越坏。也比喻对某事愈辩解愈不能自圆其说。

**心坚石也穿**

指意志坚定可以穿透石头。比喻只要意志坚定，任何难事都可以办成。

心宽不在屋宽

指只要心情舒畅，就不在乎房子是否宽敞。比喻心胸宽广是最重要的，即精神生活比物质生活更重要。换句话说，人如果心胸旷达，就不必居大厦，就是住在陋室里也会自得其乐。

心欲专，凿石穿

指只要专心致志，石头也能凿穿。比喻只要心志专一，什么事情都能办到。

新瓶装旧酒

意谓用新的形式表现旧的内容。

新书不厌百回看

好的新书百看不厌。比喻漂亮的人看再多次也看不够。

星随明月，草伴灵芝

灵芝：仙草。比喻才能平凡的人追随才能出众的人才能共成其事。

秀才不出门，能知天下事

秀才：明清两代生员的通称，泛指读书人。指读书人知识渊博，无所不知，即便不出门，也能了解天下事。多用于诙谐方面。

秀才不怕书多，种田不怕粪多

指种田靠的是粪，粪越多越好；读书人靠的是书，书越多越好。

秀才靠笔杆，当兵靠枪杆

指文人靠笔杆子展现才华，当兵的靠枪杆子作战。

秀才说话三道弯

指读书人文质彬彬，不会直来直往，总是绕着弯说话。

秀才造反，三年不成

指念书人做事优柔寡断，很难成功。

学成文武艺，货与帝王家

文武艺：文才武艺。指封建时代认为掌握了文才武艺就可以报效帝王。

学到老，不会到老

指人一生要学习的东西非常多，到老也学不完。

学到老，学不了

意谓学无止境。

学好，千日不足；学歹，一日有余

指一个人学好不容易，需要经过长期的努力；学坏则很容易，不需要太长的时间。

学坏容易学好难

意谓人学坏非常容易，学好却很难。

学书者纸费，学医者人费

学习书法费纸，学习医术费人。

学徒三年，三年吃苦

旧时指学徒生活很苦，只干活儿不拿报酬，还要给师傅做家务活。

学问勤乃有，不勤腹空虚

指勤奋学习才可以获得学问，懒惰就会觉得内心空虚，无所作为。

学问学问，勤学好问

指人求学一定要勤学好问，才能有成果。

学艺不亏人

指学有专长总归会有用处的。

学者如牛毛，成者如麟角

牛毛：指数量很多。麟：麒麟，传说中的瑞兽，很少出现。麟角：比喻人才稀有可贵。指学习的人多如牛毛，但成功的人却相当稀少。也指学习的人很多，但能够有所成就的人却非常的少。

# Y

**压大的力，吓大的胆**

指力气是从沉重的压力中练出来的，胆量是从生死的搏斗中练出来的。也指艰难困苦最能锻炼人。

**严将出强兵，严婆出巧媳**

意谓严格要求，才能培养出有用的人才。

**严师出高徒**

指师傅严格教导，徒弟的技艺才会高强。

**严师出高徒，厉将出雄兵**

厉将：严厉的将领。意谓要求严格的师傅和严厉的将领才能培养出技艺高超的徒弟和勇敢顽强的士兵。

**严是爱，松是害**

管教严格是爱的体现，管教松弛是害的表现。

**言之无文，行之不远**

意谓说的话没有文采，传播的就不远。

**眼观六路，耳听八方**

六路：指上、下、四方，八方：指东、南、西、北、东南、东北、西南、西北。意谓人聪明机警。

**眼经不如手经，手经不如常舞弄**

常舞弄指反复做一种动作，达到熟练程度。说明学习技艺，关键在于实践。

**眼亮不怕夜黑**

视力好不怕夜里黑。指有真才实学就不怕任何艰难险阻。

**眼嫩的人怕见血，耳嫩的人怕听雷**

指没经历过斗争锻炼的人，遇事胆怯。

**雁头先受箭，佳材早挨刀**

指箭伤领头雁，刀砍好木材。比喻有才能的人容易遭到打击。

**燕雀安知鸿鹄志**

燕子和麻雀怎能知道天鹅的志向呢？指平庸之辈不可能知道道德高尚的人的心胸。

**羊群里跑出骆驼来**

指平庸的群体里产生了优秀的人物。

**养不教，父之过；教不严，师之惰**

比喻对孩子只养不教育，这是做父亲的过错；教育学生不严格，这是做老师的失职。

**养儿不读书，只当喂个猪**

生养儿女不教他读书识字，和养口猪没什么区别。指生养儿女就得给予读书和受教育的机会。

**养女不教如养猪，养子不教如养驴**

养育子女而不进行教育，子女就会像猪、驴一样愚蠢、呆傻。

**养身百计，不如随身一艺**

指维持生活的办法再多，也不如有一技之长受用终身。

**养子不教父之过，训道不严师之惰**

指抚养孩子却没有教育好孩子，这是父亲的过失；教授学业却不严厉要求学生，这是教师的错误。说明教育好孩子是父亲的责任，严格要求学生是教师的职责。

**养子不易，教子更难**

生养子女不容易，教育子女成人更难。

**要得惊人艺，须下苦功夫**

意谓只有下苦功钻研，才能把技艺练到惊人的程度。

要练武，莫怕苦，怕苦难成虎

指要想练武功，就不要怕受累，怕吃苦终究不会成功。

要人知重勤学，怕人知事莫做

意谓想被人认可就得勤奋学习，害怕让人知道就别做坏事。

要想武功好，从小练到老

要想练成一身好功夫，就要始终持之以恒地苦练。

要想学得会，就得跟师傅睡

指想要把师傅的技艺全部学好，就得和师傅生活在一起，全心领教。

要想正人，得先正己

意谓要想指正别人，自己先得品行端正。

要学流水自己走，莫学朽物水上漂

朽物指腐烂的东西。要学习流水自动行进，不要学习腐烂的东西随波漂流。

要学真本领，须下苦功夫

指要想学到真正的本事，就必须刻苦勤练。

要知山下路，须问过来人

要了解山下道路必须询问走过的人。意谓要明白一件事，必须请教有经验的人。

要知天下事，须读古人书

意谓只有博览群书，才能明白天下事理。

要知心上事，但听口中言

要想知道一个人心思，只要专心地听人讲的话就行了。指言为心声。

夜不号，捕鼠猫

号指叫。善捕捉老鼠的猫，夜里是不叫的。比喻不喜欢吹嘘自己的人，大多真有本事。

一辈子不出马，总是个小驹

指不出阵打仗的马，总算不得战马。比喻不在斗争中磨炼的年轻人，很难有出息。

一笔画不成两道眉

指两道眉毛不能一笔画成。比喻一起发生的两件事不能同时叙述。

一步棋错，满盘皆输

指走一步错棋，容易导致全盘失败。比喻关键时刻失误，会造成永远无法挽回的损失。

一锄挖个金娃娃

比喻盼望极容易地获得极大的利益。

一法通，百法通

指某一法术的精通，别的法术便也会精通。

一个师傅一个传授

指每个师父都有自己不同的传授方式。

一号藤子结一号瓜

意谓啥样的家庭就培养出啥样的子女。

一口气吃成个胖子

比喻急于求成的心理太急切。

一路荣华到白头

意谓仕途上一帆风顺，终生到老。

一面墙能挡八面风

比喻一个人行能抵挡许多的人。

一命二运三风水，四积阴功五读书

风水：旧指家宅、墓地的地理位置的优劣。旧时认为，人的一世，能否飞黄腾达，决定于命运、风水，也靠先辈积德和自身勤奋读书。

**一年二年，与佛齐肩；三年四年，佛在一边**

指信佛的人一二年内能和佛亲近，三四年就把佛放在一旁了。比喻人的志气和情感，随着时间的推移难以保持。

**一年之计在于春，一生之计在于勤**

指一年之中的关键时候是在春天；一生之中的关键是勤奋。也指一年的计划在春天时就要安排好；一生的计划要实现，愿望最关键的是勤奋。

**一泡屎一泡尿**

意谓养育孩子艰辛不容易。

**一人立志，万夫莫夺**

指一个人立下志气，多少人也不能改变。形容决心坚定。

**一人做事一人当**

当：承担。指自己做过的事后果由自己来负责，不牵连别人。

**一日不书，百事荒芜**

指一日不看书，许多事情就会生疏或湮没。比喻一天不读书写字，学业就要荒废。告诉人们，要持之以恒地读书学习。

**一日读书一日功，十日不读一场空**

指读书贵在持之以恒，日积月累，才能学业有成，如果不能坚持，将前功尽弃。

**一日功好做，百日功难磨**

指短时间做事容易，长期坚持很难。

**一日师徒百日恩**

指师父对徒弟的恩重如山。

**一日为师，终身为父**

指徒弟对于师傅应如对待父亲一样，尊敬和侍奉师傅。也指一旦认作老师，就应一生像对待父亲一样尊敬他。

**一身之戏在脸，一脸之戏在眼**

指文艺表演主要体现在面部，面部表情又主要用眼神来体现。

**一身做不得两件事，一时丢不得两条心**

指做事情要专心一致，注意力不能分散。

**一生不出门，终究是小人**

指一生没有见过世面，终究是眼界窄小。换句话说，一个人一辈子不出去闯荡闯荡，终究不会有出息。

**一事不知，君子之耻**

意谓即使博学君子，有一件事偶尔不懂，也感到脸上无光。

**一手穿针，一手捻线**

喻谓一人承担了所有的事情。

**一岁学步，两岁会走，三岁离手**

指婴儿长到三岁，才能离开娘的怀抱，自己学着走路。

**一心不能二用**

指人不能在同一时间做两件事情。喻指想事或做事要专一，不能分散精力。

**一着不到处，满盘都是空**

一着：一步棋。指下棋时走错关键的一步，就会导致全盘皆输。比喻做事关键的一环处理坏了，就会导致全局失败。

**一字值千金**

一个字的价值能值千金。意谓文辞相当精确。

遗子黄金满籝，不如教子一经

意谓留给儿子满筐的黄金，不如让他们熟读经书。

蚁可测水，马能识途

比喻富有经验的普通人能解决艰巨复杂的问题。

艺不压身

指技艺可用来求生存，对自身是有利的。比喻学好一些本领或技艺，对自己总会有益处。

艺高人胆大

指技艺或本领高强的人做事情有胆量。

英雄不怕出身低

指成为英雄人物，与出身贵贱是没有关系的。

英雄出少年

指自古以来，英雄好汉大都是从青少年开始显露出来的。也指杰出的英雄人物往往从年轻的人中间发现。

英雄生于四野，好汉长在八方

四野：广阔的原野，泛指四方。八方：指东、西、南、北、东南、东北、西南、西北，泛指周围各地。指无论何时何地都有英雄好汉。

英雄无用武之地

指有才能的人得不到施展能力的舞台。

鹰立如睡，虎行似病

指鹰站立时眼睛闭着，好似在睡觉；老虎走路摇摇晃晃，好似生了病似的。比喻真有本领的人不会轻易表露自己。

有钱无钱，买画过年

我国民间风俗。我国过年最重家庭团聚。每到春节前夕，身在他乡的人，不管经济是否宽裕，都要设法回家同家人过一个团圆年。而北方民俗，过大年家家贴年画。不管多穷，总是买张年画过年。

有享不起的福，可没有吃不起的苦

指经过生活磨难的人，任何艰难困苦也承受得住。

有意栽花花不活，无心插柳柳成荫

指用心栽花，却不成活；随便插根柳条，却长得很茂盛。喻指事与愿违。比喻用心去做的事却做不成；但无心去做的事倒有了效果。也比喻希望太大，容易落空；顺其自然，反倒成功。

有志不在年高，无志空活百岁

指人有志气不在于岁数大小。换句话说，只要有志气，不论他年龄大小都能有所成就；没有志气，活到百岁也是一事无成。

有志者事竟成

指只要有志气的人，做事必然成功。

有状元徒弟，没有状元师傅

状元：科举时代的一种称号。元代以后称殿试一甲（第一等）第一名，比喻行业中技艺最高的人。指学识、本领的提高乃至有所成就主要靠自身的勤奋、钻研，师傅的作用是有局限的。

幼而学，壮而行

指少年时刻苦学习，壮年时就能实现自己的目标。也指少年时刻苦学习，长大后就可以施展才能。

与其喊破嗓子，不如做出样子

指领导或家长以实际行动做出表率

的效果要比单纯的说教强好多倍。

### 玉不琢，不成器

指玉石要经过打磨才能成为器物。比喻人要想能成才就得接受教育、经受磨炼。

欲高门第须为善，要好儿孙在读书

高：抬高，提高。门第：旧时指家庭的社会地位。要想提高家庭的社会地位必须多做好事，要想有好的后代关键是让他们好好读书。

越经过风雨的草越兴旺，越经过苦难的人越坚强

指人的坚强品格是从艰苦的环境中磨炼出来的。

云从龙，风从虎

龙生云、虎生风。比喻英雄人物总是应运而生。

云里千条路，云外路千条

指路有千条，就看你怎么走。比喻解决问题的办法有许多种。

运动不出汗，成绩不见面

指体育训练时不能吃苦就不会取得好成绩。

### Z

宰相肚里好撑船

指有作为有抱负的人，心胸宽广气量大。换句话说，心胸开阔的人能包容各种人和事，而心胸狭隘的人一点小事也不能容忍。

早起三朝当一工

朝：早晨。指连续早起三天，三个早晨的工作时间就能赶得上一整天的工作效率。

赠人千金，莫若教人一技

莫若：不如。赠送给人金银不如教会别人学会一种技术更有好处。

站得高，看得远

比喻目光能高瞻远瞩，不局限于眼前的事物。

丈夫非无泪，不洒别离间

大丈夫不是没泪，只是不要在离别时流下。意谓男子汉应有志气，不要受儿女情长的困扰。

照着葫芦会画出瓢来

比喻照样子，把事做成。

真金不能终陷

意谓有真才实学的人一定会有显现头角的时候。

真金不怕火炼

意谓正确的事物能经得住历史考验。

真人不露相，露相不真人

真人：道教所说修行得道的人。指有能力的人不轻易表现或显露自己的才干。

争气不争财

比喻有些人为了争一口气，即使花费

钱财也在所不惜。也比喻应该争气求进步，不要去争利益。

**整瓶不摇半瓶摇**

一瓶的液体摇不起来，半瓶子的却能摇来晃去。比喻有能力的人不显示自己，而才学浅陋的人却爱在人前表现。

**郑板桥的竹子能碰死家雀**

郑板桥：字克柔，号板桥，清代乾隆年间进士，工画兰竹，扬州八怪之一。喻义郑板桥画的竹子，笔力遒劲。

**郑玄家牛，触墙成八字**

郑玄：东汉末年著名学者。指推崇郑玄学识渊博，影响面大，连家中的牛都识字。

**知恩不报非君子**

意谓不知道感恩的人不是品格高尚的人。

**知恩不报非君子，万古千秋作骂名**

指知道别人对自己有恩不去报答，算不上是品德高尚的人，就会永远被世人唾骂。

**知过必改，便是圣贤**

意谓品行高尚的人知道自己错了就改正。

**知者不言，言者不知**

意谓有见识的人言不多，口若悬河的往往是浅陋寡闻的人。

**只愁不养，不愁不长**

指发愁的是不能生下孩子来，只要生下来，就不愁养大成人。指只要精心培育，孩子一定会长大。

**只怕不做，不怕不会**

意谓只要肯做事，就没有学不会的道理。

**只有不快的斧，没有劈不开的柴**

比喻只有没有能力的人，没有解决不了的问题。换句话说，只要勤于思考，努力去做，任何的困难都能克服。

**只有穷秀才，没有穷举人**

秀才，只取得了进学的资格；举人，已经取得了做官的资格。指只有读书的穷书生，没有当官的穷举人。

**只有状元学生，没有状元师父**

状元：科举殿试头名为状元。一说状元才学最高，在状元面前，唯有当学生的份，没有当师父的份。另一说，状元唯有学生出身的，没有师傅出身的。

**只知我外面行状，哪知我肚内文章**

行状：指人品或事迹。意谓只了解外表，不知道内里的学问。

**指儿不养老，指地不打粮**

指：指望。指只求别人帮助是达不到目的的。

**指头当不了拳，兔子驾不了辕**

辕：车前驾牲畜用的两根直木。比喻小材不能顶替大梁。

**致富先治愚，治愚办教育**

指要想富裕必须先改变愚昧，改变愚昧的方法是办好教育。

**智慧的头脑胜似闪光的金子**

意谓有聪明的头脑，比黄金更可贵。

**智者千虑，必有一失**

聪明有才智的人，考虑问题久了，也难免会有出现错误的时候。

**智者千虑，必有一失；愚者千虑，必有一得**

意谓聪明人即使对问题反复斟酌，也

难免出一些错误；愚笨的人经过多次思考而出的主意，总会有可用之处。

种花一年，看花十日

比喻短暂的享受是长期勤苦劳动的结果。

种火又长，拄门又短

指一根木料，用来引火嫌它太长，用来撑门又嫌它太短。比喻高不成，低不就的人，没有用处。

种了高粱不长谷子

指种下啥样的种子，就生长啥样的苗。比喻啥样的父母就会教养出啥样的孩子。

种田不离田头，种园不离园头

比喻干一行就要专心致志地去做。

种田弗离田头，读书不离案头

弗：不。案：书桌。意谓做事必须坚持不懈，才有成效。

庄稼靠种树靠苗

指庄稼要好，要靠良好的种子；树要好，要靠良好的树苗。也比喻家庭或事业都指望着下一代人的苗壮成长。

子弟宁可不读书，不可一日近匪人

指年青一代宁可不去念书，也不能让他们和坏人混在一起。

字是黑狗，越描越丑

指写下的毛笔字不能回笔描写，否则会越描越不好看。

字要习，马要骑

指字要经常练习写，马要经常骑。意谓勤学苦练才能学业有成。

自古英雄多磨难

指英雄人物的成长，往往要经历许多磨炼与挫折。

走棋不悔大丈夫

指下棋不悔步，这才是棋场上的下棋高手。也指刚正不阿的人做事不反悔。

尊师学手艺，爱徒授技能

指徒弟学习技术的时候要尊敬师傅，师傅传授技术的时候要爱护徒弟。

做一日和尚撞一日钟

本指撞钟是和尚的职责。现多比喻不思进取，混天度日。

# 卷九　辩证　对立　统一

## A

哀乐失时，殃咎必至

失时：失去节制。殃咎：灾祸。指过度悲伤或极乐，一定招来祸患。

安危相易，祸福相生

指安危、祸福是互为因果，可以互相转化的。

## B

八个人也抬不走一个"理"字

理：道理，事理。指做事只要合乎事理，多大力量也不可改变。

白头花钿满面，不若徐妃半妆

白头：指老年人。花钿：古代妇女的首饰，也称花钗。徐妃：南朝梁元帝萧绎的妃子，貌美，后泛指风韵犹存的中年妇女，也称"徐娘"。半妆：半面妆。指老年人即使满头珠翠，也不如年轻的女子随意打扮一下。

百人百姓，各人各性

指每个人的性情脾气都不一样。

百样米养百样人

指人的品格、性情都不相同。比喻人虽然都是吃五谷杂粮，但每人都不一样，形形色色啥样的都有。

败翎鹦鹉不如鸡，虎落平阳被犬欺

翎：鸟的翅膀或尾巴上长的长而硬的羽毛。指没毛的鹦鹉连鸡都不如，老虎若离开山林来到平川，也要受到狗的欺负。比喻有能力的人一旦遇难，会被小人欺侮。

败为寇，成为王

旧时夺取政权的斗争中，失败者往往被看作贼寇，成功者便成了君王。

半斤逢八两

八两：旧制半斤等于八两。比喻彼此都一样。

彼一时，此一时

指以前的情况与现在不一样，有改变是自然的事。比喻时机不一样，就不能相提并论、相互对比。

扁担是条龙，一生吃弗穷

弗：不。指扁担是个好东西，一生都可以靠它吃饭。比喻只要肯劳动，能吃苦，维持生计是没问题的。

冰冻三尺，非一日之寒

指冰冻三尺之厚，不是一天寒冷的结果。比喻事情到了非常严重的程度，不是短期造成的，而是有一个长期积累的过程。

兵对兵，将对将

比喻各方面条件、力量相等的双方对阵或协作。

兵久则变生，事苦则虑易

指仗打得太久了，就会发生意外的结

局；事情进展不顺利，就会使人产生别的意念。

**兵无常势，水无常形**

指用兵打仗没有固定的阵营，就像水没有一成不变的形态。

**不比不知道，一比吓一跳**

指只有通过比较，才能鉴别双方差距的多少。比喻人与人之间如果不进行比较，就很难发现存在的差距，只有通过比较，才能找出差距，才能相互学习，共同进步。

**不登高山，不见平地**

见：同"现"，显出。指不登上高山就显不出平地。比喻不经过对比就不知有多大差别。

**不怕不识货，只怕货比货**

指只有经过比较，才能鉴别出好坏，显出差距。

**不怕低，单怕比**

指通过比较才能看出差距。

**不怕敌人强，只怕自己阵线发生裂痕**

指内部出现分裂和不团结最为令人担心。

**不怕一万，就怕万一**

一万：指绝大多数的情况。万一：指极其偶然的意外情况。指必须预防意外情况的发生。比喻不要被绝大多数的正常、顺利、成功所蒙蔽，要警惕极其偶然的意外情况发生，提醒人们，千万不可思想松懈。

**不怕硬的就怕横的，不怕横的就怕不要命的**

横：粗暴，凶狠。指孤注一掷，连死

活也不顾的人最不好惹。

**不识风云事，休在山里行**

指不懂得天气的变化，就不要在深山里行走。比喻不明白客观形势或人的心理变化，就不能在复杂的社会中行事。

**不是骨血不连心**

骨血：多指子女等后代。指不是亲生的骨肉就感觉不到心疼。

**不贤妻，不孝子，没法可治**

旧时认为，要把不贤惠的妻子、不孝顺的儿女管教好，是没有很好的办法。

**不信好人言，必有牺惶事**

牺惶：形容惊慌不安。指不听好心人劝告，必然会发生使人惊慌不安的事情。

**不要气，只要记**

指不管发生任何事情，一定要记取经验教训而不要只是一味生闷气。

**不知其子视其友，不知其君视其左右**

指不了解他的儿子，看看他儿子结交的朋友就知道了；不了解他的君主，看看他君主身边的人就清楚了。

# C

**彩云易散琉璃脆**

比喻美好的事物往往容易消逝或受到损害。

**草要连根拔**

比喻清除祸患要彻底干净。

**豺狼改不了本性，狐狸除不尽臊气**

比喻坏人终究改变不了作恶的本性。

**长他人志气，灭自己威风**

意谓抬高他人，从而贬低自己。

朝山的不是全为了敬神

比喻同做一件事的人，目的不一定都相同。

车到没恶路

比喻事情发展到一定程度，总有解决的办法。

扯了鸡毛鸡骨痛

比喻事情虽然不大，沾着自己，就得跟着受牵连。

尘世上没有不吃腥的猫

比喻嗜欲成性的人，什么时候都改变不了贪婪的本性。

乘记忆力清醒时，要把衣襟裹严实

比喻事前就要仔细想好、安排周密，防止发生意外。

仇人转兄弟，冤家转夫妻

迷信说仇人往往转世为弟兄，冤家常常转世为夫妻。指矛盾是在不断地变化的。

丑不丑，一合手；亲不亲，当乡人

一合手：左右手相合。指不论丑不丑，是一家人就好；不论亲不亲，是老乡就亲。也指同乡人情好。

出水才看两腿泥

比喻事情要发展到最后才能看明白。

除夜犬不吠，新年无疫疠；除夜恶犬噪，新年多火盗

除夜：除夕晚上。旧时认为，除夕晚上狗不叫，新年里就没有瘟疫发生；除夕晚上，恶犬狂吠不止，新年多发生灾难事故。

聪明却贫穷，昏迷做三公

三公：古代朝廷三种最高官衔的合称，周以太师、太傅、太保为三公，明清沿用周制。旧时指有能力的人反倒贫困潦倒，愚蠢而糊涂的人却能做了大官。

寸铁入木，九牛难拔

拔：拉。指一寸长的钉子钉进去，九头牛的力量都拉不出来。比喻事态发展到一定的局势，便不可挽回。

# D

打柴的不跟遛马的走

比喻志向不同，不为同谋。

打虎要力，捉猴要智

比喻处理不同性质的问题要采取不同的方法。

打了骡子惊了马

比喻打击这个，使另一个也受到了惊吓。也比喻有时惩罚了这个人，会惊吓了那个人。

打喷嚏是鼻子痒，做梦是心里想

比喻无论什么事情的发生都是有因果的。

打墙板儿翻上下

指打土墙时，用两面夹板，填土夯实，上下板接连翻覆，土墙逐次增高。常用以比喻人贫富兴衰变化无规律。

打墙也是动土

喻谓为了小事而费了大力气，不如干脆趁机做起大事来。

打人莫打膝，道人莫道实

指和人发生纠纷时，切莫揭露对方的隐私，就像打人不要打要害处。

打伞戴帽，各取所好

指人性格各异，爱好不同。也指根据

需求,各取所用。

**打嚏耳朵热,一定有人说**

旧俗认为打喷嚏或耳朵发热一定是有人在挂念和议论自己。

**打铁看火候,做事看时机**

火候指火色程度,包括火力大小,时间长短。喻谓做事要抓住时机。

**打铁先得本身硬**

指打铁要花力气,所以打铁的人身体一定要强壮。意谓处理棘手的问题时自己的本领或作风切合实际。

**打铁要趁热,治病要趁早**

指打铁要掌握火候,有病要及早治疗。意谓办任何事情要抓住有利时机。

**大处着眼,小处着手**

指从大的方面观察和考虑问题,要从细小的事情上做起。意谓办事情既要看得远,胸怀全局,又要脚踏实地,从每件小事做起。

**大从小来,有从无来**

指事物的发展规律总是从小到大,从无到有。

**大官送上门,小官开后门,老百姓求别人**

旧指大小官员办事门路多,老百姓办事很艰难。

**大海哭孩脸,一天变三变**

指海面变化规律,风浪会随时袭来。

**大伙一条心,黄土变成金**

指大家团结起来,就能战胜任何困难,创造无数奇迹。

**大路不转小路转**

比喻事物总会变化发展的。

**大路朝天,各走一边**

朝天:指通向天边、远方。意谓各人走各自的路,互不相干。

**大人不同小人斗**

指地位高的人不和地位低下的人争斗。也指修养高的人不和粗野的人争论高低。

**大事瞒不了庄乡,小事昧不住邻居**

指乡亲邻里最清楚各自的情况。

**大寿到,难照料**

大寿:生命的大限。指寿命已到,无能为力。也指事情发展到绝境地步,很难挽回局势。

**大限难逃**

大限:劫难,寿数,死期。旧指命里注定的,难以改变。

**大小一个礼,长短一根棍**

指送礼不计轻重多少,只在于表达情义之分。

**大小做个官儿,强似点水烟儿**

指做官不管大小,都比做普通老百姓好得多。

**大有大的难处,小有小的方便**

指大的并不都好,大有大的难处;小的并不都差,小有小的好处。

**大有大难,小有小难**

意谓无论大小,都有各自的难处。

**大鱼吃小鱼,小鱼吃蚂蚁,蚂蚁吃泥巴**

比喻旧时人与人的关系是以大欺小,弱肉强食。

**带着铃铛去做贼**

指带着铃铛去偷别人的东西。意谓

做事情不加顾虑，导致暴露自己的弊端。

**单刀好使，左手难藏**

指练武的人耍刀时，总是用左手护着右手的手腕，因而左手最容易受到伤害。

**单者易折，众则难摧**

意谓个人的力量容易折断，众人的力量难以挫败。

**胆小的人心细**

指胆量小的人对事情的前因后果考虑比较周到细致。

**当差的会搪塞**

指旧时下层官吏会哄骗上级。

**当断不断，反受其乱**

意谓应该断然采取措施，如果犹豫不定，将会失去良机，当面锣，对面鼓，面对面地打锣，面对面地敲鼓。意谓面对面地谈论事情。

**当面是人，背后是鬼**

指当着别人的面是人，不当着别人的面就变成了鬼。意谓阴阳两面人要两面派。

**当面笑呵呵，背后毒蛇窝**

意谓人面慈而心狠，阴险毒辣之人。

**当行厌当行**

指同行厌恶同行。意谓同行是冤家。

**灯不点不亮，理不辩不明**

指油灯不点是不会发光的，话不说透，别人是不会了解的。也指道理必须经过大家解说辩论才能为大家所理解。换句话说，有不同的意见就提出来，不要闷在肚子里，讲透了就能明白，就能互相沟通。

**灯一拨就亮，理一讲就明**

旧时用油灯照明，拨长灯芯灯才明亮。指道理要讲清楚，才会使人明白。

**地无三尺土，人无十日恩**

意谓不可能长期地接受别人的恩赐。

**地有高低，人有贵贱**

指宿命论认为，人生来就有贵贱之分，这是命中注定的，因此社会地位不同就认为是命运的安排，是人不能抗拒的。比喻社会上人的地位有贵贱之分，各不一样，各不相同。

**钉头碰着铁头**

铁打的钉子碰到铁榔头。意谓双方都很坚硬。

**定数难逃**

旧时认为命里注定的灾难是难以躲避的。

**豆腐青菜，各有所爱**

指人们的兴趣不同，各有所好。

**豆收长秸麦收齐，谷苗断垄不用提**

指豆、麦、谷子的产量，决定在禾苗上：豆要秸秆长，麦要高低整齐，谷要不缺苗断垄。

**蠹众而木折，隙大而墙坏**

指蠹虫多了，就会蛀断树木；缝隙大了，墙壁就会坍塌。比喻小问题不及时处理，定会酿成大祸。

**躲得了初一，躲不了十五**

指能躲过初一这天，也躲不过十五那天。意谓问题总要发生，无论怎样躲避不了。

**躲过了风暴又遭了雨**

意谓刚躲过一场灾难，又碰上另一场灾难。

躲脱不是祸，是祸躲不脱

指只能化解灾祸，不能躲避。

躲一棒槌，挨一榔头

比喻刚躲过了一场灾难，却遭遇另一场灾难。

## E

恶疮都打内里破

比喻矛盾的发展变化，内因是决定作用的。

饿慌兔儿都要咬人

比喻被逼无奈时，再老实的人、弱者也会起来反抗。

## F

放虎归山擒虎难

比喻把恶人放了容易，再要捉拿回来就困难了。

放着一星火，能烧万顷山

指投放一点火星，就能烧毁整个山林。比喻有生命力的事物会迅猛发展壮大。也比喻不注意小的疏漏，就会酿成大的灾难。

飞鸟择林而栖，良马择主而行

指飞鸟在适宜的林木栖息；骏马也会为好主人纵横驰骋。

风潮过了世界在

风潮：此指群众性的运动。指风潮过了，一切又会回到原来面目。比喻人要有远见卓识，在政治运动面前要有主见，站得稳、不动摇。

风流茶说合，酒是色媒人

风流：意为男女行为不合乎规范。

色：色情。指喝茶饮酒易诱发越轨行为。

风水轮流转

风水：本指住宅、坟地的方位、地势走向等好坏，这里比喻人的气运。指人或集团的运气会不断变化。

风云多变，人心难测

指人心就像风云一样诡迷不定，难以揣摩。

凤凰鸦鹊不同群

指凤凰和鸦鹊不会同居在一起。比喻好人和坏人不会厮混在一起。

否极泰来

否、泰：《易》六十四卦中的卦名，否是坏卦，泰是好卦。指否和泰对立统一，可以相互转换。比喻事情坏到极点，就可以变成好事。

伏虎容易捉虎难

伏：驯服。指驯服老虎容易，捉住老虎困难。比喻若惩治恶人容易，但缉拿恶人难。

扶起不扶倒

指扶助能兴旺的，不扶助衰退的。也指要扶持有发展潜力的人或事物。

福生有基，祸生有胎

指祸福发生都不是偶然的，而是有它的根源所在。

福无双至日，祸有并来时

指幸运的事不可能一起到来，不好的事却往往接连发生。旧指人总是倒霉的时候多。

富贵在天，生死由命

旧时认为人的富贵、生死都是老天注定的，人力是无法改变的。

覆巢之下，复有完卵

谚语大全

指倾倒的鸟巢下面，没有完好的鸟蛋。比喻整体覆灭，局部也难以维持。

## G

改变一个人的性格，比搬掉一座山还难

指人的秉性难以改变。

干吃大鱼不费网

指不用自己撒网捕捞就能吃到大鱼。比喻自己没有出力，却占了很大的便宜。

赶鸭子上架

鸡能赶上架而鸭子上不了架。比喻强迫别人去做力所不能及的事。

敢揽瓷器活，定有金刚钻

指敢承接修补瓷器活的人，一定有用金刚石做的钻子。比喻只有有了某方面的能力，才敢包揽别人做不了的事情。

钢铁要在烈火中炼，英雄要在困难里摔打

指英雄人物要在艰苦困难环境中接受考验，就像钢铁要在熔炉里经受锤炼一样。

高者不说，说者不高

指本领高强的人不说大话，说大话的人本领不高。

疙瘩宜解不宜结

比喻对存在的矛盾与分歧应及时化解，不应再进一步使其恶化。

胳膊弯没有向外拐的

比喻自己人总是向着自己人。

胳膊折了往袖子里藏

比喻自家人出了事总得要护短。

各人自有各人福，牛吃稻草鸭吃谷

旧指各人的命运不同，福运也不尽相同。

各施各法，各庙各菩萨

比喻对待不同的情况，应要采用不同的方法。

各有各的牢笼计，各有各的跳墙法

比喻各人有各自的招数与策略。

各走各的路，各投各的店

比喻各干各的事情，互不往来。

跟狗走吃屎，跟老虎走吃肉

比喻跟随不同的人会得到不同的结果。

跟着啥人学啥人，跟着巫婆会跳神

指跟啥人接近就会受到啥样的影响。多指跟坏人接近，就会受坏人的影响。

**耕牛为主遭鞭杖**

指牛为主人耕地还要遭主人的鞭子抽打。比喻为人效力，反招致祸殃。

弓硬弦长断，人强祸必随

指人个性太强容易招惹祸事，就像弓太硬容易折断。旧时劝诫人不要过于强硬，能忍则忍。

狗不上前用食喂，马不上套驾鞭子打

比喻针对不同的对象或情况采取不同的方法对待。

狗急跳墙，人急悬梁

悬梁：上吊自杀。指人被逼无奈时，就会不顾一切后果。

狗瘦主人羞

指豢养的狗瘦弱，主人也觉得不体面。旧时比喻下属如果贫困潦倒，就是上司的一种耻辱。

狗咬人，有药医；人咬人，没药治

狗咬了人，有药医治；人诬陷人，没有医治的办法。比喻受人诬陷所受的伤害很难弥补。

古古今今多更改，贫贫富富有循环

指人的贫富不会始终不变，总是处在往复循环的变化中。

鼓不敲不响，钟不撞不鸣

比喻心里有话不讲出来，别人就不会知道。

拐米倒做了仓官

指有坑骗行为的人反倒做了仓库的负责人。比喻颠倒黑白。

观其眼，知其胆

指从人的眼神中可以知道他的胆量。

官场如戏场

指旧时官场上的事情变化多端，荣辱不定，如同唱戏一般。

官话一出，私口难开

指上级有了指示，个人再有意见也要保留。

光棍一点就透，犟眼子棒打不回

犟眼子：固执、倔强的人。指聪明的人一说就明白，固执的人很难改变自己的主意。

闺女十八变

指女孩从小到大性情变化很大，会越变越好。

过河探深浅，走路看高低

指渡河时先要了解河的深浅，走路时要知道路的高低。比喻做事要小心谨慎为好。

过里门则思敬，过墓门则思哀

比喻经过有才德的乡里人门口就应该肃然起敬，路过有才德的人的墓前就应该静默致哀。

过去未来，不如现在

比喻正确要面对现实。

过头饭儿难吃，过头话儿难讲

指说话像吃饭一样有节制，要把握好分寸。

## H

海上无风不翻船，江中无风不起浪

指海上翻船、江中起浪，都因为有风。比喻事情发生、事态变化都有因果。

海水可量，人不可量

指海水的深浅还可以测量，但人的真实情况却难以从外表看出来。

海子里没有宝贝，海子水不会闪光

海子：湖。比喻没有原因，事情不会转变。

蒿草再高也成不了树

指事物发展由它的本质属性所决定，差的永远成不了好的。比喻人的素质低，难以成就事业。

**好把式打不过癞戏子**

把式：指会武术的人。戏子：旧指戏剧演员。指略通武术的没有一般唱戏的功底深。也指戏剧演员多有比较过硬的基本功，不可小瞧。

**好刀要在石上磨，好钢要在火中炼**

比喻人只有在实践中锻炼才能成长，如同好刀要磨，好钢要炼一样。

**好汉不赶乏兔儿**

指英雄好汉不与精力疲乏的人比高低。

**好花不常开，好景不长在**

指盛开的花总会凋谢，美好的景物难保持长久。比喻好事总是不久远。

**好物不贱，贱物不好**

比喻质量好的东西价格不会便宜，价格便宜的东西质量不好。

**好鞋不踏臭狗屎**

比喻正直的人不会与自己厌恶的人纠缠在一起。

**和尚在，钵盂在**

比喻只要人在，和其他有关的事情也就好办了。

**河水不洗船**

比喻彼此没有任何联系的事。也比喻越是关系亲近，越要注意避免是非。

**河有九曲八弯，人有三回六转**

指人的想法就像河流有好多道弯一样，会有许多起伏、变化。比喻人生道路和河流一样也是弯弯曲曲的。也比喻人的思想、行为或命运有变化无常是很自然的事。

**荷包口收得住，人口收不住**

荷包指随身携带、装零钱和零星东西的小包。比喻能封住小包的口，却封不住人的口。也指禁令再严，人们对发生的事情总是议论的。

**荷花出水才见高低**

比喻事情还没有结果之前，不能过早下结论。

**黑炭洗不白，金子染不黑**

比喻人的本色一呈不变的。

**猴儿学人形，改不了猴气**

比喻即使形式上的模仿，也难以改变内在的本性。

**后浪催前浪，新人换旧人**

指时代向前发展，一代人更强过一代。

**呼蛇容易遣蛇难**

用咒语把蛇招来容易，把蛇打发走可就难了。意谓收容易，打发难。

**虎无伤人意，人有伤虎心**

指老虎没有伤害人的意思，人却想伤害老虎。意谓相处一起，你不害他，他却要害你。

**虎心隔毛翼，人心隔肚皮**

指人难以揣摩他人的心思。

**虎在深山，猫居床笫**

笫：竹篾编的席。比喻人各自有其不同的生活环境。

**花开两样红，人和人不同**

指每个人都有不同的性格。

**花开自有落时**

指花的凋谢是自然规律。也比喻人事有盛衰、有兴败。

**花无百日红**

谚语大全

指好花不会长开不败。也比喻人生不会永远兴旺，一帆风顺。

**花又不损，蜜又得成**

指既不损伤花，又能酿成蜜。比喻人和事尽得两全其美。

**花自花，鸟自鸟**

指花与鸟本不是一类物种，不可生拉硬扯在一起。比喻各人的情况不一样，不可混淆。

**画虎不成反类狗**

类：像，类似。指画虎没画成型，反而画得像条狗。比喻不从个人情况出发，盲目模仿别人，反而会弄成不伦不类。也比喻做事如果不切实际情况，反会弄巧成拙。

**话不说不知，木不钻不透**

指话必须说得清楚透彻具体，别人才能真正懂得其中的含义。

**话要说到心上，肥要追到根上**

指话要说到人的心里去，施肥要施到庄稼根上，才能获得优良的效果。

**换汤不换药**

比喻只有形式上的变动，而中心内容不变。

**皇帝轮流传，今年到我家**

指皇帝应该轮换当，百姓也可做皇帝。

**黄连树根盘根，穷苦人心连心**

比喻旧时穷苦人过着同样的苦难生活，心心相通。

**混龙闹海，鱼虾遭殃**

比喻强者胡作非为，往往会使周围的弱者受连累。

# J

**鸡蛋里挑骨头**

比喻故意挑剔毛病，寻找错误。

**鸡蛋没缝，苍蝇下蛆也难**

比喻只要自身强硬，再恶劣的东西也不能乘虚而入。

**鸡兔不同笼**

指鸡与兔不可在同一笼中喂养。比喻品质或志向不同的人不可能走到一起。

**即使住在河边，也不能和鳄鱼交朋友**

比喻即使与恶人处于同一环境，也决不沾染坏的恶习。

**急惊风撞着慢郎中**

指危急的患者偏遇上个慢性子的大夫。比喻情况紧急时却遇上个做事缓慢的人。

**既不烧柴，又不下米**

指没有烧柴做饭吃现成的。比喻不费力气而享受别人的劳动成果。

**既到大江边，不怕水湿脚**

比喻既然想做某件事，就不怕招惹麻烦。

**既来之，则安之**

指既然让他来了，就要使他安下心来。比喻事已如此，就应该安心面对。

**既有今日，何必当初**

比喻对今天的后果和当初的想法相差甚远，表示后悔。

**既在矮檐下，怎敢不低头**

指既然立在低矮的屋檐下面，哪能不低头呢？比喻受人限制，只得委曲求全。

**既在江湖内，都是苦命人**

江湖：旧指四方各地。旧时认为在各地漂泊流浪的人，都没有太好的命运。

**见好就收**

指事情达到一定程度就应该想到停手，免得做过了头，落得败兴人空。

**见人说人话，见鬼说鬼话**

指见啥人说啥话。比喻为人处世老练，善于察言观色。

**箭在弦上，不得不发**

指箭已经搭在弓弦上，就得射出去。比喻在紧急状况的迫使下，就得敢说敢做。

**江山易改，禀性难移**

指山川河流的面貌容易改变，一个人的禀性却很难改变。

**讲不讲在人，听不听在己**

比喻该讲而没讲应由讲者负责，该听而没听应由听者负责。

**叫花子走路打狗，聪明人走路生财**

比喻做一样的事情，人的才能不同，得到利益也不一样。

**节令不到，不知冷暖；人不相处，不知厚薄**

指换了一个新的节气才知气候变化，人通过互相交往接触，才能了解彼此的情谊薄厚。

**诚无垢，思无辱**

诚：警诫。垢：通"诟"，耻辱。指时常地告诫自己，就会免于污辱的事情发生；不断地提醒自己，就会免遭灾殃。

**今日不知明日事**

指今天不知道明天会有什么事。多指动乱年代，人心慌乱，朝夕难保平安。

**今日河东，明日河西**

指事物的风水变换。比喻世事盛衰会反复转换的。

**今天的龙江不流昨天的水**

指任何事物随着时间的流逝都会变成了痕迹，不值得再提。

**荆山失火，玉石俱焚**

指荆山上失火，美玉和石头一起被焚毁。比喻好坏良莠，一起毁掉。

**井水不犯河水**

指井里的水与河水不相通。比喻双方互不相干，互不牵连。

**君子动口，小人动手**

指发生冲突时，君子通常讲道理处理问题，小人才肯动手打人。

**君子矜人之厄，小人利人之危**

指道德高尚的人同情别人的难处，卑鄙的人想从别人危难中得到好处。

**君子千言有一失，小人千言有一当**

指君子说话多了也会有失误，小人说话多了也会偶有得当的言语。比喻言多必失。

**君子争礼，小人争嘴**

指品德高尚的人追寻的是礼仪，而品行低劣的人争的是吃喝。

**骏马却驮痴汉走，巧妻常伴拙夫眠**

指好马常驮着个痴呆的汉子行走，聪明美貌的妻子却和呆笨的丈夫一起生活。

## K

**开弓没有回头箭**

指已拉开弓往前射箭，就无法再将箭收回。比喻事情已经开始，就不可返回，只有勇往直前，勇敢坚持下去。

**砍的不如旋的圆**

比喻采取的方法不同，最终效果也会不一样。

**砍一枝，损百枝**

比喻伤害一人，也会使其他众多人感到悲伤。也比喻打击一个人往往能影响许多人。

**看风使舵常顺利，随机应变信如神**

指根据形势变化决定自己的行为，往往能把事情办得很成功；灵活地解决问题，会使问题处理得较妥当。

**靠着米囤却饿死**

比喻不利用已有的有利条件，导致受困。

**可望而不可即**

指可以望见但到达不了。比喻愿望与现实有一定的差离。

**渴者易为饮，饥者易为食**

饮：喝。食：吃。指饥渴的人不嫌弃饮食的好坏，比较容易接受。

**口是伤人虎，言是割舌刀**

比喻难听的话语如同老虎和刀子一样能伤害到别人。

**口子大小总要缝**

比喻问题无论大小总得处理。

**寇准上殿，百僚股栗**

寇准：宋代有名的谏臣，仕太宗、真宗两朝，前后两次出任宰相。百僚：百官。股栗：腿打哆嗦、发抖。指寇准一上朝，满朝文武官员都得害怕。也指寇准一身正气，疾恶如仇，敢于和邪恶作斗争。

**苦瓜秧上长苦瓜，苦娘生的苦娃娃**

指旧时穷苦人命运紧紧相连。

**苦好受，气难生**

比喻能忍受艰苦、劳累，但不能忍受别人的污辱。

**苦时难熬，欢时易过**

比喻困苦的日子不好过，快乐的时光却很快流失。

**狂风不竟日，暴雨不终朝**

竟日、终朝：指一整天。指狂风暴雨虽猛裂，不会一整天不停顿。也比喻力量越猛，越难维持长久。

**困龙亦有上天时**

比喻有才能的、处于逆境的人才终会有摆脱困境、施展才华的机会。

# L

**蜡烛不点不亮**

指事物的变化借助外界的因果。比喻有的人经过指导，解释道理，才能明白。

**来得清，去得明**

清：清廉。比喻处理事情特别是在对待钱财问题上，要清正廉洁。

**来得易，去得易**

指容易得来的，失去也容易。

**来是是非人，去是是非者**

比喻谁惹起是非，还须由谁去收拾局面。

**来说是非者，便是是非人**

指议论是非的，也是与是非有关的人。也指提出某个问题的人，往往就是能够解决问题的人。

**癞蛤蟆想吃天鹅肉**

比喻痴心妄想着不能实现的事情。

揽下"瓷器罐"，就得有"金刚钻"

比喻敢于揽下某种事，就必定有做某种事的本领。

浪从风来，草从根来

指波浪是由风掀起的，草木是从根生长的。比喻事情的发生总会有原因。

老不舍心，少不舍力

指老年人要多拿意见，年轻人要多出力气。

老的别惹，小的别逗

指老人和小孩招惹不得。

老的老，小的小

比喻队伍不整齐，缺乏战斗活力。

老生齐眉，旦角齐乳，花脸过顶，小生齐肩

指在戏曲基本功中，肩膀的高低，不同角色有不同的要求。

老鸦占了凤凰巢

比喻贱人侵犯了高贵人的物处。

老医少先生

指医生越老越有经验，而算卦的是越年轻越果断。

雷声大，雨点小

比喻虚张声势，实际上没问题。

冷锅里爆豆

比喻已经平息的事情，突然又爆发起来。

冷练三九，热练三伏

指练功夫要不畏严寒、酷暑，坚持不懈，才能成功。

冷人要人挑，热水要人烧

指任何事情得有人去做。

冷手难抓热馒头

比喻无从着手，碰到问题难入边际。

冷水浇头怀抱冰

比喻心灰意冷到了极点。

冷汤冷饭好吃，冷言冷语难听

指冷汤冷饭还能凑合吃下去，冷言冷语却难以接受。指冷言冷语会伤害人的心，使人难以忍受。

冷雨不大湿衣裳，恶言不多伤心肠

比喻冷言恶语最使人受到伤害。

冷灶着一把儿，热灶着一把儿

指往冷灶里烧一把火，往热灶里烧一把火。比喻待人处事同样对待，不趋炎附势。

礼有经权，事有缓急

指讲究礼节要区分不同的环境情况，处理事情要分清平常与紧急的情况。

力不敌众，智不尽物

指一个人的力量再大，也敌不过众人；一个人再有智慧，也不可能啥都知道。

力能胜贫，谨能胜祸

指勤苦劳动可以战胜贫困，谨慎行事可以免受祸殃。

力气是压大的，胆子是吓大的

比喻人的本领和才能是在实践中磨炼出来的。

力生于速，巧生于技

指力量是在快速运动中产生的，技巧通过熟练的操作中磨炼出来的。比喻熟能生巧。

粒火能烧万重山

指一粒小火星可以引起烧遍万重

谚语大全

山的大火。比喻小问题不处理可能酿成大祸。

**良善被人欺，慈悲生患害**

指人过于善良慈悲，反会被人欺负，招致祸殃。

**良药苦口利于病，忠言逆耳利于行**

指好药味道苦，但有利于治病；忠言的劝告，听来逆耳，但有利于端正言行。

**良药难治思想病，好话难劝糊涂虫**

比喻药物医治不了思想上的病，真诚的劝导劝不过糊涂的人。

**良医救病，庸医害人**

指医术高超的医生能治病救人，医术低劣的医生危害病人。

**梁园虽好，不是久恋之乡**

指寄居之地再好，也不能长期居住。

**两姑之间难为妇**

两姑：丈夫的母亲和丈夫的姐妹。指处在婆婆与小姑之间的媳妇不好当。比喻夹在两个地位或辈分高的人之间，左右为难，很难处理好关系。

**两虎相斗，必有一伤**

比喻两强手相互争斗，必定有一方会受到伤害。

**两手劈开生死路，翻身跳出是非门**

比喻离开是非之地或避开矛盾、挣脱冲突环境寻找出路。

**两头白面，说长道短**

白面：俗称好人。指两头讨好，搬弄是非，调拨离间。

**两物相形，好丑愈见**

指两个事物放到一起，就更加容易分辨清楚好与坏。

**两雄不能并立**

指两强碰到一起，必然要斗个你死我活，不能同时共存。

**两叶掩目，不见泰山；双豆塞耳，不闻雷霆**

指两片树叶能把双眼遮住，两颗豆子能把双耳堵住。比喻被细小的事物所蒙蔽，不能了解事物的全貌和本质。

**两硬相击，必有一伤**

指两强相互争杀，必定有一方受到伤害。

**两只船同使一篷风**

比喻两人共同受恩于一个人、一件事。

**量大福也大，机深祸亦深**

旧时认为肚量大的人福气也大，机谋深的人招惹的祸害也深。

**量体裁衣，看菜吃饭**

比喻要根据具体情况办事或处理问题。

**量小非君子，无毒不丈夫**

指度量小的人就不是君子，手段不毒辣的人就算不上大丈夫。比喻要干成大事胆量要大，手段要狠。

**临上轿马撒尿**

比喻在关键时候，却发生意外的事。

**临时抱佛脚**

指平时不敬佛，有急难时才向佛求救。比喻事到临头时才急于张罗补救。

**临危望救，遇难思亲**

指人遇到急难时总是盼望有人来救，碰到灾难时就会想起亲人。

**临下骄者事上必谄**

指对下级傲慢专横的人，对其上级必定谄媚阿谀。

**临崖立马收缰晚，船到江心补漏迟**

指骑马到了悬崖才立马收缰，乘船到了江心才弥补漏洞，都为时太晚了。比喻大错已经铸成，等到后悔也来不及了。

**临渊羡鱼，莫若退而结网**

指站在潭边羡慕别人得鱼，不如转身回去编织渔网。比喻与其空想不如实际行动起来。

**灵鸟择木而栖，智士见机而作**

有灵性的鸟选良好的树木栖身，聪明人选择最佳时机行动。

**刘防牵前，郑译推后**

刘防、郑译：原为后周官员，因辅助隋文帝杨坚有功，晋爵封公，权倾一世。指刘防于前面拉，郑译于后面推，使杨坚登上了皇位。

**留情不举手，举手不留情**

比喻双方只要一动起手来就不会留情面了。

**六亲同运**

六亲：古说不一，或指父、母、兄、弟、妻、子，或指父、子、兄、弟、夫、妇等。旧时近支亲族血缘密切，命运相连在一起。

**龙生九种，九种各别**

指龙生九个儿子，各有各的个性和爱好。比喻即使同胞兄弟，品质、个性等也会互不相同。

**漏底的缸好补，穷困的洞难堵**

指贫困不是一下子改变的。

**路遥知马力，烈火识真金**

遥：远。指路途遥远才了解马力的大小，只有在烈火中焚烧才能显现出真正的黄金。比喻只有经过严峻的考验，才能鉴别真正的人才。

**萝卜青菜，各有所爱**

比喻各人有不同的爱好。也比喻人们的兴趣不一样，因此兴趣与志向也不一样。

## M

**马勺没有不碰锅沿儿的**

比喻人经常在一起，难免会发生一些纠纷。

**猫不急不上树，兔不急不咬人**

比喻在危急情况下，任何人都会被迫做一些不同寻常的冒险行为。

**猫狗不同槽，穷富不攀亲**

旧社会指攀亲讲门当户对，穷人不和富人结亲，富人也不和穷人结亲。

**毛毛雨打湿衣裳，杯杯酒吃败家当**

比喻小的过节不注意，日积月累起来就会造成大的危害。

**没风不起浪**

指没有刮风就不能掀起波浪。比喻事情的发生总会有原因。

**没家亲引不出外鬼来**

指如无内部人接应，就不会有外面的人来找事非。比喻没有内部的人和外界人串通一气，就不会把外边的坏人引进来。

**没事常思有事**

指在没有发生事情之前，应有思想准备，防备事情发生时搞得措手不及。比喻要居安思危。

没有家族是孤独，没有亲戚是寡人

指人要是没有别人的关照与扶持，就会变成孤独的人。

没有舌头不碰牙的

比喻经常在一起的人难免不发生纠纷。

猛虎化为人，好着紫葛衣

紫葛衣：用葛布做成表面有花纹的衣服，很像虎皮。指老虎变人后，仍爱穿和虎皮一样的衣服。比喻本性很难改变。

猛虎之犹豫，不若蜂虿之致螫

虿：蝎子一类毒虫。螫：蜇，蜂蝎用毒刺刺人或动物。指犹豫不决的猛虎，不如敢用毒刺的蜂蝎。也指行为坚定的弱者，比犹豫不决的强者更有战斗的实际效果。

米有糙白，货有低高

指米有粗细，货的价格有高低。比喻人的品貌本领有好坏高低的区别。

明者睹未然

指明智的人能够预测还没发生的事情。

命令如山倒

命令：上级对下级的指示。指一道命令发布下来，就像一座山倾倒下来一样。也指下达命令任何人都必须服从。

命若穷，掘得黄金化作铜；命若富，拾着白纸变成布

旧社会认为穷富是生来注定的，人的能力无法改变。

莫学封使君，生不治民反食民

使君：汉代称郡守。不治民：不管理民事。反食民：反而变成吃人的老虎。指不要做封使君这样的郡守，活着不管理民事，死后反而变成虎吃人。

母生九子，种种不同

指一母所生的同胞兄弟个性志向往往都不一样。

木必先腐而后虫生，人必先疑而后谗入

指树木先腐朽了，然后才生蛀虫；人先因有了猜疑，然后才容易听得进别人谗言。比喻事物的发展变化都有其内在因素。

木不跟木同，人不跟人同

指物种各异，人也都不一样。

木已成舟

比喻事情终成定局，改变不了。

N

哪个门上挂有免事牌

指哪家都会有发生些难办的事，一点没事的家是没有的。

哪样树开哪样花

比喻缘由不同，结果也会不一样。

内邪不生，外贼不入

指如果内部没有邪恶，外部的贼害也不会侵入。也指邪恶的发生，内因是起决定作用的。

南风腰里壮，北风两头尖

原指南风两头势弱，中间势猛；北风两头势猛，中间势弱。比喻什么事情都会有起有落，不是一成不变的。

能大能小是条龙，光大不小是条虫

比喻一个人要能伸能屈，能上能下，能够左右整个局势，大小事都能做，才能算是真正的英雄好汉。

泥人不改土性

比喻人或事物的本质是难以改变的。

鸟各有群，人各有志

指人各有自己的理想抱负，如同鸟各随自己的鸟群一样，不能强求统一。

鸟靠翅膀兽靠腿，人靠智慧鱼靠尾

指生活中充满明争暗斗，靠真实才能才可以生存发展。

牛事不发马事发，人事不发庄稼发

指这里没事，那里就会有事，总有不断发生、解决不完的事。

牛套马，累死俩

指牛走得慢，马走得快。所以牛马速度不一样，不能在一起拉车，否则不能走在一起。比喻二者情况不一样，强行组合，对双方都无好处。

牛头不对马嘴

比喻两者相差甚远，不能吻合。

牛要耕田马要骑，孩子不管耍赖皮

指牛马要驯服才能听人使用，孩子从小就要严格教育才不会变成地痞无赖。

农民要想富，就得挖黑库

指有煤矿的地区，大力发展煤炭，才是致富的有效方法。

## O

藕发莲生，必定有根

比喻任何事情的发生，必有缘由。

## P

怕摔跤先躺倒

比喻害怕受贫穷先作穷困打算。也比喻怕发生问题，先采取对应措施。

怕灾就来祸，躲也躲不过

旧指灾祸的发生是命运注定的，担心害怕、躲避都不管用。

旁观者审，当局者迷

审：仔细观察。指局外人清楚明白，观察仔细，而当事人却有局限性，容易产生迷惑。

盆打了说盆，碗碎了说碗

比喻发生啥事情，就解决啥事情，就事论事，不要牵连其他事。

蓬生麻中，不扶自直；白沙在泥，与之皆黑

指飞蓬生长在麻丛中，不用扶持也会直立起来；白沙掺和在泥土里，总会变成和泥相同的黑色。比喻环境的优劣，对人的影响很大。

拼得功夫深，铁杵磨成针

铁杵：铁棒。传说李白少年时，在道

上遇见一个老太太，正在磨一根铁杵，说要把它磨成一根针。李白受到感动与鼓舞，改变了中途辍学的念头，刻苦学习，后成为大诗人。比喻只要下大功夫，任何难事也能办成。

**平原走马，湖上荡桨**

指生活在平地学骑马，生活在水上学划船。也指到啥地方就学啥本事。比喻不同环境的人各有所长。

**破巢之下，焉有完卵**

巢：鸟窝。完：完好，完整。指鸟窝被打翻了，哪会有完整的鸟蛋。比喻整体遭到破坏，局部或附着的人与物必然遭殃。

# Q

**七情六欲人皆有之**

七情六欲：七情为喜、怒、哀、惧、爱、恶、欲，六欲为生、死、耳、目、口、鼻之欲。指每人都有各自不同的想法。

**千锤打锣，一锤定音**

比喻众人意见不一样，最后要由主事者一人定案。

**千里不同风，百里不共雷**

指一千里内没有相同方向的风，一百里内没有相同声响的雷。比喻各地事物也不一样。

**千里送宝，不在大小**

指重要的是否有用，用处大小倒是次要。

**千年大道走成河**

指大路走的人多，逐渐下沉，年代长久，最终变成河道。

**千年地产八百主**

指一千年的田地，要替换过八百次主人。比喻世事变化多千，盛衰不定。

**千年万年河不定**

旧时指黄河河道经常改变，经常泛滥成灾。

**千人千脾气，万人万模样**

指人的性格、脾气等都不尽相同。

**千死万死，左右一死**

千种死法，万种死法，终归不过一死百了。指人走到绝境时，只有一死了之。

**前山打鼓前山应，后山唱歌后山听**

比喻人不能志同道合，就不会发生共鸣。

**前晌打伞遮不了后晌的雨**

前晌：上半天。比喻事局变了，以前做过事情不起作用，处理不了后来发生的事情。

**前世烧了断头香**

断头香：指在神前点燃的香没有烧完就熄灭了。迷信认为，前世假如烧了断头香，就会惹怒神佛，后世就要经受苦难，没有后代。这是反映因果报应的关系。比喻前世不谨慎得罪了神灵，今生今世许多事不顺心。

**前有车，后有辙**

辙：车轮碾过留下的痕迹。指前面有车轧过，后头就留下车轮印。比喻仿照别人的做法，跟着人家学习。也比喻前人的经验教训，后人要借鉴学习。

**强者一轮，弱者一轮**

一轮：十二年为一轮，这里泛指一段时间。指世事不只是强者的天下，总会有改变的时候。

亲的原来则是亲

指父子兄弟之间，血脉相通，不管怎样总是最亲近的。

亲者割之不断，疏者续之不坚

续：连接。指关系亲近的，用刀割也不断；关系不亲密，强连到一起也不牢固。也指人际间关系的亲疏是不能强扯在一起。

青龙共白虎同行，吉凶事全然未保

青龙白虎：四方宿名——前朱鸟，后玄武，左青龙，右白虎。旧时认为青龙是吉星，白虎是凶星。比喻吉凶祸福，难以预知。

穷有好时，富有倒时

指穷人也会有好日子过的那一天，富人也会有败落的日子。也指穷富都是相互转化的。

求名在朝，求利于市

市：集市。指想求名到朝廷，想求利去集市。比喻追求名利各有不同的地方。

拳头硬的是大哥

指力气大的是强者。比喻谁的实力最强壮，谁就是强者。

## R

人比人，气煞人

指人跟人相比较，境况差的就会被气死，就会产生烦恼。比喻人与人之间区别较大，不能比较。多用来感叹人的社会地位、生活条件等差别很大。

人比人死，货比货扔

人若与人相比，不行的会郁闷而死；货若与货相比，不好的就要被扔掉。指无论是人或是物都有好弱优劣之分，无法相互比较。

人急烧香，狗急跳墙

跳：越过。指人碰到危难时，烧香拜佛，求神保佑；狗被逼急了就会越墙而逃。比喻人到绝境时，只能无奈求助冥冥中的佛祖，以解脱精神上的压力。

人力可以回天

指人主观上的努力争取，就能改变客观上已成的定局。

人善鬼不善，人怕鬼不怕

旧社会迷信的人认为善良的人在世时，怕这怕那，一旦变成鬼魂便凶恶了，什么都不怕。

人同此心，心同此理

同：相同。指对于有些事情，人们的感觉与想法大都相同。比喻人们有共同的看法与论事理标准。

人无前后眼，祸害一千年

指为人处世假如只顾眼前利益，不会久远，就会贻害无穷。

人心不似水长流

指人心变化莫测，不同水不断地只朝一个方向流去。比喻人心是在不断变化的。

人心不同，各如其面

指人的想法就像人的面目一样各不相同。比喻人的脾气、个性各不相同，就像人的面目千差万别一样。

人有同貌人，物有同形物

指人是有相似容孔的，如同东西有相似形状一样。

人在世上炼，刀在石上磨；千锤成

利器,百炼变纯钢

指刀剑经过无数锤打才会锋利,钝铁经过多次冶炼方能变成纯钢。比喻人要成才,必须经过磨炼。

人之相去,如九牛毛

九牛毛:极言数量之多。指人与人之间差异是非常巨大的。

忍得十日破,忍不得十日饿

指如果长时间衣破受冻好忍受,而长时间无粮挨饿便忍受不住。也指吃饭与穿衣相比较,吃饭更重要。

日中则移,月满则亏

亏:亏缺。指太阳升到正当午,就开始偏移西方;月亮变得正圆,就开始逐渐残缺。比喻任何事物达到顶峰时期,就开始被向反面转化,走向衰败。也比喻事物发展像太阳、月亮运行一样,有其客观规律性,盛极必衰。

弱水不载鹅毛

弱水:又名黑水,古水名,古籍所载弱水甚多。指弱水水量极微,连鹅毛都飘浮不起来。

# S

三人不成党,五人不成群

指人多容易混乱,结合不成队伍。

三十年河东,三十年河西

三十:泛指多数。河:指黄河。旧社会黄河常改道,某个地方原来在黄河东边,多少年后又变成在黄河西边。比喻世道或人事兴衰、交替变化不定。

三岁定终身

指小时的脾气、个性,一辈子也改变不了。

桑田变沧海,沧海变桑田

桑田:农田。沧海:大海。指农田变成大海,大海变成农田。比喻世道有开天辟地的变化。

沙场无老少

沙场:指战场。指在战场上死亡,是不论老少的。也指人一上战场,谁都有被战死的可能。

啥样的日子也有个头

指人生无论是富贵,还是贫穷的日子,全都会有转化的机会。

山不转路转

指山虽然固定,但路可以绕着山转。比喻事物是可以发生变化的或总有通变的法则。

山有高峰,水有激流

比喻人的生活是不固定的,并非一成不变。

上卦不灵下卦灵

卦:古代的占卜符号。比喻这次没达到目的,下一次肯定行。

上梁不正下梁歪

比喻长辈或上级不正直,晚辈或下级也仿照他们的样子学。

上面一条令,下面干条命

指上级一道命令下达,会使下边许多百姓拼命干。也指发命令要慎思,当官的要体贴百姓。

上面有个佛,下面就有个金刚

佛:指佛祖。金刚:佛祖前的守护神。比喻上面有个官员,下面就得配属员。

上坡路吃力，下坡路好走

比喻人追求向上很费劲，消极堕落却十分容易。

上阵无过父子兵

指在以生命相拼的争斗中，只有血脉相连的父子兄弟，才能并肩作战，置生死度外。

舌头跟牙齿还常斗一斗

比喻人与人之间发生点小摩擦是难免的。

涉浅水者得鱼虾，涉深水者得蛟龙

指收获的多少，决定于所冒风险的程度。

生就的骨头长就的肉

指人生成的天性没法改变。

十个人十样性

指十个人有十个不同的性格。也指每个人有各自的性格和特性。

十个指头不一般齐

比喻人与人、事物与事物，都不会完全相同，差别总会有的。

十个指头咬着哪个都疼

比喻血脉相连的亲属，伤着哪个都同样心疼。

十家锅灶九不同

比喻各人的境况不一样，各人的想法也不同。也比喻人或事物之间有区别。

十里不同俗

指相隔十里地，风俗便不一样。也指一处有一处的风俗习惯。

十里不同雨，百里不同风

指相隔十里，雨量不同；相隔百里，风向不同。也指气候因不同地势而有区别。也泛指地域不同，情况不一样。

十年财主轮流做

旧指穷富变换，财主收集起来的财物，过段时期又会落入他人手中。

十年高下一般平

指农业收成，每年产量不同，如果以十年为期限平均计算，每年都收成中等。

十年河东，十年河西

原指风水运转这一时期在河东，那一时期又转到河西。后多指世事兴衰往往是有周期性变化的。

十指尖尖有长短，树木林莽有高低

比喻人与人，物与物总是有区别的，不可能相同。也比喻人或事物之间是不一样的。

十指连心

指手指受伤，会痛到心里。比喻手的十指的痛痒，通连着心。

什么人玩什么鸟

指不同种的人有不一样的志趣和爱好。

士别三日，便当刮目相看

士：士人，此泛指人。指人分别三天以后，就要擦亮眼睛去观看。比喻读书人时刻在进步，不可轻视。

仕宦不止车生耳

车生耳：古时官宦乘的车，车旁有遮尘泥的曲钩，叫车耳；官位不同，车耳也不同，官位晋升，叫车生耳。旧指做官持续地高升，官位自然越来越荣耀。

事出有因

指事情的发生，总有它的缘由。

事大事小，到跟前就了

指事情不管大小，到时就会自行了结。

**事大事小，见官就了**

旧指是非不论大小，一经官断，自然会了结。

事到头来不自由

指事到眼前，只有听凭事态的发展，由不得当事人自己来决定。

事可一而不可再

再：第二次。指错误行为发生一次还可原谅，第二次再发生就不可饶恕。

事有因，话有缘

指事情的发生有它的根缘，流言的传播也有它的源头。

是非呵也出不得俺这渔樵

渔：渔夫。樵：打柴人。指穷苦人中间不会有功名利禄上的纠葛。

是骡子是马，牵出来遛遛

比喻一人的才能是否大小，本领是高是低，亮出来比试比试，就能知道结果。

是山总有路，是河总有桥

指山不论高低，总有可爬上的道；河不管宽窄，总有可渡过的桥。比喻什么事情，都可找到处理的方法。

是神的归庙，是鬼的归坟

比喻不同品质的人，走的路不同，各有各的归宿，互不相通。

手掌儿怎样看得见手背儿

比喻人没法了解背地里发生的问题。

熟油拌苦菜，由人心头爱

指用香油拌着涩味苦菜，很不适宜，却有人好爱吃。也指人的志向追求，都不一样。

鼠无大小皆称老，龟有雄雌总姓乌

指鼠不管大小都叫老鼠，龟不管雄雌都叫乌龟。也指名称都是约定俗成的，不必追问它的根源。

谁家的菜勺不碰锅帮

比喻哪家都会有产生纠纷的时候。

谁是常贫久富家

指贫富不停转换，富不传代，贫不扎根。

水来土掩，兵到将迎

指敌人来攻打，就相应组织兵力迎战。也指发生了矛盾，就要采取相应措施去对待。

水流船行岸不移

指无论水流船行，两岸稳毫不动。比喻有坚定信心的人，无论情况发生怎样的变化，丝毫不会动摇。

水浅不是泊船处

泊船：停泊船只。指水浅处不可泊船。比喻安身居所要选择有发展前途的地方。

水是流的，鱼是游的

比喻一切事物都是发展变化的，不会永远不变。

水有源，树有根

指水是从源头流出来的，树是从根部长出来的。比喻一切事情的产生总有根源。

睡多梦多

指睡觉久了，做的梦也多。也比喻办理事情时间拖久了，就会产生不利的变化。

说话的无意，听话的有心

指讲话的人本来是信口开河，听到的人却往往用心捉摸，引出是非。也指听到的人容易把听到的话与自己心里的想法关联在一起。

**死者为大**

指同辈人中，不管老少，有无地位，先去世的人为大。

# T

**他人骑马我骑驴，仔细思量我不如；回头下有挑脚汉，比上不足，比下有余**

多指生活要知足常乐。告诉人们不要只跟胜于自己的人相对比，也要与不如自己的人作对比。

**泰山高还有天，沧海深还有底**

比喻好的之外还有更优秀的，强手后面还有本领更强的。

**天变一时，人变一刻**

指人的变化如同天气变化，叫人捉摸不透。

**天上雷鸣一个音**

比喻同类的人或事物，大概都一样。

**天上没有不飘去的云彩，世上没有不离散的筵席**

比喻世上人有合就有离，世上事有成就有败。

**天塌有大个，过河有矬子**

矬子：矮个子。指天塌下来，先有高个子顶着；过河水淹，先淹矮个子。旧指发生灾祸自有别人承担责任，不必自己劳神。

**天无一月雨，人无一世穷**

指天不会总是下雨，人不会一辈子受穷。也指事物总是发展变化的。

**天下老鸹一般黑**

比喻同类事物的本质都是相同的。多用于贬义。

**天要落雨，娘要嫁人**

比喻没法挽留的事实，只能顺其自然。也比喻客观事物的发展是任何人都改变不了的。

**天子过一日，贫子过一日**

贫子：乞丐。指不同层次的人有不一样的生活方式。也指不论贫富，同样地要过生活。

**甜从苦中来，福从祸中生**

指甜和苦、福和祸相互转化，苦能变甜，祸能变福。

**铁炼成钢，兵练成将**

指铁经过冶炼能变成好钢，士兵经过磨炼能成为好将领。

**同林的鸟儿有丑俊，同根的柳条有曲直**

比喻人的状况各自不同，即使生活在同一处所，美丑、善恶也不尽相同。

**偷鸡猫儿性不改**

比喻恶人本性难以改变。

**头发不剪，总要长的**

比喻发生了的事情不处理，总是要滋生蔓延。

**兔子急了也要咬人**

比喻弱者到了危急关头，也会不顾一切地冒险。

# W

**万变不离其宗**

宗：宗旨，目的。指无论发生什么变故，事情的主要目标和志向始终如一。

**为虎所食，其鬼为伥**

伥：即伥鬼，迷信指被虎咬死的人变成的鬼。指传说伥鬼不敢离开老虎，并做老虎的爪牙。

**为人不见面，见面去一半**

指听说得来的印象，跟相见时的认识会有较大区别。

**文的开口知抱负，武的举手显高低**

指文人一讲话，就可知道他的城府有多深；武士一摆架势，就可明白他的武艺有多高。也指举止言行能显示出人的气质与能力。

**文官学士，武官大夫**

学士：古代官名，魏晋六朝时征文学士掌典礼、编纂、撰述之事，通称学士，唐时开始设置学士院。大夫：古代官名，殷周时就有大夫、乡大夫、朝大夫等官职，唐宋有御史大夫、谏议大夫，明代废置。见了文官就称学士，见了武官就称大夫。指旧时官场，故意炫耀别人官职，互相奉承。

**乌龟王八一路货**

乌龟、王八，都属鳖类，原是一路货色。比喻行为卑鄙的人，表现形势尽管不同，实质是一样的。

**乌鸦彩凤不同栖**

指乌鸦与凤凰不会同栖一处。比喻高雅的人不与小人同流合污。

**无农不稳，无工不富，无商不活**

指不搞农业，人民生活不稳定；不搞工业，国计民生不富裕；不搞商业，社会经济不繁荣。

**物极则反，泰极则否**

指幸运达到极限时，就要转化为倒霉。

**物有不同物，人有不同人**

指物与物不一样，人与人也不相同。也指人的差别是必然存在，不能统一要求。

# X

**席间有酒，无令不成欢**

令：酒令，旧时酒桌上做的一种游戏，不能按令行事者罚喝酒。指喝闷酒没兴趣，轮流行酒令才能增加席间畅快气氛。

**戏法人人都会，各有巧妙不同**

指戏法人人都会变，有人变得巧妙，有人变得笨拙。比喻做事，有人做得很笨，有人能别出心裁。

**先长的眉毛，比不上后长的胡子**

比喻后来的人或事物可以超过先前的。

**相见比高低**

指事与事相比之下，就能清楚地分出好坏。

**相生必相克，相克必相生**

克：制服。生：发生。指世界万事万物，都是互相转化的。

**香配香，臭配臭，红辣椒配的黑酱油**

指人或物总是按照不同的层次或特

性互相搭配。

**小错护短，大错不远**

指有小毛病一味护着不肯改掉，用不多久就会铸成大的祸患。

**小洞不堵，大洞吃苦**

指小漏洞如不及时补救，加以堵塞，时间久了，变成大漏洞，就会造成大的灾难，难以挽回。

**小曲好唱口难开**

指山歌或俗曲，开头常有一两句与主题无关的唱词，或先唱一段有声无义的长腔作为引子，故有此说。

**小人报仇眼前，君子报仇三年**

指小人报仇，凭着一时冲动，不考虑后果；君子报仇，重在深远考虑，不急于眼前。

**小时偷针，大时偷金**

指小时候敢偷一根针，长大就敢偷金银财宝。也指从小时候就应当注意教育，小时沾染的恶习，长大时就会发展成犯罪。

**小事不治，大事不止**

指小问题不及时处理，发展成大问题就不好办了。

**小巫见大巫**

巫：巫师，旧时称以降鬼神为职业的人。指小巫师见到了大巫师，就感到自己道业不深。比喻两相对比，差别很大。

**鞋不加丝，衣不加寸**

丝：长度单位，十丝等于一毫。指鞋若加一丝，衣若增一寸，就不合适了。

**鞋底离不了鞋帮，秤砣离不开秤杆**

比喻利益相关的人或密切相关的物

必须配合，如不配合，都会失去其价值。

**行船要识礁，扬帆要看风**

指船在海里行走，必须躲开暗礁；扬帆时，得依风的顺行，迎风向不同的角度。比喻做事要注重主要性问题。

**行客拜住客**

通常指是外地来的人，去拜见居住在本地的人。旧时指官场中的规矩，无论职位高低、岁数大小，后到者要拜见先到者。

**行有行风，帮有帮俗**

比喻各行各业都有自己的规矩与习惯。

**兄弟如手足，骨头连着筋**

指兄弟亲如手足，如同筋骨相连。

# Y

**牙跟舌头还有不和的时候**

指牙齿和舌头总在一块，也难免要互相碰撞。比喻再亲近的人也会发生矛盾。

**言可省时休便说，步宜留处莫胡行**

比喻说话办事要谨慎，不该说的话不说，不能做的事不做。

**阎王注定三更死，谁敢留人到四更**

旧指阎王要人啥时候死，就得啥时候死，不能逃脱。

**眼观鼻，鼻观心**

1.比喻羞愧而低头不语。2.比喻精力集中，心无旁骛。

**眼前难会合，到底也埋怨**

难会合：指不该结合而硬凑到一块，最后彼此都会遭埋怨。

**羊在山坡晒不黑，猪在圈里捂不白**

比喻人或事物的本质是不会改变的。

**摇头不算点头算**

指摇头表示不同意，点头表示赞成。

**咬人的虎不露齿**

比喻真正凶恶的人不在外表显露出来。

**咬人狗，不露齿**

比喻真正凶残狠毒的人，往往表面上不流露。

**药不能治假病，酒不能解真愁**

比喻假装的病，药没法治；真有忧愁，美酒也解决不了。

**要吃烂肉，别恼着火头**

指要想吃炖烂的肉，不要惹恼掌管炊事的人。比喻要想达到某一意图，就不要得罪与此有关系的人物。

**要吃羊肉，又怕膻气**

比喻既想得到利益又怕败坏名声。

**要打没好手，厮骂没好口**

比喻打骂起来，互相都不会留面子。

**要好不能够，要歹登时就一篇**

比喻要他说好不可能，要他说坏倒有的是。

**要暖粗布衣，要好自小妻**

比喻粗布衣服最保暖，原配的夫妻最恩爱。

**要甜先苦，要逸先劳**

比喻要过好日子必须先经历苦，要得舒适必须先勤劳。

**夜长梦多**

指夜眠长了，做梦就多。也指时间一拖长，事情就会发生变化。

**夜壶合着油瓶盖**

指油瓶的盖子有时却用来盖夜壶嘴。比喻事物有时发生意外的结合。

**一把钥匙开一把锁**

比喻用不同的方法解决不同的事。

**一半儿推辞一半儿肯**

指表面上推辞，心里却是愿意的。意谓半推半就。

**一棒打着两个人**

比喻一句话同时得罪两个人。

**一报还一报**

报：报应。本指善因得善果，恶因得恶果。比喻做恶必会遭报应。

**一鼻孔出气**

比喻站在同一立场、持相同的观点。

**一壁打鼓，一壁磨旗**

打鼓：指进攻。磨旗：卷旗，指准备停战。比喻做两种思想准备。

**一鞭一条痕，一掴一掌血**

抽一鞭留下一道痕迹，打一巴掌留下一掌血印。比喻做事踏实认真。

**一波未平，一波又起**

前浪没有平息，后浪又翻卷起来。比喻一个事情没有处理，接着一个又发生了。

**一不敌众**

比喻一人不能背离众人的意见。

**一不积财，二不结怨，睡也安然，走也方便**

指过多地聚敛财物或与他人结下仇恨，都有可能招惹祸患。

**一不扭众**

比喻一个人改变不了大多数人的意见。

**一不顺心，百不顺心**

比喻只要有一件事情不顺心，许多不顺心的事便会接踵而来。

一不做，二不休

比喻事情出于无奈，已经做了，就坚决做到底，不罢休。

一步赶不上，步步赶不上

指要紧的一步没有赶上，以后就离得越远。

一长便形一短

指有长的便显出短的来。比喻有好的便显出坏的来。

一处水土一处人

指不同地域的人，风俗习惯、生活环境各自不一样。

一登龙门，则身价十倍

一旦登上龙门就变成龙。比喻一旦得到有权势者的推荐就会身价百倍。

一斗米养个恩人，一石米养个仇人

给予的东西虽少但很及时，会成为恩人；给予的东西虽多但不适宜，反会成为仇人。

一动不如一静

比喻多一事倒不如少一事。也比喻变动不如静静守着。

一度着蛇咬，怕见断井索

索：绳索。指被蛇咬过一次，见了半截子井绳也害怕。也指受过一次惊吓，再有相同的情况就会畏惧害怕。

一番拆洗一番新

指衣被等经过拆洗就变成新样子。比喻世事更替不断变化。

一分醉酒，十分醉德

比喻喝酒时微醉仅是醉酒，大醉就会

损害道德品质。

一个巴掌拍不响

比喻矛盾双方都有责任。

一个半斤，一个八两

旧制一市斤为十六两。比喻彼此彼此。

一个鼻子眼儿出气

比喻两人处于一个立场上。多含贬义。

一个槽上拴不下两头叫驴

比喻一个地方不能容纳两个逞强的人。

一个唱红脸，一个唱白脸

红脸、白脸：传统戏曲中以不同色彩的脸谱来显示角色的不同性格。因以"红脸"指敢于严声厉色、直言不讳的人，"白脸"指和事佬或伪装公正的人。一个扮好人, 一个扮恶人。比喻串通一气, 软硬兼施。

**一个锅里抢马勺, 马勺难免碰锅沿**

马勺: 舀水舀饭的长柄大勺子。比喻人与人在一起, 难免发生纠纷。

**一个和尚挑水吃, 两个和尚抬水吃, 三个和尚没水吃**

指人少责任明确, 事情好办; 人多互相推诿, 反而办事拖沓。

**一个老鼠坏了一锅汤**

1. 比喻一个坏人能把一个集体搅乱搞坏。2. 比喻一点东西霉烂腐败, 能污染所有的东西变质。

**一个篱笆要打三个桩, 一个好汉要有三个帮**

指再有能力的人也离不开别人的扶持。

**一个萝卜一个坑**

比喻人员和职位正好相符, 或在每个栏目中都有相应的份额。

**一个朋友一条路, 一个冤家一堵山**

比喻朋友没有多, 冤家没有少。

**一个脑袋上的头发有黑有白**

比喻人和人, 物和物, 总会有区别, 不可能都相同。

**一个人是死的, 两个人是活的**

比喻一人办事困难重重, 两人配合着就会好办得多。

**一个师傅一个令, 一个和尚一个磬**

磬: 佛教的一种打击乐器。比喻各人自有其不同的做法。

**一个时辰一个令**

指一年四季随着气候变化有不同节气。也比喻不同历史年代有不同的政治局势。

**一个碗内两张匙, 不是汤着就是抹着**

匙: 小勺。汤: 通"荡", 摆动, 碰撞。抹: 擦。比喻生活在一起, 免不了要发生纠纷。

**一个竹眼钉一条钉**

比喻针锋相对。

**一根单丝难成线, 千根万根拧成绳**

比喻个人力量总是小的, 众人团结起来力量大, 形成气候就能办成大事。

**一根线拴俩蚂蚱**

蚂蚱: 蝗虫。比喻相互制约, 挣脱不了。

**一回情, 二回例, 三回不借淘闲气**

指接济别人时, 第一回他会感激, 第二回他会当作平常一件事, 第三回不接济他会怨恨你。也指接济别人, 应该谨慎为好。

**一会儿锣, 一会儿鼓**

比喻拿不定主意。

**一家盖不起龙王庙, 一人造不起洛阳桥**

比喻个人的力量有限, 只有共同团结才能做成大事。

**一家门口一个天**

指一家一户, 各有不同的门风与地位, 不同的为人处世方法, 不能相提并论。

**一家人臭嘴不臭心**

指一家人即使拌嘴争吵, 也不会互相记仇。

一脚踏了两家船

比喻主张含糊不清、思想不坚定或投机钻营、两面应付。

一棵树结的果儿有酸有甜，一个娘生的孩儿有忠有奸

指人与人之间的区别很大，即使一母所生，好坏也不一样。

一颗麦子一道缝，一个人儿一个性

指每个人都有自己的性格，如同每颗麦粒上都有一道不一样的缝隙。

一客不烦二主

一个客人不烦累两家主人。指求人办事情，要一跟到底，不要再找其他人。

一里不同俗，十里改规矩

指不同的地区，即使相距较近，也都各有不一样的风俗习惯。

一粒老鼠屎，搞坏一锅粥

比喻很少的一点坏东西，把整个局面都搞坏掉了。也比喻个别人的劣迹行为，会牵扯到整个集体的名誉。

一力降十会

会：指武艺行家。比喻一个力气非常大的人可以打倒十个懂武术的人。

一两丝能得几时络

络：与"乐"谐音。一两丝能有多长。比喻贪图眼前的安逸是会长久的。

一木不成林，一花不成春

一棵树不是森林，一花独放不叫春天。比喻个人力量小，难以成气候。

一年受灾，三年难缓

比喻一旦遭受了灾害，三年也变不过来。

一娘生九子，九子连娘十条心

指人心互不相同，各有各的思想。

一窍通时万窍通

指一个关键性的问题弄懂了，其他的就明白了。

一犬吠形，百犬吠声

一条狗叫起来，其他的狗也跟着叫。比喻为首的带了头，众人便会跟着盲目干。

一人摆渡，众人过河

一个人驾船撑渡，使两岸众人都能过去。比喻一个人出力，解决了所有人的难处。

一人不过二人智

比喻两个人的智慧比一个人强好多。

一人吃斋，十人念佛

指一个人吃斋信佛，就会带动许多人吃斋信佛。比喻一个人做某件事，会带动很多人跟着去干。也比喻一个人的行为对周围的人都会产生吸引力。

一人传虚，万人传实

原本没有的事经多人传说就变为真有其事了。比喻以讹传讹，人言可畏。

一人计短，众人计长

一人出的意见难免有缺陷，众人合计出的意见比较全面。

一人立志，万夫莫夺

一个人确立了志向，再多的人也不可动摇他。比喻决心非常大。

一人难合百人意

指一个人所做的事情很难使大家都赞成。

一人气力担一担，众人力量搬倒山

指一个人的力量微不足道，众人合起

来就能排山倒海。

**一人向隅，满座不乐**

隅：角落。众人作乐时，有一人在旁情绪悲观，致使在座者都感没有兴味。

**一日不见，如隔三秋**

秋：借指一年。一天不见面，就像相隔了三年似的。比喻别后非常思念。

**一日不作，一日不食**

比喻一天不劳动，就一天不吃饭。

**一善足以消百恶**

比喻以善心待人可以消除对方的许多邪念。

**一石激起千层浪**

比喻某一件事所产生的强烈效果。

**一事差，百事错**

指一件事出了错误，其他与之相关的好事也出现错误。

**一事精，百事精；一无成，百无成**

指一件事精通，别的事都可精通；一件事办不成，别的事也都办不成。

**一事真，百事真**

指一件事是真实的，别的事也会是真实的。

**一是误，二是故**

比喻犯同样的毛病，第一次可能是大意，第二次就可能是成心的。

**一手穿针，一手捻线**

比喻一人承担了全部的家务。

**一手托两家**

一个人承担两家的事情。比喻替双方解决问题。

**一树之果，有酸有甜；一母之子，有愚有贤**

比喻同胞兄弟中有好的、有坏的，如同一棵树上的果子有苦的、有甜的一样。

**一死一生，乃知交情；一贫一富，乃知交态；一贵一贱，交情乃见**

指人到生死关头或贫富贵贱发生巨大变化的时候，才能看得出交情的真假、厚薄。

**一损俱损，一荣俱荣**

指一人或一家受到损害，家庭全都跟着遭祸；一人或一家得到荣耀，家庭全都得到幸福。

**一条鱼满锅腥**

比喻因一人行为恶劣而影响了整个团队的名誉。

**一头放火，一头放水**

比喻玩弄两面派手法。

**一物降一物**

指世上有一种事物，就会有另一种事物来制服它。

**一物降一物，卤水点豆腐**

降：降伏，制伏。比喻世界上的事物是相互制约的，就像卤水点豆腐那样，一物兴起总有另一物来制服它。

**一言已定，千金不移**

指一句话说出便不改变，任凭什么也不能更改。也指说话要算数。

**一样米养百样人**

指人同样吃饭，但品行却各不一样。比喻在同样的生活条件下长成的人，其个性各有不同。

**一窑烧得几百砖，一娘养的不一般**

指同窑的砖都一模一样，一娘生的儿子却各不相同。

一叶障目，不见泰山

泰山：位于山东泰安，称为东岳，我国名山之一。指用一叶遮住眼睛，即使是泰山在眼前也看不到。比喻小的遮掩也会使人丧失智慧。

一夜不睡，十夜不足

一个夜晚不睡觉，好几夜晚都弥补不过来。

一只鼓不能敲两家戏

比喻一个人不能同时干两件事情。

一只碗不响，两只碗叮当

一只碗不会发出响声，两只碗碰撞才会叮当作响。比喻一个人打不成架，两个人才会争吵起来。

一只眼开，一只眼闭

指一只眼睁着，一只眼闭着，假装没看见。比喻粗心不认真。

一种米养出千样人

指人都是吃米饭长大的，但观点、个性、行为、面目、遭遇却都不一样。

一爪落网，全身被缚

比喻一小部分受限制会牵扯全局的被动。

一子出家，九祖升天

九祖：整个家族的祖辈。指一个人功成名就，全家族人因此高升。

衣不大寸，鞋不争丝

丝：很小的长度单位。指衣服的大小误差不能过寸；鞋子的大小误差不能过丝。

以书为御者，不尽于马之情；以古制今者，不达于事之变

御：驾驭。指用书本理论驾驭马，不能发挥马的长处；用古代法规裁断现状，很难对付事态的变化。也指做事要切合实际。

义动君子，利动小人

指君子注重仁义之事，小人接受利欲的诱惑。比喻正义的事会感召君子，利欲的事会诱惑小人。

易长易退山溪水，易反易复小人心

指劣迹低下的小人往往是反复无常，变化无端的。

因祸得福，只在人为

指要把坏事变成好事，完全在于人的奋斗。

英雄离不开美人

旧社会认为英雄和美人，是天地间阴阳元气的完美结合。

樱桃好吃树难栽

指樱桃吃起来酸甜味美，但从栽树到长成结果却需用好多年。比喻享受容易，创业艰难。

鹰饱不拿兔，兔饱不出窝

指鹰吃饱了不抓兔子，兔子吃饱了不出窝。比喻某些人一旦生活富裕后，就不再努力工作，不再创造更多的财富。

油壶卢不惹醋壶卢

壶卢：且口葫芦。常作盛器用。比喻互不相犯。

有爱孙猴，就有爱猪八戒的

孙猴、猪八戒：《西游记》中两个人物形象。指有人爱孙猴，也有人爱的是猪八戒。泛指人们的爱好不一样。

有风方起浪，无潮水自平

比喻事情的发生，都有它的缘由，绝

不会是没有原因的。

**有根才开花，有蔓才结瓜**

比喻凡事必须先有根本，然后才可变化发展。

**有骨头不愁肉**

指人体只要有骨头在，便不愁长不出肉来。也比喻保护好骨干力量，不怕得不到发展壮大。

**有计不在年高，无计办事难成**

指要办成事必须有谋略，谋略的高低不在于年龄的高低。

**有其主必有其仆**

指有什么样的主人，就有什么样的仆人。

**有千年产，没千年主**

指产业固定不变，但业主却经常在替换。比喻产业的存在是亘古不变的，但拥有者则会经常变换。

**有生必有死**

指生和死相连，有生就必定有死。

**有什么权力施什么威**

指权力有局限，只能在一定范畴内发挥作用。

**鱼肉青菜，各人所爱**

指每人的所好不一样，不能强求。

**玉波去四点，依旧是王皮**

指"玉"字去一点是"王"字，"波"字去三点是"皮"字。也指只在表面上做手脚，改变不了本质。

## Z

**在人矮檐下，怎敢不低头**

在矮小的屋檐下，只能低着头走路。比喻在别人的管辖之下，不得不服从。

**早晨栽下树，到晚要乘凉**

比喻想尽快得到好处。

**早一句，晚一句**

比喻从早到晚说个不停。

**早知灯是火，饭熟已多时**

比喻早知道是这样，事情早已办妥了。

**早知今日，何必当初**

指早知道今天的结果，当初就不该那样做。比喻追悔莫及。

**债各有主，冤各有头**

比喻债务与冤仇都各有其主的，和局外人关联不上。

**占着茅坑不拉屎**

比喻占了职位却不好好工作。

战马拴在槽头上要掉膘，刀枪放在仓库里会生锈

比喻生活安逸懒散会消沉人的意志。

张公吃酒李公醉

姓张的喝酒，姓李的却醉倒。比喻替别人吃官司。

张口是祸，闭嘴是福

比喻祸从口出，说话要当心。

张三有钱不会使，李四会使却无钱

比喻有钱的人不会花钱，会花钱的人却没有钱。

张天师被鬼迷

张天师：传说中能制服鬼的道士。比喻聪明能干的人被人哄弄。

掌舵的心不慌，乘船的才稳当

指在大风浪中，掌船的人不慌乱，乘船的人就不会紧张。比喻遇事领导沉稳，群众的情绪才能安定。

这山望见那山高

指站在这座山上，总觉得到别的山比这座高。比喻总不满足已经拥有的，盼望获得更多的东西。

针尖大的窟窿，斗大的风

比喻问题虽小，但造成的后果巨大。

针尖对麦芒

比喻针锋相对，各不相让。

真的假不了，假的真不了

比喻真假不能混淆。

真理越辩越明

指真理不怕辩论，越辩论越清楚。

真理越辩越明，道理越讲越清

比喻真理越辩论就越清楚，道理越讲就越明白。

真人不露相，露相不真人

真人：道教所说修行得道的人。比喻有能力的人不轻易显露自己。

睁一眼闭一眼

比喻遇事忍让，装作不知，得过且过，以免矛盾。

睁着眼做，合着眼受

比喻自作自受，心甘情愿。

整篓洒油，满地捡芝麻

篓：一种用竹子等编的盛东西的器具。比喻做事不分轻重，抓了小的，丢了大的。

正锅配好灶，歪锅配蹩灶

蹩：质量不好的。比喻好的和好的配合，有缺陷的和有缺陷的相配。多指夫妻。

正气能驱魅，无私可服神

指光明正大可以驱赶妖魔鬼怪，大公无私可以使神灵心服。

知错改错不算错

比喻犯了错误后，能及时改正，则所犯的错误就算不得什么。

知己知彼，百战百胜

比喻在作战或做某些事情时，既知道自己又明白对方，就能够战胜对方。

脂粉虽多，丑面不加；膏泽虽光，不可润草

指脂粉涂得再多，丑脸也变不成俊美；膏油虽然极光，也不能使枯草发出光彩。比喻再巧妙的掩盖也无法使邪恶变成善美。

止寒莫若重裘，止谤莫若自修

重裘：厚暖的皮衣。比喻如同御寒要

穿上厚暖的皮衣一样，要防止他人背后议论，最好的办法是追求自身完善。

**只开弓不放箭**

比喻虚张声势。

**只手难遮天下目**

比喻妄想欺瞒众人是不可能的事。

**只说獐过鹿过，可不说麂过**

麂：小型的鹿类动物，谐音"己"。比喻只说别人的短处，而不说自己的毛病。

**只听楼梯响，不见人下来**

比喻只有语言，不见行动。

**只要货比货，不怕不识货**

指用同样的货物相比较，自然分辨出好弱。也指用对比法就能识别人才。

**治一经，损一经**

经：指中医的经络。治了这条经脉，伤了那条经脉。比喻照顾了一方面，又伤害影响了另一方面。

**智如禹汤，不如更尝**

禹：夏代第一个君主。汤：商代第一个君主。更尝：亲身反复实践。指即使有禹、汤那样的才能，不亲自体会，也不能了解事物发展的规律。

**钟不敲不响，理不讲不明**

比喻就像钟不敲不响一样，不把道理讲清楚，对方就不会知道。

**钟在寺里，声在外边**

比喻事情或人的名声，总免不了要宣扬出去。

**煮熟的鸭子又飞了**

比喻有把握到手的东西竟又失去了。

**砖儿何厚，瓦儿何薄**

比喻厚此薄彼，不一视同仁。

**妆未梳成不见客，不到火候不揭锅**

比喻时机不到不采取行动或不发表见解。

**浊富莫如清贫**

浊：浑浊。比喻富得卑鄙丑恶不如穷得清白高尚。

**自古薰莸原异器，从来冰炭不同炉**

薰：香草。莸：臭草。指香草与臭草原不能放在同一器物之中，冰块与火炭不可放在同一个炉子里。比喻对立的双方不能友好相处。

**走千里路，问千里话**

指各处风俗不同，人情也不一样，走到哪里，就要问到哪里，学到哪里。

**坐经拜道，各有一好**

坐经拜道：指学佛与学道。好：喜好。比喻各人的爱好不一样。

**嘴是扁的，舌头是软的**

比喻好坏都是人讲的。

**嘴甜心苦，两面三刀**

比喻表面说得好听，实际上心肠毒辣，当面一套，背后一套。

**嘴硬骨头酥**

酥：酥软。比喻人嘴上很强硬，内心却极为胆怯。

**昨夜灯花爆，今朝喜鹊噪**

噪：叫。旧社会认为灯花爆与喜鹊叫都是吉兆。比喻喜事连连。

**左手不托右手**

比喻过分小心，除自己之外，谁也不相信。

**左右没是处，来往做人难**

左也不是，右也不是；来也难，去也

难。比喻左右为难。

**作好千日不足，作坏一朝有余**

指做好事时间再长也嫌不够，做坏事时间再短也嫌多。指只能做好事，决不干坏事。

**作啥吃啥，卖啥吆喝啥**

指从事哪一行，就得干哪一行的工作，依靠哪一行生存。

**作善降之百祥，作不善降之百殃**

指做善事老天爷就会降给他许多吉祥；作恶事老天爷就会降给他许多灾难。指善有善报，恶有恶报。

**作者不居，居者不作**

比喻造房屋的人住不上，住上的人都不是盖房屋的。

# 卷十 精神 心态 感情

## A

哀莫大于心死

心死即指意志极度消沉，万念俱灰。说明人最可悲哀的事，莫过于丧失斗志。

爱戴高帽子

指喜欢阿谀奉承。

爱情不是强扭的，幸福不是天赐的

说明只有双方心心相印，彼此真心相爱才会得到真正的爱情；美满的生活要靠自己去营造。

爱情要像高山松，莫学昙花一现红

昙花一现：昙花开放后很快就凋谢了。意谓人或事出现不久就消失了。劝诚人们要珍惜情感。

## B

八十有娘还是孩

指人不管年纪多大了，在母亲眼里永远是孩子。

白头如新，倾盖如故

比喻有的人认识多年仍像新朋友一样，但有的人初次见面却像老朋友一样。

百岁老公公，难忘父母恩

哪怕是一百岁的老公公，也不能忘记父母的养育之恩。

板斧能砍千年树，快刀难砍有情丝

板斧：刃平而宽的大斧子。说明缠绵的情意很难割断。

包办的婚姻不美满，强扭的瓜儿不香甜

包办：不和有关的人商量，独自做主办理。说明包办或勉强的婚姻是不幸福的。

饱人不知饿人饥

意谓生活舒适或得到了某种满足的人，不理解处于艰难处境中的人痛苦。

悲莫大于无声

指最让人伤心的是有话不说，闷在心里。

悲伤忧愁，不如握紧拳头

茫然地悲伤和忧愁，还不如挺直腰板奋斗。

便重不便轻

指使惯了重的，就不习惯用轻的。也指适宜做重大的事情而不适宜承担小事。意谓习惯不容易改变。

不对仇人哭，泪向亲人流

指心里的痛苦和冤屈不对自己的仇人讲，要对自己的亲人诉说。

不见棺材不落泪

形容固执己见，不到彻底失败或最后一败涂地的时候，决不能罢休或不肯认输。

不见可欲，使心不乱

指看不见自己所希望得到的东西，就

不会感到心烦意乱。

**不怕肚不饱，只怕气不平**

指受欺凌要比忍饥挨饿更加痛苦，难以忍受。

**不是骨肉不连心**

骨肉即指亲人。通常指子女等后代。说明不是自己的亲生骨肉就不会心疼。

**不是冤家不聚头**

冤家：仇人、或给自己带来苦恼而又舍不得离开的情人。古代观点认为前世结成的冤家总会聚在一起。

## C

**才子佳人，一双两好**

比喻有才智的男子与相貌美丽的女子相配，非常合适。

**恻隐之心，人皆有之**

指同情别人痛苦的心情，人人都有。

**茶越泡越浓，人情交越厚**

茶泡的时间越长味道越浓，人交往的时间越长友情越深厚。说明朋友越老情谊越深。

**肠里出来肠里热**

比喻自己亲生的孩子只有自己疼爱。

**吃了秤砣铁了心**

形容下定了决心，不再改变。

**赤金难买赤子心**

赤金：纯金。赤子：初生的婴儿。比喻纯真的感情，即使是黄金也买不到。

**愁人苦夜长**

苦：感到痛苦。指忧愁的人在夜深人静时更加痛苦，感到黑夜漫长十分难熬。

**愁最伤人，忧易致疾**

指忧愁对人的精神伤害最大，容易引发疾病。

**丑是家中宝，可喜惹烦恼**

可喜指美丽。指妇女相貌丑陋，不会招惹麻烦；相貌出众，易招风惹祸。

**丑媳妇怕见公婆**

意谓因做了亏心事而怕见人。也通常说明做错了事，难以见人，但又不能长期躲起来不见。

**处贫贱易，耐富贵难；安劳苦易，安闲散难；忍痛易，忍痒难**

指世人处在贫贱、劳苦时还可忍受痛苦，保持节操；一旦富贵、安闲，便容易图享受，难以保持节操。

**穿衣戴帽，各人所好**

指每个人都有自己的爱好。比喻在生活上的事不能强求千篇一律。

**船头怕鬼，船尾怕贼**

意谓人畏首畏尾，过分胆小怕事。

**春寒冻死老牛**

指春寒非常寒冷，如果疏忽大意，很容易会冻坏牲畜，不但给经济造成损失，还会给春耕带来麻烦。也指冬季虽然过去了，但还要注意防寒保暖。

**此地无银三百两**

古代民间故事说：有人将三百两银子埋在地下，怕人偷去，故在那儿竖一木牌，上书"此地无银三百两"。比喻企图掩盖，但因手法拙劣反而暴露。

**聪明人上当就一回**

指聪明人善于吸取教训，不至于再次上当受骗。

## D

**打了牙往自己肚里咽**

意谓吃了苦头不愿和别人说。

**打了一辈子雁，被雁啄瞎了眼睛**

说明人要时刻提高警惕，防止因麻痹大意发生意外，遭受不测。

**打是疼，骂是爱**

指态度严厉而实质是出于疼爱。比喻长辈对晚辈的严厉是疼爱，是为了晚辈有长进。有时用于夫妻嬉闹。

**打死会拳的，淹死会水的**

意谓有本领的人往往由于疏忽大意而出现不测。

**大江大浪见过多少，河沟子里边最易翻船**

指有经验、有阅历，本领高强的人，往往会因一时麻痹大意遭到失败。

**大意失荆州**

荆州：古"九州"之一，在荆山、衡山之间，三国时蜀国政治、军事重镇。泛指疏忽大意，会造成重大损失。

**大者不伏小**

意思是辈分或地位高的人不愿向辈分或地位比自己低的人认错服输。

**担水向河里卖**

形容在行家面前卖弄自己。

**淡淡长流水，酽酽不到头**

酽：浓烈。指人际交往平平淡淡才能相处长久，过于亲密反而短暂。

**得病想亲人**

意指人处在病痛中最想念自己的亲人。

**得宽心处且宽心**

应该放宽心的地方就要放宽心。说明要尽可能地消除烦恼忧愁，使心情放松。

**得意不可再往**

说明称心如意的事不可接连去做。

**得意夫妻欣永守，负心朋友怕重逢**

负心：背信弃义。相爱的夫妻以终生相伴为幸福，背弃情意的朋友担心的却是再次相见。

**得意时车辆盈门，失意时门庭冷落**

形容人情趋炎附势，有权利时都来奉承，落魄时谁都不会来。

**得意走官场，失意写文章**

古时说明文人意气风发，是在官场飞黄腾达的时候；失意落魄之下，往往写文章以寄托情怀。

**等闲不管人家事，也无烦恼也无愁**

旧时观点认为对与己无关的事一概

谚语大全

不管，就会免去种种愁烦。说明不多管闲事可一身轻松。

东山看着西山高，真到西山，西山还达不到东山的腰

意指不肯踏实苦干，见异思迁，到头只会落得失望和后悔。

豆腐嘴，刀子心

说明人心狠，嘴上却很甜。

对待失意人，别说得意事

指在遇到困难的人面前，不要讲得意高兴的事情，以免引人伤情，遭人嫌恶。

## E

恩爱夫妻不到头

古时观念认为感情很好的夫妻往往难以白头到老。

恩人相见，分外眼明；仇人相见，分外眼睁

指见了恩人会分外高兴，见了仇人会格外愤怒。

儿行千里母担忧

儿女出门远行，母亲总是牵挂在心。指母亲最担忧儿女的安全。

耳不听，心不烦

说明不听说令人不愉快的事，就可避免烦恼。意谓耳朵听不见，心里就不会烦躁。

## F

烦恼不寻人，人自寻烦恼

意指烦恼都是人自己找来的。说明烦恼不会主动来找人，是人不会排忧解难，不会解脱自己而已。

烦恼皆因强出头

指烦恼都是因为爱出风头、多管闲事所致。

饭好吃，气难咽

说明受人欺负是难以忍受的。

福过灾生，乐极悲至

指幸福享受完了就会发生灾祸，欢乐到了极点悲伤就会到来。也通常说明狂欢之后往往出现败兴的事。

父不忧心因子孝，家无烦恼为妻贤

说明儿女孝顺，父母就没有可顾虑的；妻子贤惠，一家人就会融洽相处。

父强子不弱，将门出虎子

意思是父辈出类拔萃的，儿女自然就不会是平庸之辈。

父债子还

指父亲欠下的债儿子有义务偿还。

父子无隔宿之仇

说明父子间的矛盾很快就能消除。

富汉子不知穷汉子饥

指处境优越的人体会不到处在困境中的人的难处。

## G

隔山隔水不隔亲

说明相距再远也割不断亲戚关系。

姑表亲，舅表亲，打断骨头连着筋

姑表、舅表：指一家的父亲和另一家的母亲是兄妹或姐弟的亲戚关系。指姑舅亲情深厚，世代绵延不断。

古今一个理，兄妹手足情

说明兄妹感情深厚，从古到今都是一样的。

顾头不顾尾

只顾着脑袋不顾尾巴。形容只顾眼前，不顾今后，缺乏长远规划。

瓜田不纳履，李下不整冠

纳履：提鞋。整冠：戴正帽子。指在瓜田中不提鞋，在李树下不整理帽子，以避免产生摘瓜采李的嫌疑。比喻在容易引起是非的地方，要特别注意自己的言行，防止产生误会。

乖的也是疼，呆的也是疼

说明做父母的都疼爱自己的孩子，不管子女是聪明还是笨拙。

## H

好船者必溺，好战者必亡

说明喜爱划船的人最终会麻痹大意溺水而死，好作战的人终有不慎时伤亡。也指沉溺于某事，不免会因此丧生。

好汉流血不流泪

指勇敢坚强的人可以流血，但泪不能轻易流。比喻坚强勇敢的人不怕在战场上流血牺牲，但决不轻易流眼泪。

好汉眼泪往心窝里掉

指意志坚定的人，痛苦、委屈埋在心里，不肯向外人诉说。

河里淹死会水的

意谓在某方面精通的，往往会自恃精通而大意出错。

河深海深，最深莫过父母恩

指父母的养育之恩最深厚，要终生报答。

虎毒不食子

比喻再狠毒的人也不会伤害自己的孩子。

虎口里探头儿

比喻不顾生死地去冒险。

画龙画虎难画骨，知人知面不知心

指画龙和虎的外形并不难，要画出龙和虎的内在气质却很难，形容看一个人能看到他的表面，却很难看到他的内心。

欢娱嫌夜短，寂寞恨更长

欢娱时，嫌夜太短；孤寂时，恨更太长。意谓人心情不同，对时间快慢的感受也不同。

黄梅不落青梅落，老天偏害没儿人

长成的梅子没落而未熟的梅子却从树上摔落下来。比喻年少的死在年老的之前。

火头子上走险，气头子上寻短

说明人极度愤怒的时候，就会不顾一切地冒险；人在极度生气时，甚至会自杀。

## J

见鞍思马，睹物思人

意指见到离去的人所留之物，便引发了对他的怀念。

见过鬼怕黑

比喻遭过灾祸后仍心惊胆战。

见人只说三分话，不可全吐一片心

指对人说话要有所保留，不可全都照实说出去。古时指与人相交要有戒心，不可太大意。

今朝有酒今朝醉

指今天有酒就非喝醉了不可。比喻

要及时享乐，尽情享受，不要去管事态趋势如何变化。这是一种反映消极人生观的谚语。

**今朝有酒今朝醉，明日愁来明日愁**

指今天有酒，今天就痛饮；明天有什么愁事来了，明天再说。意思是只顾眼前享乐。

**惊弓之鸟，夜不投林**

指担心弓箭再射它的鸟，夜晚不敢进树林中栖息。也形容受过惊吓的人，往往心有余悸。

**九牛拉不转**

主意已定，决不回头。多形容人执拗倔强。

**久治生乱，乐极生悲**

意谓社会长期安定之后，必定会出现混乱；高兴到了极点，悲哀的事就快来了。比喻事物发展到了极端，就必然向相反方向转化。

**酒在肚里，事在心头**

指酒虽然喝下去了，心事依然存在。

**倦鸟知还**

意谓长期在外的人想回到家乡。

## K

**看的破，忍不过**

指虽能清楚地认识某事，但情感上难以忍受。

**看人挑担不吃力，自己挑担压断脊**

形容看内行人做事似乎很轻松，轮到自己去做时却极为艰难。也比喻事情不经过亲自动手去做，就不知道其中的艰难。也告诫人们如果不亲身参加实践就不会得到真知。

**客多主人欢**

指客人来得越多，经营效益好，店主自然高兴。

**空肚子火大**

指饿着肚子的人容易发脾气。

## L

**懒牛懒马屎尿多**

原意是懒惰的牛马，故意借拉屎撒尿，拖延时间。形容人偷懒往往要寻找一些借口。

**狼多肉少，神仙也苦恼**

比喻人多物少，供不应求，事情很难办。

**老巢难舍**

老巢：鸟的老窝。这里比喻人的老家。指人恋旧，故土难离。

**老虎还有打盹时候**

意谓再有才智的人，也难免有疏忽大意的时候。

**老虎屁股摸不得**

意谓自以为是，听不进别人的批评。换句话说，凡是自以为了不起的人，都容不得别人的批评和劝告。

**老虎头上拍苍蝇**

比喻触犯强横有力之人。也比喻无意中冒犯了有权势的人物。

**老怕丧子，少怕丧母**

老年人最害怕儿子死亡，小孩子最怕母亲离世。

**乐不可极，欲不可穷**

说明行乐不可超过限度，否则必招灾祸。

223

乐处光阴易过，愁时岁月难挨

形容在欢乐高兴时，会感到时光过得很快；在忧愁苦闷时，会感到时间很难熬。

乐极生悲，否极泰来

说明凡事都有可能向相反的方向转化。

冷水浇头怀抱冰

比喻心灰意冷，心情坏到了极点。

良鸟恋旧林，良臣怀故主

好鸟眷恋旧日栖息的地方，贤良的臣子怀念原来的君主。

临危望救，遇难思亲

指人遇到危难时，总是盼望有人相救；遇到灾难时，常常容易想起亲人。

六神不定，总会得病

指人心神不定，精神恍惚容易得病。

## M

马行软地易失蹄，人贪安逸易失志

人贪图安逸享受容易丧失志气，就像马在软地上行走容易摔倒一样。

马遇伯乐嘶鸣，人逢喜事流泪

伯乐：姓孙名阳，以善相马而著名，当时的人即以神话中掌管天马的星名伯乐来称呼他。意指人遇上喜庆的事就高兴得流泪，就像马遇到伯乐就嘶鸣起来一样。

盲人骑瞎马，夜半临深池

指盲人骑着瞎马，半夜里走近深水池边。比喻在不知情况时冒险，很有可能会陷入十分危险的境地。

每逢佳节倍思亲

泛指漂泊异乡的人，在过节时就更加思念故乡的亲人。

猛虎尚有打盹之时，骏马也会偶失前蹄

比喻再聪明能干的人也难免有疏忽大意的时候。

梦到神仙梦也甜

意谓美好的事情即便只是想一想，也觉得很甜美。

梦随心生

说明梦是因心中有所思而形成的。

莫替古人担忧

不要替古人担心。比喻不要为与自己无关的人或事担心、焦虑。

## N

南北一家，兄弟一堂

南方人和北方人是一家人，就如同亲兄弟一样。

难得者兄弟，易得者田地

指兄弟之间的友情，比耕地更为重要。

宁可爹娘羡儿女，切莫儿女羡爹娘

天下所有的父母都希望儿女比自己有发展。

宁走十步远，不走一步险

指宁可多费力也不要去冒险。比喻要办成一件事就要下功夫花力气，不可图省事、找捷径。换句话说。宁可绕道多走些安全的远路，也不走危险的近路。

怒从心上起，恶向胆边生

指心里一旦涌起怒气，胆子就大了。

怒中出差错

指人一发怒，容易失去理智，做事往往出错。

女儿心，海底针

说明女孩儿的心事像沉入海底的针一样，令人捉摸不透。

## P

朋友之间不言谢

朋友之间的帮忙是正常的，用不着客气。

碰上好事不挑礼

意谓办喜事时不要在礼貌规矩上指责别人，以博得皆大欢喜。

皮里生的皮里热。皮里不生冷似铁

是自己亲生的，自然就关系亲近；不是自己生的，自然就冷漠。

贫贱夫妻恩爱多

贫穷困苦的夫妻患难与共，相互体贴，反比常人更加恩爱。

破除万事无过酒

说明酒可以使人忘掉一切忧愁烦恼，也形容酗酒最能败事。

## Q

气是无名火，忍是敌灾星

说明怒气太大容易干出失去理智的事情来，忍让控制可以消除灾祸。

千不如人，万不如人

指什么事情都不及别人做得好。

千朵鲜花一树开

比喻一奶同胞的兄弟姐妹，骨肉相连，感情深厚。

千金难买意相投

指人与人之间的情投意合是最可贵的。

千金易得，知音难求

指人生在世，知音难觅。

千里能相会，必是有缘人

说明相距千里的人能够聚会在一起，

一定是有缘分的。

千里相送，归于一别

说明相随送行千里之远，最后还得离别。

千里姻缘一线牵

民间传说中认为月下老人专司人间婚姻，将命中注定成为夫妻的人用红线连起来。指若有缘分，即使路途遥远也能结为夫妻。

千里征途靠骏马，万里难关靠亲人

意谓战胜困难要靠亲人的帮助。

千两黄金容易得，人间知己最难寻

说明知音是很难得到的，比黄金都可贵。

千年的大道成了河，多年的媳妇熬成婆

指千年的大道变成了河道，多年的媳妇熬成了婆婆。意谓人只有经痛苦磨炼，才会有出头的时候。

千针难缝人心碎

意谓人的精神痛苦是极难治愈的。

强迫不成买卖，强求不成夫妻

说明买卖和婚姻都不能强求，应出于双方的自愿。

亲不亲，故乡人；美不美，乡中水

说明人还是故乡的亲，水还是家乡的甜。意指人对故乡都有深厚的感情。

亲不择骨肉，恨不记旧仇

亲戚都不计较是否骨肉相连；是仇恨也不会记住以往的冤仇。比喻人大度豁达。

亲的掰不开，疏的贴不上

说明关系亲近的人是分不开的，关系

疏远的人硬拉也拉不近。

亲的是儿，热的是女

说明儿女与父母之间的感情最深。

亲故亲故，十亲九顾

指亲戚故旧之间，彼此之间总会有相互关照的。

情人眼里出西施

西施：春秋时代的美女。意谓男子总认为自己的情人是最美的。

情人眼里容不下一颗沙子

形容情人间容不下影响爱情的因素出现。

情真不言谢

指相互帮助若出于真挚的友情，是不用口头感谢的。

请将不如激将

指用刺激性的或反面的言词鼓动人去做事比正面请求效果更好。比喻派人做事，别人勉强从命；如果用话语激励对方，对方就会态度坚决，主动请缨，容易把事情办好。

请客不到恼煞主

意思是请的客人久等不来，会使主人感到恼怒。

穷家难舍，故土难离

家乡再穷，也舍不得离开。

穷人的孩子早当家

意思是贫苦人家的孩子懂事早，知道操劳家事。

穷人有穷人的难处，富人有富人的悲哀

指人不论贫富，都各有各的烦恼。

穷有穷愁，富有富忧

说明穷人有穷人的难处，富人有富人的忧愁。

# R

**热心肠招揽是非多**

心肠好的人喜欢帮助人，却容易给自己带来麻烦或烦恼。

**热心闲管是非多，冷眼觑人烦恼少**

指人过于热心多管闲事会招惹是非，对别人的事冷眼旁观就会没有烦恼。

**人不伤心不落泪**

意谓人的内心不感到悲伤时，不会流泪哭泣。

**人愁不要喜悦**

说明人在忧愁中无心谈论喜悦的事。

**人非草木，谁能无情**

指人都是有感情的。

**人逢喜事精神爽，闷上心来瞌睡多**

人遇到高兴的事，精神就焕发；遇到烦恼忧愁的事，便无精打采。

**人逢喜事精神爽，月到中秋分外明**

意指人遇到喜事精神特别兴奋，就像月到中秋时分外明亮一样。

**人老不算老，心老才算老**

意谓人真正的老是心理上的衰老。

**人怕饿，地怕荒**

指人最害怕的是饥饿，因为饥饿会有损身体健康；而地怕抛荒，因为荒芜便会丛生杂草，颗粒无收。

**人怕伤心，树怕剥皮**

指人感情受到伤害后，很长时间难以恢复，就如同树被剥掉树皮一样。告诫人要尊重别人的感情，不要做伤害别人内心的事情。

**人生唯有别离苦**

说明生离死别，是人生最痛苦的事。

**人想人，愁煞人**

从内心深处想念一个人是最痛苦的事。

**人有三尺长，天下没落藏**

指没有藏身之所，难免被人发现。

**人在难中好救人**

难：灾难。好：爱好，乐意。指处于灾难之中的人，最能体会到灾难带给人的痛苦，因而也最乐于救助别的落难者。

# S

**三斧头劈不开**

用来比喻人思想顽固或性格倔强。

**三尸暴跳，七窍生烟**

三尸：道家认为在人的身上有三个作祟的神。七窍：指人的耳、目、口、鼻七孔。形容人非常气愤的样子。

**三十三天离恨天最高，四百四病相思病最苦**

三十三天：古代传说中认为天有三十三重。三十三重天中，离恨天最高；四百四十种病中，相思病最为痛苦。指相思和离愁最令人难以忍受。

**色胆大如天**

指好色人的胆子比天还大。形容贪图女色可以使人变得胆大妄为，不顾一切。

**杀人之心不可有，防人之心不可无**

意指为人处世不能害人，也不能疏忽大意，毫无防备。

**上阵亲兄弟，打仗父子兵**

指在战场上，只有骨肉相连的父子兄弟，才能同心协力，出生入死。说明兄弟、父子感情深厚。

**少女的心，秋天的云**

意指少女的心事如同秋云一样很难猜测。有时也指少女的心像秋云一样纯洁明朗。

**蛇咬一口，见了黄鳝都怕**

指人受过一次伤害，常常心有余悸，对相同的事多了防备之心。

**蛇钻窟窿蛇知道**

指蛇自己钻的洞自己知道。形容自己干的坏事，自己心里有数。

**神仙也有打盹时**

形容任何人都有疏忽大意、失算失策的时候。

**生不能养，死不能葬**

意思是对父母没有尽到应尽的赡养和安葬的责任。

**生儿方知父母恩**

说明只有当自己体验过生儿育女的辛苦之后，才能懂得父母对自己的恩情。

**生则同衾，死则同穴**

衾指被子。活着同盖一条被子，死后合葬在一座坟墓里。形容夫妻之间感情至深。

**盛喜中不许人物，盛怒中不答人简**

简：书信。喜悦高兴的时候不要允诺给别人东西，愤怒的时候不要给人写信。指人在情绪波动的时候，言行会有所偏颇。

**狮子老虎也护犊**

像狮子和老虎这样凶猛的动物也知道爱护自己的幼崽。说明人都会疼爱自己的子女。

**十步九回头**

形容犹豫不断，徘徊不前。也比喻非常留恋，有些不舍得。

**十指连心**

意指十指中无论伤着哪一个，都会疼痛刺心。比喻父母对每个孩子都很疼爱。

**世间苦事莫若哭，无言之哭最为苦**

意思是说不出话、流不出泪的悲伤最痛苦。

**世上莫过手足情，打断骨头连着筋**

手足情：同胞兄弟姐妹之间的情义。指兄弟姐妹之间的情义最深厚，任何力量也无法割断。

**世上难得事，子孝与妻贤**

说明人世间最可贵的就是子女孝顺、妻子贤惠。

**世上知心能有几**

说明知心朋友非常难得。

**事不关心，关心则乱**

指凡事不要放在心上，一放在心上难免会心烦意乱。

**事要前思免后悔**

指事前作好详细筹划，事后就不会因失误而后悔。

**事有一利，必有一弊**

一件事情，出现有利的一面，也就必然有不利的一面。也说明任何事物都是相对的，不存在绝对的利，也不存在绝对的害。

是非终有日，不听自然无

是非是造成烦恼的根源，如若不听不理，就是对付是非的最好方法。

是亲三分向

向：偏袒。只要沾亲带故，总会相互照顾。

是一亲，担一心

凡是对沾亲带故的人，都会有所挂念。

手掌手背都是肉

说明父母对待子女，不管亲生的还是收养的，都要一视同仁，平等相待。

树高千丈，落叶归根

通常说明人不能忘本。多指漂泊异乡的人，终究会回到故土。

树怕伤了根，人怕伤了心

指树伤了根就很难存活，人伤了心就很难恢复。

树叶子掉下来都怕打了头

说明胆子特别小。

谁养的孩子谁操心

意思是父母对自己的儿女十分操心。也形容一个人对自己开创的事业会格外爱惜。

说不出的，才是真苦；挠不着的，才是真痒

有苦无法诉说才是最痛苦的，就像有痒无法抓挠才最难忍受一样。说明埋在内心深处的愁苦最让人难受。

死寡易守，活寡难熬

死寡：夫死后妻守寡。活寡：丈夫久别不归，爱人独守空房。指妻子与丈夫，生离比死别更折磨人。

四海之内皆兄弟

四海：普天下，古人认为中国四面环海。普天下的人都亲如兄弟。

## T

他乡遇故知

人生四大幸事之一，指在外乡碰见老朋友是一件非常高兴的事。

天下尽多意外事，天师亦有鬼迷时

天师：张天师，即张道陵，东汉人，传说中的道教始祖，能用法术制伏鬼邪。多用来劝诫人不可疏忽大意，须防范意外。

甜极变苦，乐极生悲

意思是甜得过了头，就会变成苦；欢乐到了极顶，就会产生悲伤。比喻事物发展到极度时，就会向相反的方向转化。

甜馍馍冷吃也甜，知心人恼了也好

形容真正的知己，即使有不愉快的事情发生，也不会动摇亲密的感情。

甜言美语三冬暖。恶语伤人六月寒

三冬：冬季最冷的时节。指甜美的语言，即使在冬天也会让人感觉到温暖；伤人的恶语，即使在大热天也会让人心寒。

推倒了油瓶儿不扶

比喻故意做了坏事，还装作若无其事。

## W

外乡酒，不如故乡水

说明外乡的酒再好，也不如故乡的水甜。形容家乡的人相互了解，事情好办。

**万金易抛，旧土难舍**

万金的钱财可以抛弃，而家乡旧地却是难舍难离。比喻人总是留恋故乡。

**闻道百以为莫己若**

意思是人掌握比较多的道理以后，就以为没有人能赶得上自己了。

**我亲不用媒和证，暗把同心带结成**

意指男女自由相爱，不需要别人帮忙。

**无面目见江东父老**

江东：原指苏南和浙北一带地方。江东父老：指家乡的父老。指因无所成就而感到羞愧或事情不但没有成功，还有亏于家乡，所以没有颜面回去见故乡人。

**无情未必真豪杰**

指感情冷淡的人，不是真正的英雄好汉。说明真正的英雄豪杰是有感情的。

**无子媳妇喜他儿**

说明已婚妇女如果没有孩子，就往往喜爱别人的孩子。

# X

**喜酒、闷茶、生气烟**

指人在心情好时，爱喝酒；烦闷时爱喝茶；恼怒时多爱抽烟。

**喜时多失言，怒时多失理**

指高兴的时候容易说错话，生气的时候容易失去理智。

**小别胜新婚**

指夫妻短暂的离别后感情更加浓烈。

**小脚一双，眼泪一缸**

意思是古代时候女子缠小脚很痛苦，要哭干眼泪。

**小心天下去得，大胆寸步难行**

比喻办事谨慎会处处顺利，粗心大意往往会出错。

**笑多了没喜**

指笑声多，不一定真有喜事。

**心沉坠死人**

意思是人的心情沉重，压力过大，会影响健康，甚至危及生命。

**心慌吃不得热粥，骑马不看"三国"**

形容心慌意乱无法把事情办好，三心二意也不可能把事情办好。

**心去意难留**

指人想走，如果下定了决心，硬留是留不住的。

**新婚不如久别**

指夫妻久离远别，乍一见，感情比新婚还要浓烈。

# Y

**牙舌两不动，安身处处牢**

意谓说话慎重，就不会惹出祸端，招来麻烦。

**淹死会水的，打死犟嘴的**

会游泳的人，常因疏忽大意被淹死；不会来事的人，往往因为要强而吃亏。

**眼不见，嘴不馋；耳不听，心不烦**

指没有看见美味佳肴就不馋；没有听见令人心烦的事，就自然没有烦恼。

**眼为心苗，苗伤动根**

指眼睛是心灵的表现，眼睛受到伤害，人在心理上就会受到沉重的打击。

**雁飞千里也恋亲**

形容人虽然远离家乡，但内心还是依恋着家乡的亲人。

**燕飞千里总归窝**

不管燕子飞行多远，最终还是要回到燕窝里。形容人不管走出去多远，最终还是要回到故乡的。

**野花不种年年有，烦恼无根日日生**

让人烦恼的事总是一件接一件出现，好比野花一样年年都会自己生长出来。

**叶落归根，人老还乡**

说明人老了都要回到自己的故乡，就像树叶终究要落到地面一样。

**一尺不如三寸近**

指一尺没有三寸的距离近。形容外人总比不上有亲属关系的人关系密切。

**一贵一贱，交情乃见；一死一生，乃见交情**

在变幻莫测、生死关头等紧要时刻，最能看出交情的深浅。

**一家人，心连心，打断骨头连着筋**

一家亲人骨肉心连心，感情最深，任何情况下都不会使他们断绝关系。

**一畦萝卜一畦菜，自己生的自己爱**

说明父母对自己亲生的儿女，不论俊丑愚贤都非常疼爱。

**衣不如新，人不如旧**

衣服总是新的好，人总是旧的好。指旧友老妻感情最深。

**易求无价宝，难得有情郎**

意谓对女子来说无价之宝容易求得，而有情的郎君却难以得到。

**易求者田地，难得者兄弟**

兄弟情义是不易得到的，而田地一类的财产是容易得到的。劝诫人们要珍惜兄弟骨肉之情。

**英雄气短，儿女情深**

指英雄气概不足，男女情意绵长。常形容英雄人物沉溺于男欢女爱，失去奋发向上的斗志。

**油儿酱儿糖儿醋儿倒在一处**

多种味儿混杂在一起。意谓心里不是滋味，不自在。

**油锅上的蚂蚁**

比喻心情焦躁、坐立不安。

**有福同享，有祸同当**

有福运大家一同享受，有灾祸大家一起分担。通常用于称颂真正的朋友情谊。

**有情哪怕隔年期**

隔年期：隔一年时间。指真正的爱情能经得住时间的考验。

**有情人终成眷属**

眷属：这里指夫妻。有真挚爱情的男

女最终会结成夫妻。

有再生的儿女，没有再生的爹娘

指儿女还可以再生，爹娘去世了却不能复生。告诉人们父母在世时，做子女的应尽心孝顺。

雨不大，淋湿衣裳；事儿不大，恼断心肠

意谓事情虽然不大，但也搅得人心情烦躁。

## Z

早知今日，何必当初

既然知道会有今天这样的结局，何必当初而为之。多用来表示自我悔恨，也用来责备别人。

# 卷十一 境遇 贫富 得失

## A

**矮檐之下出头难**

出头即指从困境中解脱出来。意谓一旦受人压制，就很难从困苦的处境中解脱出来。

**安乐时头要低，困苦时头要高**

意谓人在生活安逸之时要懂得谦虚，在处于困境的时候要学会敢于面对困难。

**安危相易，祸福相生**

易，变换。意思是安危、祸福可以相互转化，互为因果。

**安逸生懒汉，逆境出人才**

指安定幸福生活容易使人不思进步，而艰难的环境则容易让人奋发向上。

**熬过冬就是夏**

意指北方春天短暂，冬天过去后，夏天很快就来了。说明只要渡过眼前的困难，就能看见胜利。

## B

**拔根汗毛都比腰粗**

指富人拔根汗毛比穷人的腰都粗。说明富人的钱财比穷人多很多。

**拔了毛的凤凰不如鸡**

指凤凰的羽毛被拔掉后，还不如鸡漂亮。古时候说明官吏一旦失去权势连普通人都不如。

**白日里见鬼**

指大白天都能看见鬼。形容遇到了倒运的事情。

**百日连阴雨，总有一朝晴**

阴雨的天气总有一天会过去，晴朗的日子一定会来到。意谓历经磨难后，胜利一定会到来。

**败家容易兴家难**

让家业衰败非常容易，使家业兴旺却很艰难。

**败为寇，成为王**

寇：强盗或外来入侵者。在抢夺政权的斗争中，失败者被当作贼寇，成功者登基成为君主。

**绊倒不疼起来疼，犯错不怕过后怕**

意思是在经历了沉痛打击之后，才能意识到失误的严重性。

**绊三跤，方知天外有天；跌几跌，才晓人后有人**

意谓人们在挫折磨难后，才能领悟到贤能之上还有贤能，不能自以为是。

**饱食三餐非足贵，饥时一口果然难**

比喻事物在匮乏之时才能懂得珍贵。

**比上不足，比下有余**

形容和上等的相比，不如他人；和下等的相比，超越他人。比喻处在中等水平很满足。

**秕糠榨不出油来**

秕：秕子，干瘪的或不饱满的籽粒。

糠：从稻、麦等农作场上脱下的皮、壳。

秕糠：秕子和糠，形容失去价值的东西。比喻穷人已经是一无所有了，无论如何压榨，都拿不出一点钱来。

必死则生，幸生则死

处在困境之中不怕死亡，反而能坚强活下来，倘若心存侥幸，必会导致死亡。

闭门家里坐，祸从天上来

指关起门坐在家中，同样会有意想不到的灾祸来临。比喻灾祸突然降临。

扁担没扎，两头失塌

比喻两头都落空。

不顶千里浪，哪来万斤鱼

比喻不冒大的风浪哪能捕得很多的鱼。形容不经历大的磨难，就不能获得伟大的成功。

不费二十四道手，粮食不会得到手

意谓不经受辛苦农作，就不会有丰收时的收获。

不费心血花不开，不下苦功甜不来

形容只有经历艰苦磨炼，方能得到事业和生活上的改善。

不经霜的柿子不甜，不过九的皮毛不暖

意谓没有经受霜打的柿子不甜，没有经过寒冬的皮毛不暖和。形容人只有经过磨炼才够成熟、够老练。

不能流芳百世，也必遗臭万年

古时认为不论是做好人还是坏人，只要能扬名就行。

不怕百战失利，只怕灰心丧气

形容不害怕在战场上连续失败，就害怕丧失斗志。形容无论遇到任何困难都不能灰心，都要充满信心地面对。

不怕上代穷，就怕下代熊

形容家境贫穷并不可怕，害怕的是子孙没有志气，没有本领。

不怕凶，只怕穷

指欠债的不惧讨债的凶，讨债的反而怕欠债的穷。

不求赶得早，就求赶得巧

比喻人办事重在把握机遇，要不早不晚恰到好处。

不是一番寒彻骨，怎得梅花扑鼻香

比喻不经过寒冷的冬天，就不会迎来梅花的绽放。形容生活只有经历了艰苦的磨炼，才会有满意的结果。

不受磨难不成佛

佛：佛教徒称功德圆满的人。形容不经历生活的磨炼就不能成为有出息的人。

不挑千斤担，哪来铁肩膀；不走万里路，哪来铁脚板

比喻没有辛勤的付出，就不会有丰厚的回报。

不下高粱本，没有老酒喝

老酒：这里指高粱酒。形容办事情需要付出一定的代价，否则不能达到预期目的。

不行春风，难得秋雨

指如果四季和顺，该吹春风时就会有春风，否则秋雨也不会及时来临。形容不为别人做善事，别人也就得不到回报。

不以成败论英雄

意谓一时的成败不应成为评论英雄人物的标准。

不遇盘根错节，不足以成大器

意思是要想成为出类拔萃的人才，必定要经受失败与挫折的磨炼。

不遇盘根错节，无以别利器

指不遇到树干枝节交错、很难砍伐的树木，就不能辨别斧子的锋利。形容没有经历过失败和挫折的锤炼，就不能识别人才。

不撞南墙不知道墙硬，不尝梨子不知道梨子酸

形容人不经受挫折，就不会牢记经验教训。

布衣暖，菜根香

指身穿粗布衣服也暖和，嚼着菜根也香甜。意谓人享受贫穷的境遇。

# C

财去人平安

去：失去。没有钱财拖累，反而会觉得平安无祸。

财与命相连

古时认为财与命是相通的，有钱的人命就好，没钱的人命就苦。

财主的斗，老虎的口

旧时以为有钱有势的人就心狠手辣，像老虎一样剥削穷人。

财主的金银，穷人的性命

意谓旧时财主的财产，都是用穷苦百姓的血汗换来的。

财主靠家当，穷人凭能耐

意思是富人依仗祖辈留下的遗产生活，而穷人不得不凭靠勤劳和技术生活。

财主门前孝子多

指的是给有钱有势的大老爷做事的人多。

草随风倒河随弯

草依照风势歪倒，水沿着地形流向远方。比喻人在无奈的时刻只能顺从现实。

草随季节长，人靠机会抖

抖指振作，草随着季节的变化存活，人抓住机遇就会发达。意思是做任何事情都要掌握机会。

长线放远鹞

鹞是纸鹞，指风筝。只有长线才能将风筝放得更高更远。比喻做事要有计划性，才能取得最后的成功。

朝廷还有三门子穷亲戚

意指再富裕、再显赫的家庭，也会有并不富裕的穷亲戚。

闯过七十三，难过八十四

旧的传统认为七十三、八十四是老人即将面对的坎，倘若能够超过七十三岁，也不容易再超过八十四岁。

成家犹如针挑土，败家好似水推沙

意思讲开创家业就好像用针挑土那样来之不易，而败落家业却像大水推沙那样易如反掌。

成立之难如登天，覆败之易如燎毛

成就家业像飞上天空一样艰难，倾覆没落就像点着毛发一样简单。指创业艰难，毁业容易。

成事在天，谋事在人

指事情的成败与否虽然是由天意判断的，但策划事情的胜利却在于人自己。表明要取得最后的胜利，主观努力发挥着重要的作用。

成则为王，败则为寇

旧时起义者胜利后便可称王，被淘汰者则被人称为盗寇。意思是以成败评论英雄。

城门失火，殃及池鱼

殃指灾祸。城门着火了，用护城河内的水去救急，水干枯后，鱼就无法生存了。意思指无辜受到牵连。

吃饭防噎，走路防跌

意思是事事都要谨慎，防备意外事情的发生。

吃个鱼头腥个嘴

吃鱼头时无法吃到很多肉，嘴却沾满了鱼腥味。比喻便宜没讨多少，却惹了很多麻烦。

吃过黄连的人，才知道蜜糖的甜

吃过黄连的人才明白蜜糖的甜蜜。意思是只要经过自身体验才能真正明白生活的辛酸苦辣。

吃亏长见识

吃亏可以帮助人们增长见识，提高警惕。

吃亏人常在

意思指能够忍受利益损失的人，人情常在，受人欢迎。

吃力不讨好

意思是费尽心机而无法获取好效果。

吃烧饼还要赔唾沫

指办好一件事情必须付出一定的代价。

吃一番苦，学一回乖

人们在经历了一次失败的考验后，就能够深刻领悟一次教训。

吃一分亏，受无量福

佛家认为人与人相处吃一点亏，却会有意外的大量回报。

吃一分亏无量福，失便宜处是便宜

意思是吃亏并不一定是倒霉的事，往往会从中获得福气。

吃在脸上，穿在身上

从面相上就可以判断饮食是否有营养，从身上的着装就可以明了家境是否富裕。

吃着自己的饭，替人家赶獐子

消费自己的食物，为别人赶着獐子。意指无偿替别人干活。

痴人自有痴福

意谓傻人头脑不灵，却自有傻人的福气。

池里的鱼虾晓不得大海大，笼里的鸡鸭晓不得天空宽

比喻不走出去经风雨见世面，知识与本领就很少。

出得龙潭，又入虎穴

意思是刚逃离困境，又陷入了另一危险的境地。

出的牛马力，吃的猪狗食

意思指穷困人们的生活极为艰辛，衣食都没有保障。

除了死法，另有活法

死法指行不通的方法。活法指灵活的办法。意思是不管遇到什么艰难，最终都会有办法消除困境，不要丢掉信心。

穿鞋不知光脚的苦

穿鞋的人是不能体会到光脚行走人的感受的。意谓生活富裕的人是无法明

白处在危难中人的痛苦的。

穿针还得引线人

比喻处理再小事情也得有人协助才行。

船烂还有三千钉

比喻大家族的人家虽然败家了，可却还有家底。

船行弯处须转舵，人逢绝境要回头

就像船划到河湾处要转弯一样，人在绝境中要调转方向，不能一意孤行。

创业百年，败家一天

创业的道路长远而困难，败业却是轻而易举的事情。意思是毁业容易创业难。

槌要敲在响鼓上

意谓说话办事要抓住关键点。

春不到，花不开

春天还没来，花儿无法盛开。意思是时机不成熟，事情就很难办成。

春天三冷三暖，人生三苦三乐

指人生的忧苦快乐就像春天的气候一样变化无常。

此处不留人，自有留人处

这里不容纳我，不等于无法找到肯收留我的地方。意思是出路非常多，不要死钻牛角尖。

从来好事多风险，自古瓜儿苦后甜

意思是办成功一件好事，要经历很多磨砺、挫折才能办成。

从胜利中学得少，从失败中学得多

人们总结过失的教训，比总结胜利的经验要多。

打铁看火候，做事看时机

意思是做事情要掌握时机，就像打铁一定要掌握火候一样。

打铁要趁热，治病要趁早

意思指办事要抓住时间点，及时采取果断判断。

大难不死，必有后福

如果遭受了严重的灾难而存活下来，日后肯定是大富大贵。

大屈必有大伸

指人遭遇大的侮辱之后，肯定有扬眉吐气的时刻。

得宠思辱，居安思危

人在胜利时要看到潜在的失败与危险。

得意时车辆盈门，失意时门庭冷落

盈指满。意思是得意时与之交往走动的人很多，潦倒时与之关心问候的人很少。

得意走官场，失意写文章

指得意时在事业上飞黄腾达，失意时一吐为快，用写作实现人生梦想。

蛾眉本是婵娟刀，杀尽风流世上人

蛾眉也作"娥眉"，指女子修长而弯曲的眉毛，就是美女的意思。婵娟形容女子姿态优美，指贪恋美色会招致杀身之祸。

饿出来的见识，穷出来的聪明

指饥饿和穷困能激发人，使人斗志昂

扬，增长知识，变得坚韧灵活。

**饿慌的兔儿都要咬人**

比喻人被逼得走投无路时，就会无所顾忌，什么事都干得出来。

**饿急了吃五毒，渴急了喝盐卤**

五毒指蝎子、蛇、壁虎、蜈蚣和蜘蛛五种毒虫。盐卤熬盐时留下的溶液，黑色，味苦，有毒。比喻处于险境的时候，人的行为往往不知所措。

**饿了来馒头，困了遇枕头**

肚子饿了就有馒头可以充饥，人困乏了就能找到休息的地方。意思是办事顺利，或所期望的能得到满足。

**饿死不做贼，屈死不告状**

生活再穷也不能去偷盗；冤屈再深也不要去告状。因为旧时候贪官污吏霸道，百姓有苦难申。

**二十年的媳妇熬成婆，百年的道路熬成河**

比喻辛难的日子再漫长，终究会有盼出头的日子。

# F

**放虎归山，必有后患**

把老虎放回山林，一定会有隐患。意指放走自己的敌人，会留下无尽的隐患。

**飞鸟不知网眼儿细**

网指罗网，用绳线做成的捕鸟器。飞鸟看不清网眼儿小，结果被罩住。比喻人往往不知灾祸即将发生。

**风吹鸡蛋壳，财去人安乐**

财产是一种负荷，没有财产往往能得到人生的平安幸福。

**风流自古多魔障**

风流指英俊杰出。魔障是佛教用语，指恶魔所设的阻碍。有才华的英明之士，从来命运多难，困难重重。

**风无常顺，兵无常胜**

天气不会保持吹顺风，打仗无法每次都赢。意谓做任何事情都不可能总是一帆风顺。

**逢庙就得上供，见寺就得烧香**

碰到庙就献上祭品，看见寺就拜佛磕头。意思是为了办成某事，遇到有用的人，只能送礼。

**福不多时，祸由人作**

幸福不会永恒，灾祸也是由于个人的原因导致的。

**福从此起，祸也从此起**

指有利必有弊，福与祸一直都是共存的。

**福地留与福人来**

旧时指风水宝地都是有福之人居住的圣地。

**福过灾生，乐极悲至**

福享尽了灾祸就会来，兴奋到了极点痛苦就会来到。

**福来不容易，祸来一句话**

福运不易得到，而失言常常会惹下祸患。意谓说话要十分小心。

**福人自有福命**

福命指享福的命运。指有福的人福气非常大。

**福生有基，祸生有胎**

福和祸都不是临时发生的，自然有它的发源地。

合指汇聚。财富是从逐渐积累起来的，贫穷是因为不作精打细算招来的。

**富贵本无根，尽从勤里得**

富贵不是生下来就有的，全靠一双辛勤的手得来。意谓只有勤劳才能走上富裕之路。

**富贵怕见开花**

花开就会有花落，富贵之人见花开从而忧愁失去财富。

**富贵他人合，贫贱亲戚离**

人在富贵时，连外人也会来投奔；人在贫穷时，即使是亲人也不敢靠近。意谓世人嫌贫爱富，没有真感情。

**富贵在天，生死由命**

旧时指人的命运都是老天注定，人本身是无法更改的。

**富极是招灾本，财多是惹祸因**

富有到了极点就会向反面发展，引来灾难。

**富攀富，穷帮穷**

意思是富人互相结交，穷人互相帮助。

**富人家日子好过，穷人家孩子好养**

富人有钱，日子容易过活；穷人的孩子不娇气，也好养活。

**富人思来年，贫人顾眼前**

富人生活宽裕，有长远打算；穷人艰苦，只能先顾目前生活。

**富人踏穷，寸步难行**

指富人如果败落变穷，便很难生活。

**富无三代享**

富裕家庭也不会永远有钱，总会有破落的时候。

**富嫌千口少，贫恨一身多**

福是自求多的，祸是自己作的

福是自己用行动换得的，灾祸也是自己招致来的。指祸福的发源地都在自身。

**福无双降，祸不单行**

走运的好事不可能同时到来，而倒霉的事情却接踵而至。旧指人心想事成的时候少，倒霉的时候多。

**福与祸为邻**

福中包含着祸，祸中包含着福。意思是福祸是可以相互依存并转化的。

**福至心灵，灾令志昏**

好运会让人变得睿智；灾难会使人变得愚昧。

**富不学奢而奢，贫不学俭而俭**

奢指奢侈，花费大量的钱财，追求超乎寻常的享受。人钱财多了，不想奢华也很难，贫困了不想节俭也必须节俭。

**富从升合起，贫从不算来**

富裕人家希望孩子越多越好，贫苦人家却怕孩子过多无法养活。

## G

**赶集早进城，赶席早入棚**

比喻办事情要抓住时间，赶在时间前面。

**钢铁要在烈火中锻炼，英雄要在困难里摔打**

指大人物要在磨砺中成熟，就像钢铁要在熊熊烈火中锻炼一样。

**各人有各人的难处**

指人都有自己的辛酸难事。

**各人自有各人福，牛吃稻草鸭吃谷**

旧时指人们的宿命不同，福运也有差异。

**各有因缘莫羡人**

因缘指导致结果的直接原因和辅助结果的条件或力量，也指缘分。人人都有自己的缘分，不必去忌妒别人。

**耕牛无宿草，仓鼠有余粮**

耕牛辛苦劳累却没有明天的草，仓库里的老鼠轻轻松松，却有着无尽的粮食。意指旧时穷人辛苦劳作却无衣无食，富人不费力气却生活富有。

**弓硬弦长断，人强祸必随**

长这里同"常"。弓太硬，弦就容易折断；人如果过于要强，也一定会招来灾祸。

**功成不退，祸在旦夕**

旦夕指早上和晚上，比喻短时间。取得成绩后如不急流勇退，不久就会招惹是非。

**功名富贵草头露，骨肉团圆锦上花**

指功名利禄就像草梢上的露水一样虚幻，而亲人团聚就像锦上添花一样幸福。指功名财富不足惜，家庭和睦才是真。

**孤柴难烧，孤人难熬**

指一个人生活是非常困难的。

**瓜熟蒂落，儿大自立**

蒂指瓜、果等与枝、茎相连的地方。儿女长大了就应自食而力，学会独立生活。

**官宦自有官宦贵，僧家也有僧家尊**

当官的人地位显赫，出家的人却有他们所没有的品格。

**贵人多磨难**

指宝贵之人所付出实际的磨难要比普通人多。

**过了这个村，没有这个店**

店在旧时指村寨里经营的住人、歇车马的旅店。比喻机遇来了就不要错过，错过了很难再有。

## H

**憨头郎儿，增福延寿**

憨头郎儿指不太熟悉人情世故的人，郎儿亦称儿郎。指为人处世不要太精明，不要太计较得失，即便看似有一些模糊，却可以快乐自在，增福添寿。

**好刀要在石上磨，好钢要在火中炼**

比喻人要想取得成就，必须经过艰苦的考验。

**好汉不怕出身低**

英雄贵在有本事、有抱负，不在乎出

身的级别。

好汉千里客，万里去传名

好汉四处做好事，打抱不平，名声远扬。

好酒说不酸，酸酒说不甜

说指议论，评论。好酒不会由于别人说酸就酸，酸酒也不会由于别人说甜就甜。比喻人的性质不会因外界的评说而有所改变。

好名难出，恶名易出

好的名声不容易扩散，坏的名声却传得飞快。

好人不长寿，祸害一千年

祸害指坏人。好人往往活不长久，坏人却寿命长久。

好人多难，好事多磨

指好人命运多难，好事不能轻易获得。

好人说不坏，好酒搅不酸

好人不怕别人说，就像好酒不怕搅和一样。指流言蜚语无法干预正派的人。

好人说不坏，坏人说不好

无论好人和坏人，都不会因外在的名誉而失其实。

好事难碰上，坏事接连三

接连三指接二连三。指好运很难碰上，厄运却无法抵制降临。

好事宜早不宜迟

有利的事要加紧步伐，不能延误，以防产生其他变化。

好天还得防阴雨

比喻人身处顺境，也要为未来的逆境做好心理准备。

好言不听，祸必临身

指不听别人有益的意见，就会招来大祸。

禾怕寒露风，人怕老来穷

禾苗到了寒露就会凋谢，经不起风寒气候；人到了年纪大的时候，体弱多病，就怕因贫穷而生活困苦。

河里鱼多水不清，山里石多路不平

比喻人生的道路会有很多挫折，不会顺顺利利。

河有九曲八弯，人有三回六转

指人生之路就像河流一样充满挑战。

荷花开在污泥中

比喻在艰苦的环境中也能成就高贵优雅的品格。

花开引蝶，树大招风

比喻才华横溢会惹祸上身。

花盆里长不出栋梁，鸡窝里练不出翅膀

比喻温暖美好的环境对人的健康成长没有好处。

患难朋友，艰苦夫妻

患难中成就的友情最踏实；艰苦生活过来的夫妻最相爱。

黄河尚有澄清日，岂可人无得运时

指人一定会迎来走运的时刻。

黄金被土埋，不失其光辉

比喻人的天赋与闪光点不会被恶劣的环境所掩盖。

黄金从矿石中提炼，幸福从艰苦中取得

只有经过生活的困苦的磨炼才能获得最终的成功。

黄连树根盘根，穷苦人心连心

贫穷的人由于相同的命运而互相同情，同病相怜。

黄泉路上无老少

黄泉本指地下的泉水，引申为死亡。指人的死亡不会根据年龄的大小判断而有先后顺序。

黄鼠狼专咬病鸭子

比喻灾患一定是降临到悲惨的人身上。

豁不出肉疼治不好疮，舍不得孩子打不住狼

比喻要想得到成功，就一定要付出更多的代价。

活人不会给尿憋死

比喻人不应该投降于客观世界，要思考摆脱现状。

祸福无门，唯人自招

招指招致。无论是获取幸福还是招来灾祸，都是自己造成的。

祸由恶作，福自德生

干坏事就会招来灾祸，做好事就会带来好福气。

惑者知返，迷道不远

能够亡羊补牢，有所改悟，说明他还没有达到无法自拔的程度。

## J

机不可失，时不再来

指机遇难得，不可轻易错过。

鸡毛飞不上天

形容弱小者成就不了大事。

鸡瘦不倒冠

鸡虽瘦了，可鸡冠依旧是挺拔的。比喻人虽遭遇挫折，但原有的信仰和勇气不变。也指人虽然生活不富裕，但骨头还是硬的。

积丝成寸，积寸成尺，寸尺不已，遂成丈匹

丝指一种很小的计量单位。积少成多。指凡事坚持努力，持之以恒，就能达成目的。

吉人自有天相

吉指吉祥，吉利。相指帮助。运气好的人冥冥之中会得到老天的祝福。

急不避嫌，慌不择路

人在急迫中就顾不上躲避嫌疑；在慌乱中就无暇顾及挑选路线。

急出嫁嫁不下好汉子

指女人很想出嫁，也许找不到称心的男人。也指没有准备就急忙选择，结果往往事与愿违。

急出来的主意，逼出来的祸

人在紧急情况下往往能想出急救的方法，但往往因被逼而引出事端。

急中有失，怒中无智

形容人在急迫中或发怒时最容易失误。

既到大江边，不怕水湿脚

意谓既然想做某事，就别担心惹麻烦。

既在矮檐下，怎敢不低头

指既然受制于人，只好向别人屈服。

既在江湖内，都是苦命人

指流落社会的人都是苦命的人，要互相照应。

寄人篱下，有苦难言

寄：依附。依附别人而谋生，伤心了也没法诉说。

家家都有本难念的经

指谁家都有一些缠人的麻烦事。

家贫的孩子知事早

贫困人家的孩子从小就得为家庭操心，因此懂事早。

家穷有口锅，人穷不离窝

指家里再穷，也有口做饭的锅，人再贫困也不愿离开自己的家。形容人总是依恋故土。

家要败，出妖怪

意思是家庭败落前，就会生出离奇古怪的事。也说明一个集体一个国家将要衰败时，就会出现各种各样的坏人。

家有多嘴公，十个仓廒九个空

多嘴公：指光吃饭不干活的人。仓廒：保存粮食的仓库。意思是家里有了吃闲饭的人，家境自然被吃空。

家有黄金，邻有斗秤

指一个家庭生活富足不富足，周围的邻居都很了解。

家有千万，小处不可不算

家庭再富裕也要精打细算地生活。

家有三件宝，丑妻薄田破棉袄

指相貌丑陋的妻子、贫瘠的土地和破旧的棉袄，是贫困农民的三件宝贝。

家有万担粮，挥霍不久长

担：一百斤为一担。形容家业再大也经不住挥霍浪费。

家有万贯，还有个一时不便

指家里再有钱，也免不掉有个一时拿不出现钱的时候。

肩膀头儿不齐，不是亲戚

意思是贫富地位差距大的人，不会成为真正的亲戚。

俭是聚宝盆，勤是摇钱树

意谓只有勤俭才能发家致富。

见贫休笑富休夸，谁是常贫久富家

说明人不要夸耀富足，也不可讥笑穷人，因为贫富毕竟不是一成不变的。

箭在弦上，势在必发

比喻形势紧急，不得不做。

将相无种，官出庶民

庶：普通人。指普通人家同样可以出官位显赫的大人物。

叫花三年，做官无心相

叫花：指乞丐。心相：指乐趣。做了三年叫花子，让他做官都不愿意去做。指叫花子自有他的乐趣。

叫花子也有三个穷朋友

说明不论什么样的人都会有几个知己。

借酒浇愁愁更愁

有忧愁时，想借酒消愁，反而会更加忧伤。指忧愁上来，无处发泄。

今天脱下鞋和袜，不知明天穿不穿

今天活着不知道明天还能不能活着。意谓人的死生难测。

经霜的甘蔗分外甜

形容经受考验之后，生活会更幸福。

久走夜路，总要撞一回鬼

说明长时间冒风险，免不了要出意外。

酒色祸之媒

244

意思是贪酒和贪色是祸乱的根源。

**酒中含毒，色上藏刀**

比喻酒和色对人都有危害，奉劝人们要谨慎对待。

**拘小节者，不能立大事**

指看重细枝末节问题的人，做不成大事情。

**君子问祸不问福**

指君子算命时只问凶，不问吉。

## K

**口子大小总要缝**

意谓问题无论大小还是要解决。

**苦尽甘来是真福**

说明历尽了苦难而得到的幸福才算真正的幸福。

**苦日难熬，欢时易过**

意思是人在心情爽快时，感到时间过得很快；在心情苦闷时，感到时间过得很慢。

**苦死千家，发财一家**

指天下受苦受穷的占多数，发家暴富的人极少。

**库里有粮心不慌，手里有钱喜洋洋**

意谓农家粮足钱多，日子自然过得幸福。

## L

**腊月的花子赛如马**

花子：指乞丐。赛如马指胜过奔跑的马。意思是寒冬腊月，天气很冷，乞丐只能以跑步取暖。

**来得早洗头汤，来得迟洗浑汤**

头汤指刚放入浴池的热水。浑汤指洗浴后剩下的水。说明来早了清水洗澡，来晚了只能浑水洗澡。告诫人们做事宜早不宜迟。

**懒人自有懒人福**

意思是懒人也有福气，因为有人代劳。

**老虎离山被犬欺，凤凰落架不如鸡**

形容英雄人物在失运时，会受小人的气；高贵的人物一旦失去荣华富贵，身价还不如一般人。

**老了的千里马不如一条狗**

意谓再有才的人年纪大了也会失去威力，被人轻视嫌弃。

**老天爷饿不死没眼的家雀**

指即使瞎眼的家雀，老天爷也不会让它饿死。形容生活再困难的人也能挣扎着生活下去。

**临崖立马收缰晚，船到江心补漏迟**

意谓事态已经很紧急，大错已经铸就，这时再取行动挽救，已经晚了。

**留得葫芦子，不怕无水瓢**

比喻保存实力，不担心没有好的成果。

**留得青山在，不愁没柴烧**

意谓把实力保存下来，就会有出路。

**六十年气运轮流转**

六十年：农历用天干地支纪年，六十年为一轮。古时认为，人的运气每过六十年会互相交换运转。

**龙怕揭鳞，虎怕抽筋**

龙害怕揭去鳞甲，虎害怕抽去筋骨。

指本事高强的人也担心别人伤他要害处。

**蝼蚁尚且贪生**

蝼蚁指蝼蛄和蚂蚁。像蝼蛄和蚂蚁这样的小虫还想存活，况且人呢？比喻人应当珍惜自己的生命。

**漏底的缸好补，穷困的洞难堵**

说明贫困是一下子难以改变的。

**路不会总是平的，河不会总是直的**

指人的一生不会总是平坦的。也说明人与人相处，难免发生矛盾。

**路是人开的，树是人栽的**

说明事情的成功全在于人的勤奋。

# M

**麻雀飞过，也有影子**

比喻无论做什么事情，总会留下一些痕迹的。

**马不失蹄，不识有地**

马不摔倒就不会了解大地。指人不犯错误就难以获得成功。

**马逢伯乐方知价，人遇知音自吐心**

好马只有遇见伯乐才能显露自己的价值，人只有在知音面前才会一吐真心。

**马渴想饮长江水，人到难处思亲朋**

比喻人陷入困境时，就会思念亲朋好友，希望得到他们的帮助。

**马老无人骑，人老就受欺**

指马老了，就没有人再去差使它，而人老了，会受人欺侮。

**马老卸鞍，虎老归山**

马老了，要将马鞍子卸下来，虎老了，也要放归山中。说明人老了也要休息。

**马行软地易失蹄，人贪安逸易失志**

马在软地上走路容易跌倒，人贪图安逸的生活就容易失去志气。

**马要骑，人要闯，生铁不炼不成钢**

比喻人不经过实践的锻炼是不会成功的。

**马有三肥三瘦，人有三起三落**

马在生长过程中有时肥壮，有时瘦弱，人在社会上，有时一帆风顺，有时遇到坎坷。

**麦高于禾，风必吹之；人高于群，众必推之**

比喻人才能超群，一定会遭到排斥、嫉恨。

**卖牛留条绳，做人留个名**

意谓人活于世要留下好名声。

**馒头落地狗造化**

馒头掉在地上，成了狗的美食。比喻碰上了意想不到的好事。

**没碰过钉子不知道疼**

指没受过挫折，不知道吸取经验教训。

**没事常思有事**

指生活在安定和谐的环境中，要时刻提防可能发生的危险。

**没有过不去的河，没有爬不上的坡**

意谓只要勤奋，没有克服不了的困难。

**没有一口吃饱的饭**

指要想成功，必须脚踏实地，一步一个脚印地进行。

**蜜罐里熬不出硬骨头**

说明安逸的环境磨炼不出人的意志。

妙药难医冤债病，横财不富命穷人

冤债病，指冤鬼、债鬼纠缠的病。横财，指用不正当手段得来的钱财。说明灵丹妙药难治冤鬼、债鬼纠缠的病，不义之财富挽救不了命中注定贫穷的人。

民怕兵匪抢，官怕纱帽丢，穷怕常生病，富怕贼人偷

说明各类人都有自己担惊受怕的事。

明月不常圆，好花容易落

月亮圆缺，鲜花开谢，是经常发生的事。指称心如意的事情不可能长久存在。

明珠不怕磨，越磨越闪光

比喻坚强有正义感的人经得住各种考验。

命该井里死，河里淹不煞

煞：死。比喻人的生死是命中注定的，该在哪里死，就得在哪里死。

命好心也好，富贵直到老

指命运好心肠也好的人，能享受一辈子荣华富贵。

命里无财该受穷，富贵都是天铸成

铸成：安排注定。指有钱没钱享福受穷都是命中注定、上天安排。

命若穷，掘得黄金化作铜；命若富，拾着白纸变成布

说明贫穷富贵都是命中注定的，人为的力量很难改变。

命中注定三更死，决不留人到五更

更：旧时一夜分成五更，每更大约两小时。持宿命论观点的人认为人在什么时候死是天命预先决定的。

## N

拿斧的得柴火，张网的得鱼虾

指在哪个方面付出努力，就会在哪个方面取得收获。

男儿不发狠，到老受贫困

比喻男人做事如果没有恒心，或者心态不够沉稳，到老来就会潦倒受穷。

能医病不能医命

比喻再高超的医术，面对不治之症，也无法挽回病人的生命。

泥捏人也要有时间晒干

说明任何事都有个过程，切不可急于求成。

年轻饱经忧患，老来不怕风霜

比喻人饱经风霜后，任何困难都能战胜。

年轻不攒钱，老来受艰难

人年轻时不懂得积蓄，年老时生活自然困苦。

鸟大高飞必有影，树大枝多更招风

比喻一个人声望越高，招来的麻烦就越多。

鸟过留鸣，人过留声

比喻人在社会上一定要留下好名声，就如同鸟儿飞过时留下好听的叫声一样。

鸟之将死，其鸣也哀；人之将死，其言也善

指鸟在临死前叫声哀婉凄凉；人在临死前言语真诚和善。

宁跟明白人打一架，不跟糊涂人说句话

指在任何情况下宁可与明白事理的人打一仗，也不能和不明事理的人交往。

宁可贫后富，不可富后贫

指先贫穷后富有的日子好过，先富有后贫穷的日子难过。

宁可做过，不可错过

意谓不管做得成功与否，都不能错过机遇。

宁苦在前，不苦在后

指宁可先吃苦后享福，不要先享福后受苦。

牛老无力，人老无威

指人老了就会失去以往的威势，就如同牛老了没有力气一样。

# P

怕刺戳，摘不到鲜花；怕烫手，吃不到饽饽

饽饽，指馒头或其他面食。比喻害怕危险，就难以成功。

怕得老虎喂不得猪

指因怕老虎可能吃掉喂养的猪而不去喂猪，说明顾虑重重办不成事。

怕鬼偏有鬼

比喻担心出问题却真的出了问题。

怕小河过不了大江

意谓害怕小的困难，就干不成大的事情。

怕痒怕痛，做不得郎中

郎中，指中医医生。害怕病人在治疗中出现疼痛，就当不了医生。也比喻做事怕这怕那，就不会成功。

怕灾就来祸，躲也躲不过

灾祸是命中注定的，躲是没有用的。指不要畏惧面前的艰难险阻。

碰得好不如碰得巧

意谓机遇能给人带来幸运。

碰一回钉子学回一乖

说明吃亏能让人增长才智。

匹夫无故获千金，必有非常之祸生

匹夫：常人。一个人无缘无故获得巨额钱财，一定伴随有灾难发生。

贫不忧愁富不骄

指贫穷时不要愁眉苦脸，低三下四，富贵时不要盛气凌人，骄傲蛮横。

贫不与富敌，贱不与贵争

指生活贫困的人不要与生活富裕的人争强，普通百姓不要与有权势的人攀比。

贫不与富斗

古时候指穷人斗不过富人。

贫家百事百难做，富家差得鬼推磨

差：指使。穷人没钱，什么事都难办成；富人有钱，没有办不成的事情。

贫家富路

指生活穷一些还可以应付，出门在外可得多带钱财以应急需。

贫无本，富无根

贫穷没有贫穷的根源，富有没有富有的根。指贫穷、富有都不是一成不变的。

平安就是福

指人的一生如果没有灾难和危险，就算是最大的福分了。

泼水难收，人逝不返

人离开人世后不可能再回来，就像泼出去的水一样，无法收回。

破船经不起顶头浪

比喻处境困难的人经受不住巨大的打击。

## Q

骑虎之势，必不得下

骑在了虎背上，便难以下来。比喻做事遇到困难却不能中止，只好硬着头皮干下去。

起头易，到底难

说明凡事开头简单，坚持到底却很困难。

千金难买一口气

一口气：指人的性命。人的生命是无价之宝，是多少钱也买不来的。

千人所指，无疾而亡

被所有人指责，即使没有疾病，也会死亡。

前怕狼，后怕虎，一事无成白辛苦

比喻做事瞻前顾后，左右不定，必将一事无成。

钱过北斗，米烂成仓

钱多得堆起来可以超过天上的北斗星，粮食多得吃不完，腐烂在粮仓里。比喻极其富有。

墙倒众人推，鼓破众人捶

比喻人一旦倒霉失运，众人就会乘机欺侮或攻击。

穷村有富户，富村有穷人

说明穷人、富人哪都有。

穷怕来客，富怕来贼

穷人无钱招待，所以担心客人来临；而富人有钱有物，担心丢失，所以怕贼光顾。

穷人有个穷菩萨

指穷人也有护佑他的力量。

穷人乍富，如同受罪

意谓穷人突然富起来，一时难以适应。

穷上山，富下川

指山上资源丰富，穷人好生活；平川环境好，富人可去享受。

穷虽穷，还有三担铜

意谓富贵人家即使败落了，总还有一些财产。

犬若赶到绝望路，岂不回头咬他人

比喻人处于绝境时会不顾一切，铤而走险。

## R

人不怕低，货不怕贱

人品德好，不怕出身低微；只要货好，不分价格低廉。

人不宜好，狗不宜饱

比喻人的生活不应过于安逸，优裕会消磨意志；狗不能喂得太饱，太饱了就懒得看家。

人不知亲穷知亲，心不知近穷知近

说明人只有在困苦时，才能体会到谁最亲近。

人不走运，喝口凉水都塞牙

比喻人不走运时，往往四处碰壁。

人到难处不能挤，马到难处不加鞭

人在最危难时，切不可再对之施加压力；就像马到力气用尽时切不可加鞭催赶一样。

人到难处才见心

意谓遇到困难时才能考验出一个人的思想意志。

人到难处方知难

◎谚语大全◎

指自己亲自面临困难时，才真正懂得什么是困难。

**人到难处就如虎落深坑**

意谓人陷入困境时，就好像老虎陷入深坑一样，无能为力。

**人到难处显亲朋**

指人在困境中才显出亲戚朋友的作用来。

**人到事中迷，就怕不听劝**

当事人往往头脑发热，缺乏冷静的观察思考，往往听不进旁观者的劝告，问题就会更加严重了。

**人急悬梁，狗急跳墙**

意谓人被逼急了，会不顾后果地乱来，就如同狗被逼急了会跳墙一样。

**人命大如天**

说明人的性命极其重要。

**人能名望高**

指有能力有作为的人，名望就会高。

**人挪活，树挪死**

说明新的环境有利于人的生存和发展。

**人怕出名猪怕肥**

比喻人一旦出了名，就容易惹来各种麻烦。

**人怕伤心，树怕伤根**

说明人最大的悲哀莫过于心灵上受到创伤，树最大的损伤莫过于伤了树根。

**人怕遇难，船怕上滩**

人害怕突遇灾难，就像船害怕搁浅无法行驶一样。

**人贫志短，马瘦毛长**

比喻人在穷困的处境中，很容易丧失

勇气和斗志。

**人穷长力气，人富长脾气**

指人在贫困时，为了谋生终日劳作，增长了自己的力气；而人在富裕之后整天养尊处优，因地位比他低的人事事让着他，所以脾气会越来越大。

**人生能有几回搏**

指人的生命短暂，要勇于拼搏，才能成就一番伟业。

**人生一盘棋**

指人的一生就如同一盘棋一样，变化莫测。

**人是三截草，不知哪截好**

人生什么时候好，什么时候坏，很难预料。比喻人生变化莫测。

**人死如灯灭**

指人死如同灯灭一样，不能复活。

人望幸福树望春

每个人都希望生活幸福，就像寒风中的树木总盼望春天快快来临一样。

人为一口气，丢了十亩地

指人有时为了争一口气，便造成了巨大损失。

人未伤心不得死，花残叶落是根枯

说明人心灵受伤就容易死亡，就像植物的根干枯了就会死掉一样。

人无千日好，花无百日红

说明人好的境况不可能常在，就像花不能常开一样。

人香千里香

指人的名望好，就会传扬四方。

人要练，马要骑

指人要多经过磨炼才会进步，就像马要多骑才能奔驰一样。

人要知足，马要歇脚

人只有知足才能快乐，马要经常歇脚才能体力充足。

人有悲欢离合，月有阴晴圆缺

人活在世上有悲伤、欢乐、离散、团圆，就像月亮有阴晴圆缺一样。比喻凡事都不能十全十美。

人有吉凶事，不在鸟音中

指人的吉凶福祸与乌鸦的叫声没有任何联系。

人有生死，物有毁坏

人生在世，有生就有死，就像物体总要被破损一样。

人在世上炼，刀在石上磨

人要在社会中只有经受锻炼才会坚强；就像刀要不断磨砺才能锋利一样。

人走时运马走膘

膘：肥肉。此处指强壮的体魄。指人生在世常常靠的是运气和机遇；而骏马飞驰千里靠的是强壮的体魄。

荣华是草上露，富贵是瓦头霜

荣华富贵就像那草上的露水、瓦上的霜雪，一见阳光便会消散了。说明荣华富贵非常短暂，容易消失。

容易得来容易舍

如果东西得来容易，不被珍惜，那么失去也容易。

乳名都是父母起，坏名都是自己惹

意谓坏人对他的恶名负有全部责任。

入深水者得蛟龙，入浅水者得鱼虾

比喻敢于吃苦受累、冒大风险，收获就多；反之，知难而退，害怕付出的人，收获就少。

软锤子打不出硬家伙

锤子软，就打不出好铁来。比喻没有超人的毅力和过硬的本领，就难有大作为。

若要佛法兴，除非僧赞僧

意谓成就一番事业，需要大家同心协力，相互支持。

若要甜，加点盐

比喻生活中只有尝到苦头，才能感觉到甜，只有经受波折，才能体会到幸福。

## S

洒多少汗水，有多少收获

指人的付出与回报是成比例的。

三寸气在千般用，一日无常万事休

三寸气：指呼吸。无常：指死亡。说

明人活着可以有很多作为，一旦死亡就万事皆休。

**三十年河东，三十年河西**

比喻气运的兴衰更替，常常有周期性的变化。也常比作事物的结局不可预料。

**三万六千毛孔一齐流汗，二十四个牙齿捉对厮打**

说明人吓得浑身流汗，心惊胆战。

**杀人不过头点地**

人头落地也不是什么大不了的事。意谓再大的事也不需要看得过于严重。

**山高挡不住行路的人，河宽挡不住摆渡的船**

指人世间没有摆脱不了的困难。

**山有高峰，水有激流**

比喻人生在世难免遇到各种各样的坎坷和困难，不可能一帆风顺。

**山中常有千年树，世上少有百岁人**

深山里有千年的古树是常见的事，人世间却很少有百岁的老人。说明人的生命之短。

**善良的人流芳百世，恶毒的人遗臭万年**

说明行善的人做的好事，作恶的人干的坏事，都会被人们永远记住。

**伤弓之鸟高飞，漏网之鱼远逝**

指受过弓箭惊吓的鸟一定飞得非常高；从渔网中逃出的鱼一定游得非常远。比喻人吸取教训后会有所警觉。

**伤心忧愁，不如握紧拳头**

指面对伤心和不如意，不能垂头丧气，一定要振作精神，努力奋进。

**上当学乖，吃亏学能**

上当受骗使人学会机灵，吃亏使人变得有能力。

**舍不得金弹子，打不住银凤凰**

意谓实现宏伟的目标需要付出超人的代价。

**舍不得香饵，钓不来金蟾**

饵：钓鱼时引鱼上钩的食物。金蟾：俗称金蛤蟆。说明舍不得下大本钱，就难以得到大利益。

**身在福中不知福**

过着幸福生活的人往往感觉不到幸福的存在。

**深山藏虎豹，乱世出英雄**

深山老林容易潜藏着虎豹，动乱时代容易造就英雄。

**生不带来，死不带走**

指人来到世间时什么也没带来，离开人世时什么也不会带走。用以告诫人们不要把功名利禄看得太过严重。

**生死关头见人心**

只有在生与死的紧要关头，方能看出一个人的真实内心。

**生子痴，了官事**

生了个痴呆儿，便可免去官府的差役。比喻为人处世厚道一些，便可平安无事。

**胜不骄，败不馁**

馁：灰心丧气。指胜败乃兵家常事，胜了不要骄傲，败了也不要心灰意冷。

**胜不足喜，败不足忧**

足：值得。意谓打了胜仗不要过分喜悦，打了败仗也没必要太过忧愁。

**省事饶人，过后得便宜**

指不惹是生非，宽厚待人，总会有好报应的。

**失败是成功之母**

指善于从失败中吸取教训，是事业成功的法宝。

**失之东隅，收之桑榆**

东隅，指早晨；桑榆，指日暮。在早上失去的，在日暮时又得到了。比喻开始失败了，但后来又获得了成功。

**十磨九难出好人**

好人：杰出的人才。说明只有通过磨难才能锻炼出杰出的人才。

**十年窗下无人问，一举成名天下知**

读书人十年苦读无人问津，一旦成名众人皆知。意谓只看到别人成功，而没有看到别人背后的付出。

**十月怀胎，一朝分娩**

一朝：一天。分娩：生孩子。怀胎需要十个月，生孩子只是一会儿的事。比喻在成功之前，需要做大量的准备工作。

**石子扔到河里，大小总可以听到个响声**

意谓付出总会有收获。

**时到天亮方好睡，人到老来才学乖**

指人老了，积累了丰富的为人处世的经验，就会变得乖巧。

**时来顽铁有光辉，运去黄金无颜色**

指运气好时连锈铁都会散发出光彩，运气不好时连金子也黯淡失色。比喻时运决定人生的兴衰祸福。

**时来易觅金千两，运去难赊酒一壶**

觅：找到。赊：赊欠。运气来到时千两黄金也容易得到；运气不好时一两酒也

赊不出来。

**时来运到推不开，元宝自己上门来**

古时候认为运气到来时，财富就会跟着来。

**时势造英雄**

指英雄人物都是社会环境造就的。

**世上没有事事都舒心的人**

指任何人都有不顺心、不如意的时候。

**事到万难须放胆**

指在遇到最困难时，不如放开胆子，什么都不怕，反而能找到出路。

**事在人为，路在人走**

指事情的成功与否往往取决于人的主观努力。

**势不可使尽，福不可享尽**

指权势不可以用绝，安逸不可以享尽。比喻凡事要留有余地，物极必反。

**是福不是祸，是祸躲不过**

古代认为人的祸福由上天注定，是福分的不会变成灾祸，是灾祸就躲不过去。

**收船好在顺风时**

收船：收起船上的风帆。收帆应在顺风时收，遇到逆风很难落下来。意谓人要见好就收，做事情要在顺境中结束。

**受不了委屈，成不了大事**

说明成就大事，必须有很大的度量。

**受伤的蛤蟆都要蹦三蹦**

意谓再软弱的人受到伤害也要奋起反抗。

**瘦骆驼强似象**

比喻大户人家即使家道衰落，也比一般人家富裕。也比喻有权有势的人即使

丧失权势，也比一般人有手腕。

**瘦牛不瘦角**

牛再瘦，牛角也不会瘦。说明即使贫困人家，办事时也要讲体面。

**输得自己，赢得他人**

赌钱时只有不怕输钱，才能赢钱。比喻敢于付出代价，才能有所收获。

**输理不输气，输气不输嘴**

输了理不服气，气势上输了嘴上还不服输。指人好胜心强，不肯服输。

**输赢无定，报应分明**

说明输赢虽然不一定，报应却是准有的。

**树大招风，名高招忌**

树大了，自然就会招风；名气大了，别人就会忌妒。

**树大招风，钱多惹事**

树大了容易招来大风；钱多了容易招惹麻烦。

**树有皮，人有脸**

树有树皮，才能成长，人有脸面，才讲尊严。

**摔跤也要向前倒**

意谓即使遭受挫折，也要继续前进。

**摔了个跟头，拾了个明白**

虽然遭受了一次挫折，但获得了一个经验。

**摔一个跟头，识一步路程**

意谓遇一次挫折，就长一分见识。

**谁笑到最后，谁笑得最好**

指胜败要看最后的结果，取得最后胜利的才是真正的强者。

**谁种狂风，谁收暴雨**

比喻谁做的事情就要由谁承担后果，说明好心才能有好报。

**水罐水罐，碎在井沿**

水罐常常在井里打水，总有一天会在井沿碰碎。比喻经常冒险，总有摔跟头的一天。

**水火不留情，遭灾当日穷**

说明水灾、火灾破坏力极大，会造成贫穷等严重的后果。

**水激石则鸣，人激志则鸿**

水拍到石崖上会发出声音；人受到激励会发奋图强。

**睡多了梦长**

睡觉时间长了，做梦的时间就长。比喻事情拖得太久，容易出现不测。

**顺风行舟易翻船**

说明人在顺境中做事，容易疏忽大意，导致失败。

**私心重，祸无穷**

指人私心太重，就会给自己带来很多祸患。

**思想对了头，一步一层楼**

指想法正确，工作就会有很大的成绩、也指端正了态度，就会有很大的进步。

**死后方知万事休**

人死了之后才知道什么事都已结束，比喻生命短暂，人应该超脱一些。

**死者不可复生**

劝慰人不必为死者太过悲伤。说明人不能轻生。

**虽有智慧，不如乘势**

指即使才智超群，也不如乘着有利的

形势去做事，更容易成功。说明事业的进步，时机很重要。

## T

逃得了今朝，逃不过明朝

指面对危难躲避一时可以，但最终有躲不过的时候。

逃生不避路，到处便为家

指人逃命时，顾不上选择道路，逃到哪儿哪儿就是家。

讨便宜处失便宜

打算在什么地方占便宜，往往会在什么地方吃亏，说明人不能贪图小便宜。

讨饭三年懒做官

讨饭时间一长，懒惰成性，连做官都不想当。

讨米讨得久，定会碰到一餐酒

讨饭的时间久了，一定会碰到吃酒席的机会。也指只要坚持不懈地做一件事情，总会遇到好的机遇。

天不能总晴，人不能常壮

指人不可能总是健壮，天气不会一直晴朗。比喻生活中发生不测之事是在所难免的。

天不生无路之人

世间没有找不到出路的人。指境遇再艰难，也会有出路的。

天高任鸟飞，海阔凭鱼跃

比喻人在广阔的天地里，可以尽情施展才华，发挥作用。

天没有总阴，水没有总浑

天气不会总是阴天，河水不会总是浑浊。比喻处于困境中的人，总会有找到出路的时候。

天上神仙府，人间帝王家

指帝王的生活非常豪华，就如同天上神仙一样。

天生人，地养人

说明人在世上总有办法存活。

天塌了有地接着

不论出了多大的问题，都会有相应的办法来解决，不必惊慌失措。

天塌有高个儿，水淹有矮子

天塌了，先压高个子；水满了，先淹矮个子。说明不论出现什么坏事情，总会有人支撑。

天无百日雨，人无一世穷

人不可能一辈子贫穷，就像天不会总

下雨一样。指事物总是在不断变化发展。

天无绝人之路

上天有好生之德，不会让人走投无路的。指处境再艰难，只要想办法，总会找到出路的。常用来鼓励处于困境中的人不要悲观失望。

天下本无事，庸人自扰之

庸人：平庸的人。世上本来平安无事，是平庸的人自找麻烦。意谓许多不该发生的事情都是自己找麻烦引起的。

天阴总有天晴日

指事情不会总是处于困境中，总会有好转的一天。

甜从苦中来，福从祸中生

只有经历了苦才有甜，只有摆脱了祸才有福。

铁匠门上没关子，木匠门上少栓子

铁匠忙于给别人打铁，自己家里的门上却没有铁门关；木匠整天给别人做木工，而自己家里却没有木门闩。指古时候穷苦的劳动人民，只能付出劳动，却无法享用自己的劳动成果。

铁树也有开花日

意谓再难办的事情也有办成的希望。

听不得雷声，经不得风雨

假使连雷声都不敢听，必然经不住风雨的袭击。比喻受不了小的危难，也就不可能承受大的艰险。

同人不同运，同伞不同柄

说明人的命运有好有坏，各不相同。

同舟要共济，万难化为夷

济：过河。难：祸难。夷：平安。只要同心协力患难与共，就一定能战胜各种灾难，化险为夷。

铜盆碎了斤两在，大船破了钉子多

比喻家道虽然衰落，但还会有一些家底。

头回上当，二回心亮

吃亏后吸取教训，便会使人聪明。

## W

外头赶兔，屋里失獐

在外面追赶兔子，家里的獐子却丢失了。比喻为了得到外面的小好处，却失去了本应该属于自己的大利益。

弯扁担，压不断

说明为人处世要能屈能伸，能软能硬，过于直率容易招致灾祸。

弯尺画不出直线来

比喻心术不正的人，做不出好事来。

弯树枝儿掰不直，犟脾性儿改不了

指人的性格难以改变，就像弯曲的树枝掰不直一样。

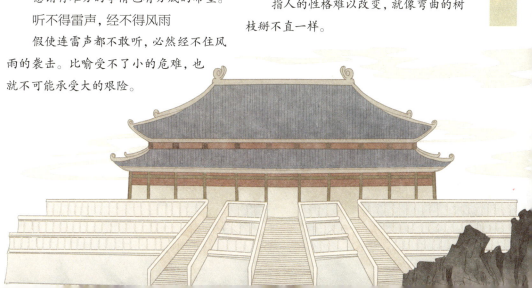

弯着腰干活，直着腰走路

意谓干活要勤奋，做人要正派。

万事不由人预料

说明人生万事复杂多变，难以预测。

未穷先穷，永世不穷；未富先富，永世不富

在家道衰落之前节俭，一生都不会贫穷；在家业富足之前奢侈，永远也富裕不起来。

无祸便是福

没有灾难就是福气。

无禁无忌，黄金铺地

禁忌：迷信认为犯忌的话和行为。说明只要不相信迷信中所讲的禁忌，自然会家道富足。

无奈无奈，瓜皮当菜

在没有出路的时候，瓜皮也可以当菜吃。比喻人无能为力时，只能降低标准，委曲求全。

无与祸邻，祸乃不存

不与祸事发生关系，就可避免祸害发生。

## X

喜事难成双，霉事偏成对

说明幸运的事很难一起来到，倒霉的事情却常常一个接一个地来。

下了山的老虎不如狗

虎在山中是群兽之王。一旦它来到平川，便不比狗有更多的用武之地。比喻持掌权贵的人一旦失势就连普通百姓也不如了。

下坡不赶，次后难逢

指机不可失，时不再来。

下坡容易上坡难

比喻人学坏容易，学好却很难。

先苦后甜，幸福万年

指吃苦在前，享受在后，这样才能幸福一生。

先下米，先吃饭

比喻做事情早动手，成功也就早到来。

小财不去，大财不来

指要想得到大的收获，必须舍得付出。

小壶里的水开得快

比喻集中精力做事，就会很快取得成功。

心静自然凉

指只要心里平静，就是在很热的天气里，也会感到凉快。

心宽体自胖，饱暖生是非

指知足的人心宽体胖，而有的人吃饱穿暖后就会生出别的欲望，惹出是非。

心强命不强

主观的努力不如机遇缘分更重要。

星随明月，草随灵芝

比喻才智一般的人应该跟随杰出者。

行船最怕顶头风

指船只行驶最怕遇到逆风。比喻做事情最忌讳遇到当头的困难。

行善获福，行恶得殃

说明善有善报，恶有恶报。

秀才造反，三年不成

说明秀才只有书本知识，没有社会经验，想造反也很难成功。

## Y

眼里识得破，肚里忍不过

指即使看穿别人设置的圈套，但最终因饥饿难忍而向别人委曲求全。

咬着石头才知道牙疼

形容碰了钉子之后才真正知道失败的滋味。

要人说句好，一世苦到老

人活在世上，要落得一个好名声是非常不容易的。

要想有所得，必先有所失

比喻没有付出就没有收获。

夜长梦多，好事多磨

时间拖久了，事情就会发生意外；好的事情在成功之前往往会经历许多挫折、磨难。

一场官司一场火，任你好汉没处躲

指打一场官司就像遭受一次火灾一样，即便是有能耐的人也躲不过这种劫难。

一朝被蛇咬，十年怕井绳

比喻遇到一次危险，以后很长一段时间遇到这种情况都会担心害怕。

一文钱难倒英雄汉

文：量词，用于旧时的铜钱。意指在紧要关头，英雄好汉也会因为缺少一文钱而着急为难。

衣来伸手，饭来张口

比喻什么事都不想做，只等坐享其成。

因祸得福，事在人为

指把坏事变成好事，全凭人的努力奋斗。

阴也有个晴，黑也有个明

指事情总会从阴暗转向光明。劝诫人们在不利的环境下不要灰心丧气。

英雄难过美人关

古时候指英雄也难以抵挡美色的诱惑。

有心栽花花不开，无心插柳柳成荫

比喻一心想成功却落得两手空空，无心思想要收获，成果却偏偏来到。

越热越出汗，越冷越打战；越穷越没有，越有越方便

指情况好时会越来越好，不好时会越来越糟。

运去黄金减价，时来顽铁生光

运：运气。顽铁：坚硬的铁。比喻运气好时事事顺利，运气差时处处碰壁。

## Z

栽林养虎，虎大伤人

比喻对坏人姑息养奸，迟早会遭到祸难。

宰相家奴七品官

宰相府的仆人也抵得上七品官职。指主子地位显贵，奴才地位也随之增高。

再平的路也会有几块石头

比喻生活总会遇到许多挫折，不会一帆风顺。

遭劫好躲，在劫难逃

劫：打劫。数：劫数，在佛教里面指注定要发生的大灾难。意思是遭人抢劫还可以躲避，注定的祸难却无法逃离。

早上梁山是英雄，晚上梁山也是英雄

比喻只要能够成就功业就是英雄，不论早晚。

只有不快的斧，没有劈不开的柴

比喻工具不好，方法不当，事情很难做好；工具得心应手，方法对头，就一定能把事情做好。

智者千虑，必有一失

再聪慧的人也难免有失误的时候。

种菜的老婆吃菜脚，做鞋的老婆打赤脚

意思是自己的劳动成果，劳动者往往享受不到。

自作孽，不可活

孽：灾祸。指因自己邪恶行为造成的灾祸是不可饶恕的。

纵有百日晴，也有一日阴

比喻人生在世不可能处处顺心，总会有遇到挫折的时候。

走马有个前蹄失，急水也有回头浪

比喻做任何事情都难免会遇到挫折。

走一步说一步

意谓在处境危难时，不宜考虑得很长远，只能先关注眼前的问题。

谚语大全

# 卷十二　生理　保健　健康

## A

**爱笑者，心不衰；善保养，身不老**

意思是乐观的人，心理就不会衰老；善于保养的人，身体就会充满活力，不会衰老。

**安定病人心，疾病去七分**

指解除病人的精神痛苦，对缓解病情有很好的帮助。

**安谷则昌，绝谷则亡**

比喻病人能吃得下饭，身体就会很快康复；吃不下东西，生命就不会长久。

## B

**百病从脚起**

中医观点认为脚底有涌泉穴与心相通，最易着风寒。意思是人的许多疾病都与脚受风有关，所以要注重对脚部的保护。

**百病可治，相思难医**

相思：思念，泛指男女因相互爱慕又无法接近而引起的思念。指各种疾病中，相思病最难医治。

**饱食伤心，忠言逆耳**

指吃得过饱，容易损害身体；良言相劝，听着不顺耳。

**病急乱投医**

病情严重时就会盲目找医生。比喻遇到危急事情就乱找方法解决。

**病来如山倒，病去若抽丝**

指疾病来势凶猛，顿时就使人陷入痛苦之中；而使身体恢复健康却很慢。也通常比喻学坏容易，学好难。

**病来如山倒，不如预防早**

意思是说由于疾病发作的时候非常迅速，因此要早作防范。

**病人不忌口，枉费大夫手**

假如人在生病的期间不注意合理膳食，那么治病的效果就不会好。

**病人心事多**

指人在得病期间的心理压力很大，容易想些乱七八糟的事。

**病僧劝患僧**

比喻有同样遭遇的人互相安抚、劝慰。

**病无良药，自解自乐**

说明治病没有什么灵丹妙药，病人自己思想开朗，情绪乐观，病情就会好得快。

**病有四百四病，药有八百八方**

意思是说疾病虽然多种多样，但治病的良药更多。通常比喻解决问题有很多方法。

**不除病邪，不能治本；不经风雨，不能强身**

指不能根除病痛，就不能医治好身

茶喝多了养性，酒饮多了伤身

指茶喝多了可修身养性；酒喝多了伤害身心健康。

吃饭少一口，睡觉不蒙首

意思是饭不要吃得太饱，睡觉的时候不要把头裹在里面，这样有利于健康。

愁人莫向愁人说，说与愁人转转愁

意谓有了愁事不要向有苦难的人诉说，不然就会与愁人同病相怜，愁上加愁。

愁一愁，白了头；笑一笑，十年少

意思是忧愁、烦恼让人过早衰老，快乐能使人青春焕发。

疮怕有名，病怕无名

疮：皮肤肿起或溃烂的疾病。指有名的疮和说不出名的病最难治愈。

床上无病人，狱中无罪人，即是天下福人

意思是说一个家庭如果没有病卧不起的病人和犯罪入狱的人，就是一个美满的家庭。通常指人要知福惜福，不要过分强求。

从未伤心不得死，花残叶落是根枯

通常指人心受到严重伤害，毫无生活的趣味，容易导致人的死亡。

粗茶淡饭保平安

意思是粗茶淡饭，有利于身心健康。

体；不加强锻炼，就不能增强体质。

不懂望闻问切，怎辨虚实寒热

望闻问切：中医诊断病情的方法。望是观察病人的发育情况、面色、舌苔、表情等；闻是听病人的说话声音、咳嗽、喘息，并且嗅出病人的口臭、体臭等症状；问是询问病人自己所感到的症状，以前所患过的疾病等；切是用手诊脉或按腹部有没有痞块。意思是如果医生不懂望闻问切的方法，怎么能知道病人的病因，怎么能医治好病人？

不说不笑，不成老少

说明老年人和年轻人之间不应拘束，在一起说说笑笑才显得气氛融洽。

不为良相，当为良医

相：宰相，古代辅助君王掌管国家大事的最高官员。意思是说即使做不了好的宰相，也要当一名好的医生。意谓人的一生，应该济世利民。

# D

大汗后，莫当风，当风容易得伤风

意思是出了许多汗时，避免风吹，否则容易得伤风感冒。

大饥而食宜软，大渴而饮宜温

指人在极度饥渴的情况下，应当吃软食，喝温水。

大灾之后必有大疫

指大的自然灾害之后，必将有疫病流行。

耽误一夜眠，十夜补不全

指一夜不睡觉，身体乏力，长时间补不回来。意谓夜间睡眠很关键，一定要得到保证。

冬吃萝卜夏吃姜，不找郎中开药方

意思是冬天多吃萝卜，夏天多吃生姜，便可以保持健康，不必看病吃药。

# E

饿则思饱，冷则思暖，病则思健，穷则思变

意思是肚子饿了想吃饱饭，身体冷了想着取暖，得了病才知道健康的好处，处于困境就要设法谋求改变。

耳不听，心不烦

耳朵听不见，心里也就不会烦恼。意思是不愿听那些使人不高兴的消息或言语。

# F

凡药三分毒

意思是药里都含有一些对身体有害的物质，服用过量会起副作用。

饭后百步，不问药铺

指饭后多散步，有利身体健康，没必要到药铺买药。

饭后百步走，活到九十九

意思是吃过饭后经常散步，有助于消化吸收，对健康很有好处。

饭前便后要洗手，各种病菌不入口

手是传播病菌的媒介，尤其要注意手的干净卫生。

伏天吃西瓜，药物不用抓

热天吃西瓜可解暑降温泻火，有益健康，免去了吃药的痛苦。

# G

各人害病，各人吃药

意思是自己得了病要自己买药吃。意谓自己做错了事情，只有自己认识到，凭自己的力量才能改正。

公道世间惟疾病，贵人身上不轻饶

只有疾病是世间最讲道理的，即使是贵人，同样也不会放过他们。

过了七月半，人似铁罗汉

农历七月十五过后，炎热的天气不见了，气候渐渐转凉，秋粮开始登场，农民可以吃饱饭，身体强壮得像铁罗汉一般。

# H

孩子不避父母，病人不避大夫

孩子在父母面前不必隐瞒任何事，病人在医生面前不要隐瞒病情。

寒从脚底来

指人的寒冷首先是从脚底感觉到。

中医认为脚底有涌泉穴与心相通，寒气最容易侵入。

**汗水没有落，莫浇冷水澡**

指满头大汗时切忌用冷水洗澡，这样对健康很不利。

**好汉只怕病来磨**

再坚强的英雄好汉也难以抵挡疾病折磨。

**好人不长寿，祸害一千年**

祸害，这里指坏人。好人偏偏死得早，坏人却老死不了。意思是好人过早地离开人世，应感到惋惜。

**换汤不换药**

指只换了熬药的水，所熬的药却没换。比喻只改变形式，没改变内容。

**黄金有价药无价**

黄金即使贵重也有固定的价格；良药能挽救人的性命，和黄金比起来，更贵重。

**黄泉路上无老少**

黄泉：指人死后的葬地。意谓人死不论年龄大小。

**黄鼠狼偏挑病鸭儿咬**

形容灾祸偏要降临在原本已经很不幸的人身上。

## J

**贱买鱼不如贵买菜**

指买便宜的烂鱼吃了容易生病，还不如买贵一点的新鲜蔬菜有益健康。

**救病扶危是善举**

指救助病人与扶助处在危难之中的人是一种慈善的举动。

## K

**苦药利病，苦口利用**

意思是药虽苦，对治病很有利；劝诫的话虽不好听，却有利于今后的行动。

**裤带长，寿命短**

裤带长：指肥胖的人肚子大。形容过于肥胖的人，寿命往往不长。

## L

**劳动强筋骨，无病便是福**

意思是劳动能强身健体，不生病便是福分。

**老不与少争**

老年人没必要和年轻人斤斤计较。

**老的别惹，小的别逗**

指老人和小孩逗惹不得，也指尊老爱幼。

**老黄忠不减当年勇**

意思是人虽年老，但精神等各方面都跟年轻时一样。

**乐观出少年**

比喻精神乐观可保持青春。

**冷水洗脸，美容保健；温水刷牙，牙齿喜欢；热水洗脚，如吃补药**

指用冷水洗脸，对皮肤和身体都有益处；用温水刷牙，对牙齿有好处；用热水泡脚，如吃补药一样有益健康。

**良药难治思想病，好话难劝糊涂虫**

指再好的药物医治不好精神上的疾病，真诚的劝慰开导不了糊涂的人。

**良医救病，庸医害人**

意思是医术高超的医生能治病救人，

医术低劣的医生会危害人的性命。

留得梧桐在,自有凤凰来

凤凰:羽毛美丽,常栖梧桐树上,古代传说中的百鸟之王。通常指只要保养好身子,以后就有幸福日子到来。

## M

卖药者两眼,用药者一眼,服药者无眼

意思是卖药的人最了解药的真假和疗效,开药方的人不完全了解,吃药的人则什么也不知道。

慢病在养,急病在治

慢性病须要注重调养,急性病要赶紧治疗。

没病没灾也算福

古时指穷人没有疾病和灾害就算有福气。

莫饮卯时酒,莫食申时饭

卯时:早晨五时至七时。申时:下午三时至五时。意思是卯时饮酒、申时吃饭,不利于健康。

母健儿女壮,师高弟子强

指母亲身体健康,儿女的身体也会强壮;师傅技艺高明,徒弟的技艺必然高强。

## N

内练一口气,外练筋骨皮

意思是练习武功要气脉、筋骨结合,这样才能练出真本领。

男怕出血,女怕生气

古代认为男子出血对身体损害很严重,很难调养过来;妇女生气容易得病。

男怕穿靴,女怕戴帽

意思是男子脚肿,妇女脸肿,是病情恶化的表现。

宁可折本,休要饥损

意思是宁可损失钱财,也不能饿坏身体。比喻宁可使钱财损失,也不能损害身体。

宁治十男子,莫治一妇人;宁治十妇人,莫治一小人

小人:指小孩。古时中医治病,最难的是儿科,其次是妇科。

怒后不可便食,食后不可便怒

指吃饭前后生气发怒,不利于身心健康。

怒于室者色于市

指在家里生了气,到了外面就不会有好脸色。也指有怒气的人,容易向别人发怒。

## P

怕痒怕痛,做不得郎中

指要做医生,就不能因怕病人痒或痛,而不敢医治。比喻要想有所得,就必须付出代价。

枇杷黄,医者忙;橘子黄,医者藏

黄:枇杷、橘子成熟时皮呈金黄色。古时指枇杷在盛夏成熟,那时疾病流行,医生忙于给人治病;橘子入冬成熟,那时不易发病,医生闲居无事。

疲劳过度,百病丛生

意思是体力和脑力的消耗超过一定限度，容易得病。

**偏方治大病**

偏方：也称土方，流传在民间的药方。指偏方常常能医好疑难杂病。

## Q

**七分补养三分药，七分补养三分觉**

对人的健康来说，除了调养以外，睡觉与吃药一样重要。

**七叶一枝花，深山是我家；痈疽如遇者，一似手拈拿**

七叶一枝花：又名重楼金线、蚤休、独脚莲，多年生草本植物，茎单一、直立，叶通常七至九枚，轮生茎顶，顶开一花，野生于山坡林下，或栽培观赏，中医以其根状茎入药，主治痈肿等症。痈疽：中医学病名，因邪毒所致的局部化脓性疾病。指七叶一枝花治疗痈肿等病症，效果非常好。

**起得早，身体好**

说明早起有益于身心健康。

**气短体虚弱，煮粥加白果**

白果：银杏。指喝白果粥对身体虚弱的人很有益处。

**气恼便是三分病**

意思是人生气恼怒本身就已经生了三分病。

**憔悴皆因心绪乱，从来忧虑最伤神**

憔悴：面容消瘦。心绪：心情。指忧愁烦恼对身体健康最不利。

**清晨叩齿三十六，到老牙齿不会落**

每天清晨上下齿相叩击几十次，可以保持牙齿到老不脱落。

**请医须请良，传药须传方**

指请医生一定要请良医，传药给人一定要传授药方。

**穷人无病抵半富**

指穷人不害病就称得上半个富翁。意思是穷人得不起病，无病便是最大的幸福。

**去家千里，勿食萝藦、枸杞**

萝藦：植物名，多年生蔓草，一名婆婆针线包，中医以果壳入药，有多种用途，民间以茎、叶作强壮剂。枸杞：植物名，中医学上以果实及根皮入药，有滋补作用。指离家远行，不要吃萝藦、枸杞等滋补壮阳药，以防纵欲伤身。

## R

**热水烫脚，顶住吃药**

指每天都用热水烫脚，有除病健身的功效。

**人不该死终有救**

古时认为人要是命里注定不该死，在危险的紧要关头终会有人相救。

**人活六十不远行**

古时指人活到六十岁，生命将尽，不宜离家远行。

**人见稀奇事，必定寿元长**

古时认为，人要是见到稀奇罕见的事物，寿命一定会增长。

**人老腿先老**

说明人老往往先从双腿不灵开始。

**人老一时，麦老一晌**

比喻时光过得很快，转眼间就变老了。

人老易松，树老易空

人老了，凡事容易懈怠，不思进取；就像大树老了容易空心一样。

## 人老珠黄不值钱

古时认为人年岁大了，就像珍珠放久了变黄一样不值钱。通常指漂亮女子年龄大了，失去了往日的风采。

人是铁，饭是钢

说明人好比是铁，饭好比是钢。通常比喻人必须吃饱了饭才有力气去干活。

人死不能复生

人死了不能再活过来。指生命只有一次，劝人不可轻生。也比喻死是自然规律，劝人不必悲伤。

人死如灯灭

指人死了，如同灯熄灭了一样。比喻人是一切事务的关键，只要人一死，所有的一切都消失了。

人闲生病，石闲生苔

说明人的生活要充实，在有生之年要奋力做事，一旦闲得无聊，就会出毛病，就像石头放久了会生青苔一样。

人有可延之寿，亦有可折之寿

古时认为人的寿命本是上天注定的，但也可以改变，积德行善可延长寿命，作恶就要减少寿命。

人有了心病，猫叫也心惊

说明人如果得了心病，有一点儿惊吓都受不了。

若要安乐，不脱不着

意谓要想平安不生病，切不可在天气乍冷乍暖时更换衣服。

# S

三百六十病，惟有相思苦

意谓在所有的疾病中，只有相思病最叫人难熬。

三餐莫过饱，无病活到老

指一日三餐不要吃得过饱，这样可以益寿延年。

三分吃药，七分调理

调理：调养护理。想让病快点好，三分在于吃药，七分在于调养。比喻人生病尽管需要吃药，但精心调养更为重要。

三十人找病，四十病找人

指三十岁时身体强健，不容易得病；四十岁时身体渐渐衰弱，疾病会慢慢入侵。

少年休笑白头翁，花开有得几时红

指花红了，不久就要凋谢。说明时光流逝极快，青春少年转眼就成白发老人。

身病好医，心病难治

生理上的疾病很容易治疗，心理上、精神上的创伤却很难医治。

身面有汗莫当风

指身上、头部有汗时当着风站立，容易受风感冒。

神丹不如药对症

意思是治病，不在于药有多名贵，即使灵丹妙药不对症对不会有疗效。

神农尝药千千万，可治不了断肠伤

神农：神农氏，上古圣君，亲自尝百草，治百病。断肠伤：指因过度悲伤或相思使肠断裂。意思是即使有千万种药却无法治好心上病。

生气催人老，笑笑变年少

指发怒对人的健康有极大的损伤，愉快高兴能使人益寿延年。

是药三分毒

意思是任何药品或多或少都有副作用。

树老根多，人老话多

指人年纪大了，说话唠叨，就像树老了根非常多一样。

树老见根，人老见筋

指树年月久了暴露出来的根很多，人年纪大了暴露出来的筋多，也指年龄一大，肌肤失去了光彩。

树老怕风摇

指树老了，经受不起大风的摇晃。比喻人老了，经受不住强烈的刺激。

树老心空，人老百通

指人年纪大了，什么事情都经历过，什么人情事故都明白。

树一老，遭虫咬；人一老，迷心窍

意思是人老了，容易被贪念迷住心窍。

说不出的，才是真苦；挠不着的，才是真痒

指有苦不能倾诉的，最为痛苦；有痒不能抓挠的，才真让人痒得难以忍受。也就是指埋在心里的痛苦是最折磨人的。

死后方知万事休

指生前的一切恩恩怨怨，死后全部消失。比喻人生应该珍惜美好生活，否则死去了一切都消失了。

死了家主妇，折了擎天柱

意思是一个家庭主妇去世了，就像天塌了下来一样悲惨。比喻持家离不开家庭妇女。

虽有神药，不如少年；虽有珠玉，不如金钱

指即便有神奇的药可治疗顽疾，也比不上青春少年健康有生机；即使有昂贵的珠宝玉石，也比不上金钱在手，可以方便使用。

# T

太平年月寿星多

意思是社会安定团结，长寿的人就增多。

贪吃贪睡，添病减岁；少吃多餐，益寿延年

指贪吃贪睡，容易生病减少寿命；每次控制一点，吃的次数增多，有益于健康长寿。

贪多嚼不烂

指吃东西贪多，无法细嚼消化，就会伤害脾胃。比喻如果仅仅追求数量，就会影响质量。

贪酒不顾身，爱色不顾病，争财不顾亲，斗气不顾命

意思是酗酒、贪色、好财、生气这四桩，都是伤害身体、危及生命的祸根。

天雷不打饿肚人

意思是对饥饿的人要多加谅解和照顾。

天冷水寒，饥寒相连

指天寒时人身体能量消耗大，容易产生饥饿的感觉，饥寒是相连在一起的。

铁不磨要锈，水不流要臭，人不动要减寿

指人要经常运动才能健康长久，就同

铁要经常打磨才能光亮、水要经常流动才会清澈。

**同病相怜，同忧相救**

怜指怜惜和同情。指患有同样疾病和忧虑的人会相互同情，彼此理解帮助。

## W

**巫师斗法，病人吃亏**

巫师指旧时以巫行医的人。指巫师互相斗起法来，倒霉的是病人。比喻大人物之间发生战斗，受罪的是老百姓。

**无钱买补食，早困当休息**

即没钱买滋补品食用，就早睡觉多休息。也指睡眠充足能强健身体。

**无钱买药吃，困困当将息**

将息指休息调养。指穷人有病时买不起药，只把睡觉当作休养的办法。也指休息调养也有治病功效。

**无钱药不灵**

解释为不花钱财，药也治不好病。也指没钱什么事也做不成。

**无求到处人情好，不饮从他酒价高**

指只要无求于人，人们对你就表达友好；你不喝酒，不管酒价涨得多高，也不受影响，比喻于人无求、与世无争，便可获得超脱。

## X

**仙果难成，名花易陨**

陨指陨落。指传说仙果几千年成熟一次，名花开放期很短暂。常比喻才气十足的男子、美若天仙的女子寿命都不长。

**闲人愁多，懒人病多，忙人快活**

指忙碌人的生活充满乐趣，闲散的人却充满愁病。

**笑一笑，十年少**

指心情爽朗，能使人延缓衰老，益寿延年。

**心不忧伤，喜气洋洋；心不添愁，活到白头**

指人在生活中要习惯忘却烦恼，做到心情畅快，乐观快活，自然健康长寿。

## Y

**牙疼不是病，疼起来要人命**

意思是牙疼虽然不是关乎性命的大病，但疼痛起来却叫人几乎丧命。

**严霜故打枯根草**

故指有意，故意。意谓灾祸偏偏降临到弱者头上。

**眼见稀奇物，寿年一千岁**

意思是能亲眼见到罕见的人或物，就等于丰富了生命的长度。

**眼为心苗，苗伤根动**

意思是眼睛连接着心，眼睛受到伤害，心就接连着疼痛。

**养痈成患，不如操刀一割**

痈指皮肤或皮下组织化脓性炎症，表现为红肿硬块状。与其让脓包危害生命，倒不如彻底把它切除。比喻发现坏人应及时除掉，否则后患无穷。

**药补不如食补**

意谓用再好的药品滋养身体，也不如各种各样的食物营养齐全，对身体有好处。

药不对症，参茸亦毒

参茸：人参和鹿茸。参茸是滋补品，但若不对症乱补，也会给人带来伤害。比喻只有分析清楚问题，采取相应方法，才会事半功倍。

药饵难医心上病

指心上的病灶，不是药物能消除的。

药能医假病，不能医死病

指药只能治好那些假象性质的危急病状，而病情危险的绝症便无药可救。

药物三分治，精神七分疗

指治疗疾病时，药物治疗和精神治疗都很重要，而精神治疗的作用更不容忽视。

药医不死病，佛度有缘人

度：超度。指药是用来治疗不会死的病人的，佛能帮助与佛门有缘的人逃离苦海。也指事情含有一定可能性的因素，但要经过努力才能如愿。比喻起死超升，都有限定。

药医得倒病，医不倒命

古时候认为命中注定要死的，医药也无能为力。也指身患绝症，药物无法可治。

要长寿，多走路

意谓多走路是健康长寿的法宝。

要得健康，常晒太阳

即指常晒太阳是保持健康的方法之一。

要叫皮肤好，粥里加红枣

意思是粥不但可以充饥，而且有治病的功效，加红枣一起煮，又可调养皮肤。

一分精神一分福

指精力旺盛的程度越高，福分就越大。通常说明身体健壮、精神饱满，是人生的福分。

一勤生百巧，一懒生百病

指勤劳的人，什么事都能干好；要是懒惰成性，什么坏事都会发生。

一日三笑，不用吃药

指人精神饱满、笑口常开，就会身强力壮。

一树梨花压海棠

梨花：这里指老人的白发。海棠：这里指少女的容颜。意思是老夫少妻。

一碗饭能顶三服药

指治病靠药物，抗病靠饭食。意思是说病后恢复体力，饮食胜于吃药。

医得病，医不得命；医得身，医不得心

医生可以治疗疾病，却不能让人起死回生；医生能治疗身体上的病症，但对心病却无能为力。

医者父母心

意思是医生对病人有一颗父母对子女那样的慈爱之心。

以财为草，以身为宝

意谓把钱财看作草木，把身体看作宝贝。通常指人要爱惜生命。

隐疾，难为医

隐疾：生在隐处不易发现的病。指不容易发现的疾病难以治疗。比喻把缺点错误掩盖起来，别人不好帮助，不容易改正错误。

英雄只怕病来磨

指英雄人物纵有呼风唤雨的气魄，一

旦疾病缠身，也就无可奈何了。

忧思成疾疾

疾：病。指经常忧虑会酿成疾病。

忧郁伤肝

意谓忧愁郁闷，会伤损肝脏。

油干灯草尽

形容病人已经生命垂危，死到临头，支撑不了多久。通常比喻生活困窘，已经到了山穷水尽的地步。

有病不瞒医，瞒医害自己

得了病不能对医生隐瞒病情，对医生隐瞒，结果往往受害的是自己。

有愁皆苦海，无病即神仙

意思是忧愁能使人陷入苦海，健康就是神仙的生活。说明健康的人是最幸福的。

有钱难买黎明觉

说明天快亮时的觉最甜美。

与其病后能服药，莫若病前能自防

意思是病后服药，不如提早预防。也比喻事情发生后虽然有解决办法，也不如事前防范，不使其发生为好。

欲多伤神，财多累心

欲：欲望。指欲望太强、钱财过多就会给人们思想带来负担，最终影响健康。

# Z

杂症好医，吏病难治

指一般的病症容易治疗，官吏贪赃舞弊的病无药可治。

早起早睡身体好

早晨早点起床，晚上早点休息，对健康是有好处的。

早上跑三步，饿死老大夫

大夫指医生。指早上跑跑步，对身体健康有益，根本不用请医生。

早生儿女早享福

古时候认为早生儿女，就可早得安闲，早享幸福。

扎针拔罐，病轻一半

拔罐：拔火罐儿，中医治伤风体痛的一种方法。指针灸和拔火罐，是很好的一种治病手段。

知足者常乐，能忍者自安

懂得满足的人能永远快活，能够宽容、忍耐的人永远是安宁的。

治病容易治心难

指肉体上的病易治，心上的病难治。说明心病不是医药所能治疗的。

治病要治本，刨树要刨根

指要想治好病，必须从病根入手，彻底治疗，就如同刨树必须挖根一样。

自病不能自医

意思是自己的病，自己下不了药。比喻自身的缺点必须借助外力才能改正。